普通高校经济管理类立体化教材·基础课系列

统计学原理
(第2版)

邓 力 编著

清华大学出版社
北 京

内容简介

什么是统计学→数据从哪里来→数据怎么整理→数据在说什么→数据要怎么说，本书以提问的形式，开启各章节的内容。进入第1章，你会看到用一个实例就搞定了一串最基本的统计概念。漫游各章，你会看到作者原创的统计随笔写意在“统计实录”里。“真题上市”是每章必有的园地，这里有考研、考证、考公务员的统计题竞相绽放，也有作者自编的生活类题目独树一帜。静态三数法和动态三数法，包揽了统计方法的大好风光。零距离与Excel接触，跟数据打交道就是小菜一碟。有知识，有趣味，有哲理，有新意，又实用，又好玩，但愿这本统计入门教材朝这方面做了一点努力。

本书既可作为高等院校经济管理类专业的基础课教材，也可作为统计学爱好者的参考读物。

图书在版编目(CIP)数据

统计学原理/邓力编著. --2版. --北京：清华大学出版社，2016（2018.8重印）
(普通高校经济管理类立体化教材·基础课系列)
ISBN 978-7-302-41578-7

Ⅰ. ①统…　Ⅱ. ①邓…　Ⅲ. ①统计学—高等学校—教材　Ⅳ. ①C8

中国版本图书馆CIP数据核字(2015)第219794号

责任编辑：陈冬梅　桑任松
封面设计：杨玉兰
版式设计：北京东方人华科技有限公司
责任校对：周剑云
责任印制：宋　林

出版发行：清华大学出版社
网　　址：http://www.tup.com.cn, http://www.wqbook.com
地　　址：北京清华大学学研大厦A座　　邮　　编：100084
社 总 机：010-62770175　　邮　　购：010-62786544
投稿与读者服务：010-62776969, c-service@tup.tsinghua.edu.cn
质量反馈：010-62772015, zhiliang@tup.tsinghua.edu.cn
课件下载：http://www.tup.com.cn, 010-62791865
印 装 者：三河市铭诚印务有限公司
经　　销：全国新华书店
开　　本：185mm×260mm　　**印　张**：15.75　　**字　数**：380千字
版　　次：2012年9月第1版　2016年3月第2版　　**印　次**：2018年8月第4次印刷
定　　价：29.00元

产品编号：065144-01

序　言

笔者在30多年的统计生涯中，经常忙里偷闲到北京王府井新华书店、西单图书大厦等处，翻一翻有什么新出版的统计学书籍。虽然30多年间统计学科建设及统计学研究的领域、内容都发生了很大的变化，但林林总总的统计学书籍中，出现频率最高的书名还是非《统计学原理》莫属。翻看署名不同的同名书籍，总有大同小异、似曾相识的感觉。想来也是，虽然作为科学也好、技术也罢，统计学都要不断发展，但已经过实践检验的科学道理、知识和方法，至少属于相对真理的范畴。所以，不同作者编写的《统计学原理》，或只是取舍、繁简及角度不同罢了。

最近，看到邓力老师新著《统计学原理》的书稿，真的使我眼前一亮。原来，统计学原理是可以这样述说的。

这是我见到的最深入浅出的述说。科学应该使复杂的事情简单化，阐述科学原理的教科书也应该如此。邓力老师的《统计学原理》共分5个部分，皆设计成设问的句型，即什么是统计学，数据从哪里来，数据怎么整理，数据在说什么，数据要怎么说。比如第一部分"什么是统计学"，洋洋洒洒2万多字，叙述了统计的历史、统计学的流派及统计学的一些基本概念，如总体、个体、标志、指标、变量等。没有晦涩的文字、令人眩晕的公式，却用一个接一个来自现实生活的实例，把统计学的道理讲得清清楚楚。以一个专业班的男女学生为例，就把以上这一干统计基本概念形象地逐一道来。在正面叙述之后，跟着一系列日常表述中最常见的"误用"统计数据的实例，如计算平均增速时年份的认定以及由此可能带来的计算上的错误，如"比例"还是"比重"的表述，从反面加深了对统计基本概念的了解和认识。书中关于"静态三数"、"动态三数"、"抽样估计"的介绍，文字与实例也都非常简洁与直白。

这是我见到的最联系实际的述说。统计学虽然是一门最具应用性的科学，或者说是最具实践意义的学科之一，但统计学理论研究、教学与实际工作之间，却常常是前者说的是这样一些问题，后者干的是那样一些事情。虽然这种现象不是一个方面的原因，但仅从统计学教育的角度看，则既有教学的问题，也有教材的问题。而邓力老师的《统计学原理》，却始终紧密联系统计工作的实际。在第二部分"数据从哪里来"中，便把全面调查、普查、抽样调查、重点调查、典型调查等不同调查方法及其在实践中的应用一一呈现给读者。在介绍抽样调查方法时，就谈到了统计部门的人口抽样，并以观众收视率调查、儿童医院对儿童的睡眠障碍调查为例，来阐述抽样的技术和方法。在介绍非线性回归预测时，就以包括2008年奥运会在内的历届奥运会参赛运动员人数为案例。

这是我见到的最具艺术性的述说。一是强调统计的艺术性；二是以艺术性的语言述说。邓力老师认为，统计的艺术性贯穿于方案设计、数据搜集、整理汇总、分析发布的各个环节；科学性与艺术性相辅相成，相得益彰。沿着这样的思路设想，如果没有艺术的元素渗入，统计学的科学性真的要大打折扣。艺术性如此重要，所以，对统计学原理的叙述在这里也充满了艺术的味道。一些诗情画意的语言，一些时髦流行的词汇，一些关注统计工作的随笔和评论等，都成为《统计学原理》这本书的一个组成部分。我前面说过，本书很多段落的文字与实例简洁直白，但这与很多地方的艺术性描述并不矛盾，甚至也是艺术性的一种体现。这种繁简得当的艺术处理，都是有助于读者的理解与接受的。

当然，我没有在本文中引用邓力老师的任何一句原话，而仅是表达个人的读后感而已。这种感觉对与不对，相信您读后也会得出自己的结论。

潘璠(中国国家统计局统计科学研究所所长)

前　言

本书阐述统计学原理，追求新颖、通俗、趣味。

(1) 新颖。主要表现在课程体系的构架新，以提问的形式展开各章节，循序渐进；表现在全书内容的选材新，如以鲜活资料打造例题和习题，以亲身体验写作统计文章。

(2) 通俗。主要表现在写作风格上。本书由本人独立完成，写作风格前后一致。因朋友抬爱，笔者曾有幸在《数据》杂志的“品茶坊”、《中国统计》杂志的“统计随笔园”、《中国信息报》的“快乐写吧”写专栏、以统计随笔为主打形式耕耘一方乐土。在写作这本统计入门教材时，也力求语言通俗、文字简洁，用平常话来解读统计知识点。

(3) 趣味。“学得轻松，乐在其中”是写作本书的初衷。趣味性主要表现在笔者原创的统计随笔的引入、考试真题的引入、自编顺口溜的引入等，这些，自然增添了阅读的乐趣。

本书的学习路线图如下。

五问：	什么是统计学→	数据从哪里来→	数据怎么整理→	数据在说什么→	数据要怎么说
	↑	↑	↑	↑	↑
9 章：	第 1 章	第 2 章	第 3 章	第 4～8 章	第 9 章

下面对以上路线图的含义进行简要说明。

在各章名称中，以“统计学”的含义为本，环环相扣。统计学是指设计、搜集、整理、分析和传播数据的一门艺术与科学。“设计→搜集→整理→分析→传播”统计数据，这递进的五个环节，就是统计思维。本书将统计思维的五个环节，化为五问，以这五问为点，设计了 9 章来应答。

第一问：什么是统计学？这作为第 1 章的章名，解答初学者的困惑与入门须知。

第二问：数据从哪里来？这作为第 2 章的章名，解答搜集数据的基本方法。

第三问：数据怎么整理？这作为第 3 章的章名，解答整理数据的基本方法。

第四问：数据在说什么？这部分由第 4～8 章构成，解答统计分析的基本方法，包括静态分析方法、动态分析方法。

第五问：数据要怎么说？这部分由第 9 章担纲，解答数据文章的写法和数据成果传播的基本途径。

从各节的组织与安排来看，在内容上，有真题、真文，注重真情实感的抒发；在形式上，注意节次的统一，比如，在 9 章中，除了第 4 章和第 6 章各有 4 节，其余各章都是 3 节。同时，还注意内容和形式的对称，比如，第 4 章和第 6 章的设计：第 4 章为“静态分析：静态三数”，4 节分别为静态数列与静态三数、静态总量数、静态相对数、静态平均数；第 6 章为“动态分析：动态三数”，4 节分别为动态数列与动态三数、动态总量数、动态相对数、动态平均数。

书中有真文，所设计的“统计实录”栏目，根据每一章的内容，配上一篇统计随笔，以说明统计知识点的应用。这些统计随笔，均为笔者原创，有的已在报刊发表。书中有真题，讲求新颖。每章有例题，每章末有习题，选题尽量源于生活、贴近实际。如选编近年来我国统计师和经济师的考题、国家公务员“行政职业能力测验”试题等，有助于了解统计学在经济社会发展中的最新应用。还有一部分选题是自编的，如运用奥运会中的一些鲜活资料编题，用来讲解统计方法等，以求学得更有趣、更有印象。

这本《统计学原理》(含习题答案)是统计学入门教材。四季流转，冷暖多变，一路上，有劳家人、友人的鼓励和支持，自己才能走到现在。只是，一人举全力集多年功夫打造的作品，虽风格一致，虽收放自由，仍难免孤陋寡闻，所以，很盼望朋友们的赐教，先深谢了！欢迎批评指正，我的电子邮件地址为 d330@163.com。

本书第 1 版于 2012 年出版，受到一些院校与读者的欢迎，几年来也收到一些读者的反馈，作者在教学中也发现了第 1 版中的一些疏漏，这次推出第 2 版主要对第 1 版中的一些错误进行修订，从而更好地为读者服务。

邓　力

目　录

第 1 章　什么是统计学

【学习目标】

- 解答初学者最关注的 5 个问题。
- 通过解读实例来掌握统计术语。
- 通过解读热帖来认识统计运用。

统计学是一门充满智慧和乐趣的学问。要不然，才懒得让生命在这儿漫游呢！

统计的语言是数据，统计是助人为乐的常用法宝。统计，让生活实在而精彩！

1.1　你来问我来答

许多学生学习统计是因为他们知道，老板在看一份求职者材料时会对统计学课程留下印象，还因为事实上，任何研究领域都会从统计方法的应用中获益。

——[美]特里奥拉

学统计，教统计，用统计，这已成了我生活中的一部分。每当站在讲台上，开始第一堂统计课的时候，我就想知道：你最想问的一个问题是什么？于是，用写小纸条的形式，我搜集到了这类信息。有意思的是，经过归类，我发现，他们提到的问题，基本上大同小异，主要集中在 3 个方面——统计学是什么、有什么用、怎么学，只是表达的风格不同而已。

下面就是精选出来的 5 个提问，在漫谈式的一问一答中，让我们轻松步入统计学的世界吧！

(1)　问：统计学就是所谓的调查报告吗？

答：统计学是用数据来认识外界和内心世界的一门学问。统计学是通过搜集、整合、分析数据，以提交和管理统计成果。而调查报告只是统计成果中的一种。

统计成果的形式多着呢！除了调查报告的形式，还有电视剧本的形式，如电视剧《数说北京》等；有统计论文的形式，如《统计研究》、《中国统计》、《管理世界》、《经济研究》等中文核心期刊上的论文；还有网上调查的问卷形式，如有的网上调查并不形成文字成果，只是即时表达网民的一种意向意愿而已。

不过，可别小瞧了调查报告这种形式。调查报告可也是值钱的，有人因此求职成功，有人以此经营谋生。调查报告有免费的，也有明码标价的。调查报告怎么看、怎么写，可参看本书第 9 章“数据文章的写法”。

(2)　问：是不是数学没学好，统计学也学不好？

答：如果数学没学好，只要如此这般，基础统计学照样可以学好。

瞧，1+1=2，这是数学算式，却不是统计学算式。因为统计学与数据打交道，探讨的都是实际问题，自然，每个数据都是带计量单位的，数据是多少都有原因。统计学的数据来源于生活，又服务于生活，选例做题的资料都取材于实际，你置身其间，犹如漫游花园，看得到园中花，闻得到园中香，尝得到园中果。统计学带给你的就是实在的享受和感觉。

同时，我们的学习目标是懂得解读统计结果，这可以靠计算机帮忙，跳过繁琐的公式推导。本书用的是一款最简单的软件——Excel，计算作图等，只在点击之间。

其实，求职市场上，很多招聘单位在职务描述中都提到：要求熟练使用计算机常用办公软件(Word、Excel、PowerPoint 等)。关于 Excel，有位实习生发来邮件说："到了实际工作中需要的太多，我们有的没有学好甚至是没学过，要不是您在统计课上教会了我们一些 Excel，现在我恐怕连 Excel 都不知道怎么使用，外面对 Excel 的要求很高也很精，昨天应聘回来，我自己在计算机上操作了近两个小时，才终于把那些函数什么的弄清楚了，以后肯定还会有很多不知道的地方要向老师请教，到时候又要麻烦老师了。"

当然，要精钻统计学，数学必定是顶级优秀的。例如，1969 年，第一届诺贝尔经济学奖就是奖给了两位喜欢统计学的专家：计量经济学创始人拉格纳·弗里希(挪威人)和宏观计量模型创始人简·丁伯根(荷兰人)。

(3) 问：您能告诉我学统计学的诀窍吗？

答：成绩优秀=诚实+自信+勤学勤练+活学活用。这是主旋律，统计学也不走调。

统计学学什么呢？举例来讲，长假来了，想去旅游。可世界之广，往哪儿去呢？于是，先得有个设想，再查找资料，整合信息，待准备就绪，就欣然出行。统计学以量化的认识帮助人，这个认识过程，一般也是先全盘设计，再搜集和整合信息，最后提交分析的结果。

统计学学习的内容，也就是量化的认识过程。运用统计认识主观、客观，不论规模大小，一般都有这样一个程序：统计设计→数据搜集→数据整理→数据分析→数据传播。

(4) 问：有与本课程相关的有趣的书籍和网站吗？

答：当然有啊。以下提供的是一些网络信息。

- 在线测试：厦门大学曾五一教授网站；暨南大学统计学精品课程。
- 统计学人：邱东博客；潘璠博客；网事如烟；小蚊子乐园；郑来轶博客。
- 统计学习：中华统计学习网；中国统计师考试网；中国统计教育学会教学资源。
- 统计应用：数据草堂；统计家园；统计之都；Excel 之家；统计菁英工作室；中国统计网。

统计书籍：相关书目参见图 1-1。

由于数据无所不在，而统计学又与数据打交道，这就注定了统计学大有用武之地。

(5) 问：想想看，还有什么与数据无关呢？有人笑笑说，情感呀，难道情感也能量化？

答：当然能。《心理统计学》早就上架了，早就成为大学里研读的课本了。

统计学的科目，分为统计学原理和专业统计学。《心理统计学》属于专业统计学，本书讲述的是统计学原理部分，统计学原理是专业统计学的基础。如果你发现所学的专业或其他方面，还有什么没被加上统计学后缀的话，那么，恭喜你，你有了新发现，你要赶快把新发现变成新成果，也写一本什么统计学。哈哈，其实，有所发现，有所创造，原来并

不遥远。只要有心，只要有趣，只要有益，何乐而不为？

每年，都有专业统计学教材新鲜上市，如《体育统计学》、《心理统计学》、《旅游统计学》、《传播统计学》、《医学统计学》、《生物统计学》、《物流统计学》、《财务统计》、《货币与金融统计学》、《统计学原理与营销统计》、《统计学：以 Excel 为分析工具》等。

每年，还有大量的统计读物可供漫游，如《数海临风》、《看漫画，学统计》、《爱上统计学》、《统计，让数字说话》、《统计使人更聪明》、《统计如何“表达”统计》、《统计思想》、《统计学的世界》、《世界统计名人传记》、《漫游数据王国》、《生活中的统计学》、《统计连着我和你》等。下面，展示几本统计读物的封面(见图 1-1)，以增加一点观感。

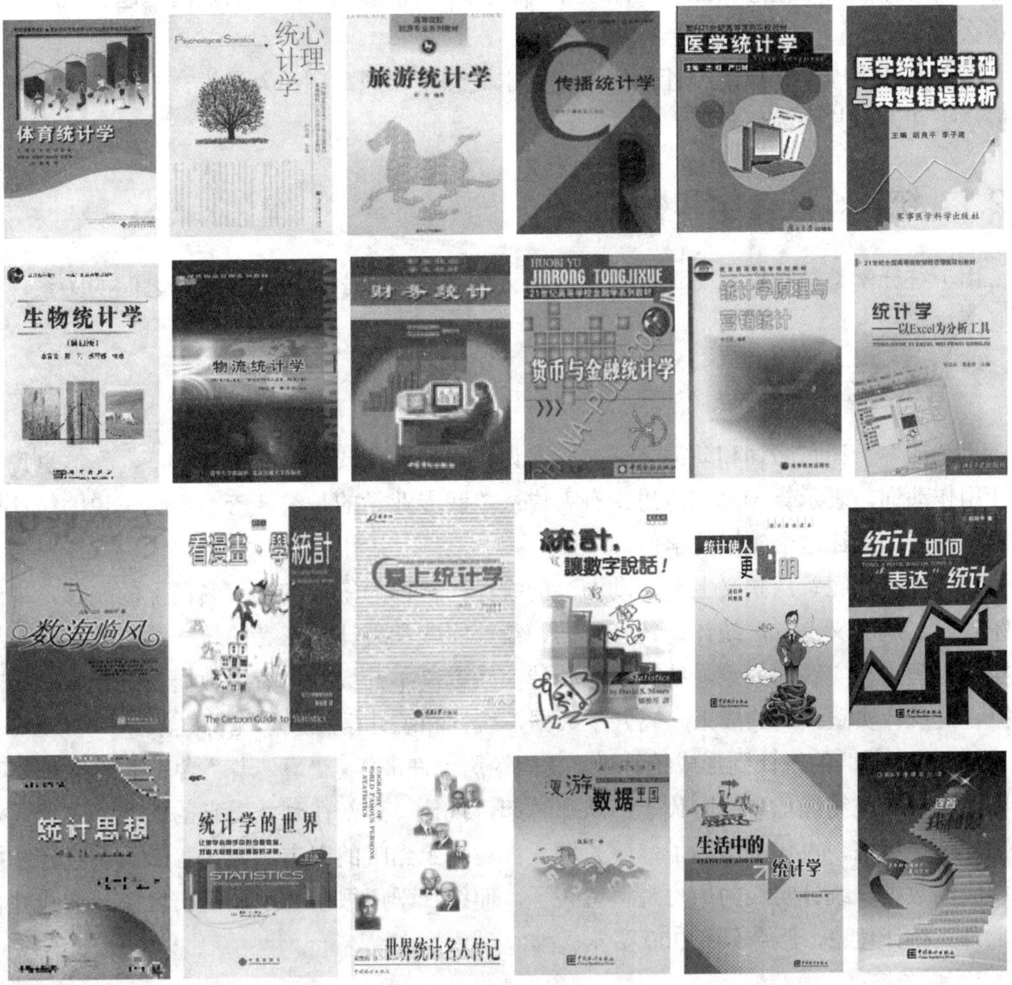

图 1-1　统计读物的封面

1.2 统计语言初步

统计的思维方法，就像读和写的能力一样，有一天会成为效率公民的必备能力。

——[英]威尔斯

人很聪明，为了交流，创造了语言；为了研究，创造了术语。每门学科，都有自己独特的语言，比如音乐中豆芽菜式的五线谱。统计学也有自己的术语，这些术语充满了生命力，因为它们来源于生活，提炼于生活，又施惠于生活。

讲到概念，有人常喜欢咬牙切齿地去记。其实，这是不得要领。本节是用一个实例来解读一串统计学基本概念，1.3 节是用现学的这些知识来解读生活中的热门话题。学了就用，就这么简单。

漫游统计王国，掌握了统计学的几个基本概念就如同拿到了入场券，有了它，就可以慢慢享受和发现其中的乐趣了。

1.2.1 统计、统计学和数据

由于统计学是与数据打交道的科学，那么统计、统计学和数据这三者之间的关系，也有必要挑明一下。

1. 什么是统计

“统计”一词有名词和动词之分。有人说：“把这个或那个给统计一下。”这里说的统计用作动词，表示算一算的意思。有人讲：“我专业学的是统计呀。”这里说的统计用作名词，表示统计这个领域的学问。

什么是统计呢？从狭义上看，动词上的统计，常称为统计实践；名词上的统计，视同于统计学。从广义上看，统计是统计数据、统计实践和统计学三者的统一体。统计学与统计实践是理论与实践的关系，统计学与统计实践都离不开数据。统计数据是统计学研究的依据，是统计实践最后的成果。离开了数据，统计和统计学就成了无源之水。

从“算一算”的统计到形成统计学，其间经历了许多年。“算一算”含义上的“统计”，可以追溯到人类结绳记事的时代了。从那时起，统计一直都在延续着它的薪火。古代埃及为了建造金字塔，古代中国为了修建长城，都对本土当时的田亩、人口等做了调查，掌握了相应的数据。统计实践的历史是很悠久了，而统计学还很年轻，系统研究统计实践并将其上升到统计理论，距今只有 300 多年。

2. 统计实践的简史

人类的统计实践是随着计数活动而产生的。因此，对统计实践发展的历史可追溯到人类社会初期的打绳结、画道道计数，这可算是最初的统计。而统计实践的真正萌芽是在古代奴隶社会。当时的统治阶级为了满足治理国家的需要，常常进行征税、征兵等统治活动，

因此有了了解社会基本情况的需要。

中国在公元前 2000 多年的夏朝，就有了人口与土地数字的记载，当时全国分为九州，人口 13 553 923 人；埃及在公元前 3000 年，已经有人口与居民财产统计；罗马在公元前 400 年，建立了人口普查和经常性人口出生、死亡登记制度。这些是原始形态的统计。

进入封建社会后，随着人类社会生产的发展，统计的范围逐渐由人口、土地发展到社会经济生活的各个方面。但由于自给自足的自然经济占主导地位，生产力低下，经济落后，长期的封建生产关系阻碍了社会生产力的发展，相应地也阻碍了统计实践的发展。

统计实践的广泛发展始于资本主义社会。17 世纪以来，资本主义国家由于工业、商业、农业、贸易、交通的发展，统计实践从国家管理领域扩展到社会经济活动的许多领域。从 18 世纪起，各资本主义国家先后设立专业的统计机关，搜集各方面统计资料，定期或不定期举行人口、工业、农业、贸易、交通等项调查，出版统计刊物，建立国际统计组织，召开国际统计会议。

3. 统计学说的简史

统计学源于统计实践。统计学诞生于 17 世纪中叶，创始人是英国的威廉·配第。翻开统计学的典籍，有以下这么几个很牛的学派载入了史册。

第一个时期：独立的统计学派(17 世纪中叶—19 世纪中叶)。

统计学说源于以下两个学派的贡献：记述学派、政治算术学派。

记述学派——有名无实的统计学派。17 世纪中叶，记述学派诞生于严谨的德国，代表人物是康令(1606—1682)等。他们主张用记述的方法记录国家的重大事项，诸如政治、军事、经济等，希望从中理出历代兴亡之迹，从而为统治者效劳。后来，德国人阿亨瓦尔(1719—1772)首次在大学开讲《国势学》课程，首次提出了“统计学”这个学名，并将“统计”定义为记述国家显著事项的学问。记述学派也称国势学派，它以社会经济现象作为研究对象，以社会调查作为研究基础，因其只注重文字分析，而被称为有名无实的统计学派。

政治算术学派——有实无名的统计学派。17 世纪中叶，政治算术学派诞生于风雅的英国，代表人物是威廉·配第(1623—1687)等，代表作有《政治算术》。他们主张用数量对比分析的方法，对英国与法国、荷兰的国情进行比较，以明确英国的国际地位。由于最早提出并实践了数量分析的方法，威廉·配第被尊称为“政治经济学之父”和“统计学的创始人”。后来，威廉·配第的朋友约翰·格朗特(1620—1674)写出了第一本关于人口统计的著作，即《死亡率报告》，对伦敦 50 多年的人口出生和死亡资料进行了计算和分析。政治算术学派以社会经济现象作为研究对象，以社会调查作为研究基础，注重数量分析，为统计学的创立奠定了方法论基础，但由于在其所有著述中并没有提到“统计学”3 个字，因此这个学派也被称为有实无名的统计学派。

现在，《统计学原理》、《人口统计学》、《保险统计学》已成了大学里常开的课程。而“中国人寿保险业经验生命表”，即反映社会平均年龄及不同年龄人群的生存概率和死亡概率的数据表格，已广泛应用于寿险产品定价、风险管理等各个方面，是保险行业防范风险的重要手段和条件。

第二个时期：融而不合的统计学派(19世纪中叶—20世纪中叶)。

社会经济统计学派——迅速发展的统计学派。19世纪，社会经济统计学派兴起于德国，是政治算术学派的延伸，代表人物是恩格尔(1821—1896)和梅尔(1841—1925)。他们主张统计学是研究社会现象的社会科学，融会了记述学派和政治算术学派的观点，并把政府统计和社会调查融合起来，进而形成社会经济统计学。社会经济统计学派在理论上比政治算术学派更加完善，在时间上比数理统计学派提前成熟，因此在国际统计学界影响很大。

数理统计学派——融合却走偏的统计学派。19世纪，数理统计学派诞生于美丽的比利时，代表人物是阿道夫·凯特勒(1796—1874)等，代表作有《统计学的研究》、《关于概率论的书信》。他们主张将概率论应用于人口、人体测量和犯罪等问题的研究，创建了抽样理论、相关和回归理论等，完成了统计学和概率论的结合。数理统计学派把记述学派、政治算术学派、概率统计学派的分析方法，融合为一门统计学，但主张概率论就是统计学，否认社会经济统计学的存在。

1851年，第一届国际统计学会议由凯特勒组织，在比利时首都召开。从1855年起，这个学会改名为国际统计学会。

1979年，中国统计学会成立，同年经国务院批准参加国际统计学会第42届会议，并被接纳为该会的团体会员。1995年，在北京成功举办国际统计学会第50届大会，出席这次会议的有来自85个国家、地区和国际机构的1070名代表，中国统计学界代表380多人，特邀企业界列席代表近200人，规模超过国际统计学会历届会议。2013年，国际统计学会第59届世界统计大会在中国香港举行。

图1-2所示为统计学的创始人威廉·配第和他的著作，图1-3所示为中国统计学会创始人李成瑞和学会的网站。

图1-2　统计学的创始人威廉·配第和他的著作

图1-3　中国统计学会创始人李成瑞和学会的网站

第三个时期：合流的统计学派(20 世纪中叶至今)。

这一时期，社会经济统计学派和数理统计学派出现了融合的趋势，强调相互借鉴，共同发展。这一时期，统计学界人才辈出，方法层出不穷。比如，英国人费希尔(1890—1962)提出了假设检验、方差分析等方法，中国人薛暮桥(1904—2005)创新了划类选典等调查方法。同时，非参数统计、多元统计分析、时间序列分析等方法也应运而生并蓬勃发展。

在我国，1949 年以前，统计工作无序，统计学基本上是照抄西方统计理论，传播的主要是数理统计学派的观点。1949 年以后的近 30 年，统计学基本上是照搬苏联的统计理论，传播的是社会经济统计学派的观点，而数理统计学派遭到批判。1979 年以后，全国思想大解放，百家争鸣，统计学界经过激辩，终于达成了共识，认为数理统计学与社会经济统计学一样，都是独立的统计学科。现在，社会经济统计学和数理统计学出现了融合的趋势，数理统计方法在社会经济统计中得到了广泛的应用。目前，统计学已划入国家一级学科，随着大统计学学科体系的建立，统计学作为一门独立的科学，其运用已渗透到了各个领域。

诺贝尔经济学奖大多授予了计量经济学领域的领军人物。计量经济学研究的是统计学在经济学中的应用。2003 年，诺贝尔经济学奖由美国人恩格尔和英国人格兰联手获得，奖金为 130 万美元，获奖理由是在处理“时间序列”变量的研究方法上取得了重大突破。2008 年，诺贝尔经济学奖得主以数据为基础预言经济危机而摘冠。2009 年，诺贝尔经济学奖得主以经济治理分析方面的贡献而折桂。2011 年，诺贝尔经济学奖得主以解答了许多有关经济政策与宏观经济变量之间的关系问题而夺魁。2012 年，诺贝尔经济学奖颁给了从事“预期”研究的学者。2014 年，诺贝尔经济学奖颁给了研究“对市场力量和监管的统计分析”的学者。本书第 6 章将介绍时间序列即动态数列的基本知识。

未来统计学将是怎样的走势，笔者预计，统计学将更具全球化、人性化和生活化(参见图 1-4)。随着电子网络的存在与发展，全球统计学将应运而生，以地球为村落进行统计，各国统计界的交往和合作将更为频繁。同时，个体统计学也将会走俏。统计学将青睐个人领域，如《幸福统计学》、《爱情统计学》、《网络统计学》、《个人理财统计学》等，个人将因此而受惠更多。可以满怀自信地憧憬，随着新生活的丰富多彩，随着时日的不断推移，新的统计方法也将不断被发现，这些新发现将为人们带来新惊喜，并将为新生活带来更多的充实和愉悦。

图 1-4　首届“世界统计日”和“中国统计开放日”宣传展板(制作：中国国家统计局)

4. 统计学的定义

《不列颠百科全书》的定义：统计学是搜集、分析、表述和解释数据的科学。

全国中级统计师考试用书中的定义：统计学是一门研究数据的科学。任务是有效地搜集、整理和分析这些数据，探索数据内在的数量规律性，为决策提供依据。

本书的定义：统计学是一门设计、搜集、整理、分析和传播数据的艺术和科学。

说统计学是科学，具有科学性，这个没问题。说统计学是科学，具有艺术性，是科学性和艺术性的二合一，这个嘛，自然也没有问题。

关于统计学的艺术性，由于说的人比较少，平常关注得也不多，所以一旦挑起这个话头，就自觉还有一点儿新奇。其实，统计学的艺术性早就存在了，它与统计学的科学性一样，和统计学相伴而生，并和统计学的科学性相辅相成。打个比方，统计学的艺术性就好像大地的鲜花，哪怕在无人抵达的幽谷里，哪怕在人迹罕至的僻静处，它都一样开得蓬勃旺盛，开得花团锦簇、满面春风。统计学既是一朵平常的花，也是一朵艺术的奇葩。统计学艺术上的美需要更多的发现和挖掘，在信息时代，可以预见，统计学的艺术性必将大放异彩。

1) 统计学艺术性的基础是科学性

统计学是设计、搜集、整理、分析和传播统计数据的学问。统计学的科学性，表现在科学的思维、科学的计算、科学的表达和传播。统计活动的全过程，都要用科学来支撑。

统计学作为一门科学，其科学性主要表现在 3 个方面，即科学的规律性、严密的程序性、先进的技术性。现分述如下。

其一，统计学具有科学的规律性，这是指统计学理论来源于统计实践，是对统计活动规律的总结，统计科学中的原理，包括基本程序、原则、方法等，对统计活动有普遍的指导意义，而统计活动的发展，又不断催生统计理论的升华。

其二，统计学具有严密的程序性，是指从一次认识过程来看，统计活动必然经历设计、搜集、整理、分析和传播数据这 5 个环节，而统计理论对统计活动的指导也是严格按照这个程序，对各环节予以探讨和更新的，统计设计要全盘考虑，其他环节要落在实处。

其三，统计学具有先进的技术性，是指要获得准确、真实、及时、全面的数据，必须要有先进的方法和技术。为了获得优质的数据，为了透过数据看到事物的外貌、内核和未来，智慧的人们总在不断地寻求更好的途径。各种统计方法在不同领域广泛运用，各种统计软件在提升统计效能方面神通广大，可以这么说，只有科学的统计，才能赢得统计的信誉。

统计活动如果不讲科学，不按统计规律办事，而是随心所欲地安排统计活动，随随便便地估摸那么几下，随意率性地向外张扬和吹嘘，那么得到的统计结果即数据，可想而知就是不科学的，就是有百害而无一利的数据垃圾。是遵循统计学的科学性，还是违反统计学的科学性，得到的结果完全不同。

遵循统计学的科学性，统计学才会有进步，才会充满生机活力。这方面的例子俯拾即是，各领域的统计学纷纷兴起就是实证。违反统计学的科学性，统计学将会遭到灭顶之灾。20 世纪 50 年代，中国大地上刮起的那股浮夸风，不管何时提起，都一样令人胆寒。“人有多大胆，地有多大产”、“只怕想不到，不怕做不到”之类的狂言甚嚣尘上。按理，有合适的天时、地利、人力和科技，才会达到相对较高的产量，而盲目夸大人的力量，不按统计的科学办事，不遵循自然规律，想有多少就有多少，想是多少就是多少，这种攀比和浮夸，结果自然是害人误国。提起当年的荒唐闹剧，过来人更深有感触。笔者的父亲，一

位老实本分的知识分子，经历了那个年代，并被下放到“五七干校”劳动改造。在“五七干校”，分派他去猪棚喂猪，每头猪每天长了多少都要上报。笔者的父亲坚持说，就算把猪每天吃的喝的加一块，也长不了那么多啊。因为上报的生猪增重的数字远远大于它吃喝的数字。听父亲讲非常年代的事儿，我们都还有些后怕，因为那年月，谁说实话谁倒霉。浮夸风的年代，是反科学的年代，是人性扭曲的年代。在那样的年代，和其他科学一样，统计学也被窒息得喑哑无声。

到如今，尊重科学、科学发展，已成共识。统计学不仅要严守科学性，还要大力倡导其艺术性。大体上讲，统计学的科学性是内容，统计学的艺术性是形式。统计学的科学性和统计学的艺术性，这两者是内容与形式的关系，好的内容离不开好的形式来表现，好的形式需要有好的内容作基础。统计学的科学性和艺术性同时并重，将能更好地传播统计学，能化刻板的数据为灵动的数据，能化抽象为具体，能以鲜活的形式走入寻常百姓家，让人乐于理解和接受，让人感受到数据之美和有用。

2) 统计学的艺术性无所不在

统计学的艺术性是指统计作品通过各种艺术手段反映生活，表现数据所达到的鲜明、准确、生动的程度。主要包括艺术形象的鲜明具体性和典型性、艺术情节的生动性和曲折性、艺术语言的准确性和鲜明性、艺术手法的精当性和多样性。

科学性注重实实在在，艺术性讲究艺术表现，这两者在统计学中能融合到一起吗？这里，不妨到统计活动的现场走一趟，感受一下统计学中艺术的魅力。统计活动的现场，也就是常说的统计活动的基本过程：设计→搜集→整理→分析→传播数据。现分述如下。

其一，在统计设计的起始阶段，统计学的艺术性主要表现在设计统计指标体系结构的完整性和严谨性上。和其他设计一样，统计设计也是一个思维创造的过程。统计设计是为统计活动的全程勾勒出一幅蓝图，其中心要务就是设计统计指标体系。在家居设计中，可以根据住宅的风格设计相应的情调，或淡然雅致，或浓墨重彩，或浓淡相宜，尽可别具一格。但在统计设计中，既要有科学的才情来捕捉主题，也要有艺术的眼光来洞察整体。以设计统计指标为例，一系列统计指标怎么选择，统计指标体系是怎样的构架，其中必有人文情怀，必有独特品位。可以这么说，优质的统计指标体系的结构，本身就是科学和艺术联手创作的绝妙蓝图，体现了艺术结构的完整性和严谨性。

其二，在搜集数据的基础环节，不论是搜集一手数据，还是搜索二手数据，统计学的艺术性也是融入其间、无所不至，表现在搜集数据过程中的灵动性上。在搜集一手数据的时候，常用问卷的方法，问卷的版面设计需要讲求艺术，问卷的语言和结构也要讲究艺术。尤其是把问卷放到网上时，更给统计艺术的发挥提供了极好的平台。比如，动态设计的问卷、植入相应音乐和视频的问卷，问卷语言的生动化，优美高雅的互动环境的布置，凡此种种，都闪耀着艺术的光辉。可以说，新颖独特又风格实在的问卷，才会吸引上网游逛者飘忽的目光，才更有可能获得更多鲜活的数据，才更有可能让问卷之旅不虚此行。爱美之心人皆有之，好奇之心人皆有之，问卷的外在美与内在美兼修，将会美不胜收。在搜索二手数据的时候，同样的道理，权威的并辅之以艺术性表达的数据，才更容易为人们所采用并津津乐道。

其三，在整理数据的中间环节，统计学的艺术性主要表现在图表的风貌上。统计图和统计表是显示整理数据结果的两种形式。统计图表不管是在制作还是在显示方面，都饱含着艺术的元素。当世间出现了网络和统计软件以后，统计图表的艺术品位也越来越浓。统计图表本身就具有直观生动、一目了然的特性，当有了网络以后，原来手工绘制的图表变成了计算机绘制的，这一转变，使得一般统计图表的绘制也能被人们广为接受和操作，使得专业统计图表的绘制更为精良和美妙。动态的统计图、象形的统计图，点缀和丰富着我们的生活。统计图表色泽的选择和搭配，离不开色彩学等艺术的理念和实践。制作成的精美的统计图表，自然是艺术品，是统计科学和艺术的完美结晶。当然，不论何时，统计的科学性必须摆在首位，如果打着艺术的幌子，歪曲真实的数据，那么，就算统计图表做得再好看，那也是诱人上当、遮人眼目的骗局。这样的例子很多，比如，生拉硬扯统计折线图，把死水微澜的业绩画得直冲云霄，或者偷偷截去纵轴上的数据，不从 0 开始显示，而是任选一个自己喜欢的起点，这些不为人所见的小动作，都是违反统计科学性的。显然，统计图表的艺术性可以为统计数据的传播增色，但如果没有统计科学性的强力支撑，那些艺术性就算挥洒得再好，也不过是伪装得更高明罢了。看来，要欣赏统计图表，还要有鉴赏的能力。主题鲜明的、货真价实的、风格迷人的统计图表，才是统计艺术中的珍品。

其四，在分析数据出成果的阶段，统计学的艺术性表现在数据文章的语言所具有的鲜活性。在不辞劳苦，当然也是乐在其中地搜集和整理好数据以后，接下来就是写作数据文章，将所思所想和所经所历，把来之不易的各种形式的数据，用文字语言和数字语言交织成一篇文章，这个阶段是出成果的阶段。打个比方，有了气鼓鼓的篮球，有了打篮球的所有行头，还得要有技术，投篮一出手，就知有没有。要把数据文章写好，写得好看耐看，需要艺术的修炼和功底。艺术的表达同样需要以数据的科学性为前提，如果不真不实不准的数据，偏要生硬地添上艺术的光环，就会落个华而不实、哗众取宠的名声。艺术感强的数据文章，表现在文章的数字标题醒目、给数字打比方生动有趣、穿插的图表整体风格一致、文字语言与数字语言的有机融合、全篇结构的张弛有度等方面。

这里拿几个实例来窥其一斑。

例如，《市民春节消费刷卡额增近五成》一文，来源于 2010 年 2 月 23 日的《信息时报》，文章写道：“中国银联日前发布最新统计数据，大年三十至正月初六(2 月 13—19 日)，境内银行卡跨行交易达 569 亿元，比去年春节增长 47%。”在这里，数字标题的提炼就很到位，将“47%”替换成“近五成”，既简化了读音，又让人看得顺眼。适当地用成数取代百分数作标题，就是一种遵循科学的艺术性表达。当然，如果统计数据为 42%，表达为近五成就失真了。

又如，《趣谈中西文化之差异》这篇文章，发布在山东外事的网站上，文中提到，“中国人喜欢讲数字，西方人喜欢讲故事”，并建议“在对外宣传时，我们要善于把数字和故事结合起来，以便让西方人更好地了解中国”。摆数字是实，讲故事是虚，将虚、实结合，在入情入理的描述中传扬数据，做到了这一层，估计不管东方还是西方，肯定普天下的人都会鼓掌欢迎、拍手叫好。这讲故事，就需要艺术。要以准数为基础，讲得活灵活现，讲得深入人心，讲得头头是道，这是需要下功夫的。而那种一味铺陈数字的做法，只会让人感到枯燥。其实，以数字为依据讲故事，这故事不是杜撰出来的，而是讲数字背后的真人真事，让人明白数字的来历和背景，让人珍惜眼前数字的来之不易。要讲好数字的故事，

就要有科学的精神，还要有艺术的情怀。

至于用打比方的艺术手法来解读数字，或者用数字打比方来解读世理，这样的例子就太多了。“健康是 1，其他是 0。”这就是用简单的数字来解说“健康最重要”这样一个道理。“中国以 8 亿件衬衫换 1 架飞机”，这一度触目惊心的事实，现已成为过去式了。

其五，在传播数据的最后环节，统计学的艺术性表现在传播手法的精当性和多样性上。统计的数据成果出来以后，一般是需要通过相应的平台进行传播的，这样才能发挥其效用。在计算机出现以前，统计数据成果的发布或发表，渠道比较单一，主要是通过报纸杂志，受众面有限，传播也不快，统计服务的对象主要是政府。全球网络化以后，凡有点知识、有点条件的人都成了网民，统计数据的传播速度空前加快，统计的服务对象既有政府也有民众。统计数据影响政府决策，政府决策影响民众生活，民众以前所未有的热情关注着统计数据的发布，关注着股市、房市、车市、物价等统计数据的走势，关注着与自己生活息息相关的统计数据的来龙去脉。在这种情势下，统计数据的传播不讲求多样化的精当表达就跟不上时代需求，那种程式化的千篇一律的套话和官腔已经混不下去了。

官方统计数据的传播，现在已是丰富多彩，走多部门合作的路子，建立共存共赢的模式已成现实。比如，2005 年开始由北京市统计局与北京电视台合作拍摄的《数说北京》，近年国家统计局与新华网等联手调查“全国最受关注的统计数据”，统计官员来到新华网等网站以现场解读人们关注的数据，等等这些，反响都很好。统计传播的渠道，由原来单一的纸质传播到现在利用网络的多样化传播，统计传播的对象由政府机关到人民大众。

统计传播的手段和受众等的变化，使得统计传播中讲求艺术的氛围越来越浓。《数说北京》是以轻喜剧的形式来讲读统计数据对京城生活的影响，统计官员来到门户网站是以通俗易懂的语言形式来解说大家关注的数据变化。如果统计数据没有吸引力和生命力，如果发布统计数据的平台没有一定的艺术表现力和感染力，那么，《数说北京》就不会登上城市公交的移动电视一播再播，统计官员就不会被央视等主流媒体频繁邀请并潇洒上镜侃侃而谈。

关于统计的传播，在实践中早就开始了，但理论上的探讨却很少，这从教科书和百科全书给统计学的定义就可以看到。现成的关于统计学的定义，最后一个环节都是分析或者提交，没有明确指出统计传播。随着统计实践的发展，统计理论滞后的现状必须正视。可以预见，统计传播的重要性，统计学的艺术性，将会越来越为人们所重视，并不断被开拓出新意和美的境界。

3) 统计学是科学性和艺术性的统一

统计学是科学性和艺术性的统一，也就是客观规律与主观能动性的统一。统计学的科学性反映了统计活动的规律，统计学的艺术性反映了人的主观能动性。

在信息社会，如何把数据搞准，如何让民众把数据搞懂，还真不是一件容易的事。官方统计数据的权威性，首先取决于数据的准确性，这需要科学的理念和方法、科学的态度和行动。要让民众把数据搞懂，就要特别注重艺术形式的调用，尤其在统计产品的花样和传播上，要讲究方式方法，要找到生动活泼、通俗易懂的形式，接近贴近民众，满足人们对数据日益增长的需求。

网络时代，是崇尚科学、追求艺术、数据化管理的时代。统计学与生俱来的艺术性，必将在统计科学的沃土上，绽放出更加芬芳迷人的花朵。

围绕统计设计的目标，将搜集的数据经过整理和分析以后，所传播的数据是统计信息。政府统计信息的传播，常见的有统计公报、统计年鉴、资料汇编等形式。非政府统计信息的传播，常见的有幻灯片演示、调研报告的发布等。

1.2.2 统计学中的基本概念

统计学是研究什么的？统计学的研究对象是现象总体的数量方面。那么，什么是总体？在步入统计学世界时，遇到的第一个统计学的基本概念就是总体。

统计的魅力在数据，数据生生不息。芸芸数据，可以从多个角度来分类，按调查范围来看，可分为个体数据和总体数据，总体数据来源于个体数据。

下面用一个简单的例子，把常用的统计术语串联在一起。

【例1-1】“班长的小报告”。统计专业这个班有30名同学，男女各半，平均年龄18岁。同学们爱好广泛，平常喜欢上网呀，运动什么的。我们每一位都有特长：帅哥陈帅19岁，是计算机高手；班花李美18岁，天生喜欢涂鸦……噢，换个形式说吧，下面是两份清单(参见表1-1和表1-2)，请过目。

表1-1 个体数据表

学 号	姓 名	性 别	年 龄	爱 好
1	陈帅	男	19	计算机
2	李美	女	18	画画
⋮	⋮	⋮	⋮	⋮

↓汇总

表1-2 总体数据表

性 别	人数(人)	各组人数所占比例(%)	平均年龄(岁)
男	15	50	18
女	15	50	18
合计	30	100	18

↑总量数　↑相对数　↑平均数

由以上两个清单，可得到该班学生的基本情况，如表1-3所示。

表1-3 某班学生的基本情况

<table>
<tr><th rowspan="3">认识目的</th><th rowspan="3">个体</th><th colspan="4">个体数据(标志)：说明个体</th><th rowspan="3">总体</th><th colspan="3">总体数据(统计指标)：说明总体</th></tr>
<tr><th colspan="2">品质标志
(文本型数据)</th><th colspan="2">数量标志
(数值型数据)</th><th>数量指标</th><th colspan="2">质量指标</th></tr>
<tr><th>名称</th><th>表现</th><th>名称</th><th>表现</th><th>总量数</th><th>相对数</th><th>平均数</th></tr>
<tr><td>学生情况</td><td>每个学生</td><td>学号
性别
爱好</td><td>1，2……
男、女
计算机、画画……</td><td>年龄</td><td>19岁、18岁……</td><td>全部学生</td><td>总人数30人</td><td>男女各占50%</td><td>平均年龄18岁</td></tr>
</table>

例子在上，以下各统计术语之意，请对号入座。

1. 个体和个体数据

个体是指构成总体的单位，又叫总体单位。个体由个体名称和个体表现构成。在例 1-1 中，每一个学生是个体，都是这个班集体中的一员。姓名是个体的名称，“陈帅”等是个体名称的表现。

个体数据是指说明个体的数据，又叫标志。标志由标志名称和标志表现构成。标志按说明个体特征的不同，分为品质标志和数量标志。

品质标志是指说明个体的属性特征。品质标志的取值就是品质标志表现。在例 1-1 中，每个学生的性别是品质标志的名称，男、女是品质标志的表现。

数量标志是指说明个体的量化特征，数量标志的取值叫标志值。在例 1-1 中，年龄是数量标志的名称，19 岁是数量标志的取值，陈帅 19 岁，19 岁就是标志值。

请注意，品质标志又叫文本型数据，数量标志又叫数值型数据。

文本型数据是指不能相加，或加起来没意义的数据，常用文字、序号等表示。在例 1-1 中，每个学生的学号、性别、爱好，这些品质标志的表现是不能相加的。

数值型数据是指可以计算、计算结果有意义的数据，用数值表示。在例 1-1 中，由全班每个学生的年龄，可以算出全班学生的平均年龄。

2. 总体和总体数据

总体是由许多具有共同性质的个体所构成的。总体又叫统计总体。总体的形成必须具备一定的条件，主要有 3 条。其一，客观性，即总体和个体必须是客观存在的，可以实际观察和计量的；其二，同质性，即组成总体的所有个体必须在某些性质上是相同的；其三，差异性，即组成总体的每个个体在某些方面是有差异的。成语“求同存异”，有助于理解和记忆总体的三性。

在例 1-1 中，总体是全班学生，全班学生是由每一个学生所组成的集体。每一个学生，既有共性又有个性。共性表现在他们都是同一年级、同一专业的，这些共同点使他们有缘成为同班同学。而每一个学生又有个性，又存在个体差异，如果每个学生各方面都一模一样，那就不需要统计了。同时，要了解全班的特点，只用两三个学生的情况来说明显然是不够的。

总体数据是指说明总体的数据，术语叫统计指标，又叫统计数据。统计的语言是统计指标。统计指标的表现形式有 3 种，即总量指标、相对指标和平均指标。总量指标表示总体的总量规模，相对指标表示总体的对比程度，平均指标表示总体的一般水平。总量指标、相对指标和平均指标，分别又称总量数、相对数和平均数。总量数、相对数和平均数，简称“三数”。在例 1-1 中，说明全班学生这个总体的“三数”有总人数 30 人(即总量数)、男女各占 50%(即相对数)、平均年龄 18 岁(即平均数)。

统计指标由八要素构成，这八要素缺一不可，模糊一个也不行。举例说明如下：

2008年，	中国	奥运健儿	获金牌数量	达51	枚。	(中国奥委会官方网站提供)
↓	↓	↓	↓	↓	↓	↓
时间	空间	总体	指标名称	{指标数值 计算方法	计量单位	资料来源

读写数据文章，任何一条总体数据，都要分清楚总体与个体、总体数据与个体数据的关系。记住总体数据的基本结构都必须具备八要素：时间、空间、总体、指标名称、指标数值、计算方法、计量单位、资料来源。

统计指标八要素中，**时间**和**空间**这两个要素是最基本的，获得数据的时间必须挑明，调查范围必须讲清，这说明统计的数据都是实在的，不是虚空的假设。同时，说明的对象是谁，即**总体**要明确。**指标名称**这个要素，它所代表概念的含义必须界定清楚，定义不同，取得的结果就不一样。根据指标的概念，**指标数值**可按相应**计算方法**得到，这些指标数值是具体的，当然都有相应的**计量单位**来表示。也有这样的情况，同是权威机构发布的同样的指标，结果却不一样，这时，与其盲目起哄，还不如关注一下它们对指标的定义是否相同，调查方法是否一样。**资料来源**必须写明，数据的来源是否权威，可不可信，读者都很在乎。

如果一个统计指标中的八要素缺少了一个，就可以一票否决，对它不予理睬。还有一点要注意的就是，一个统计指标只能说明总体的一个方面，要全面认识总体，就要用多个相联系的指标来说明。

3. 统计指标体系

统计指标体系是指由若干相互联系的统计指标构成的有机整体。设计统计指标体系时，要遵循以下原则。

1) 总则

依据哲学、经济学等学科知识，深入分析现象之间的内在联系，结合统计调研目的，将其中的重要特征量化为指标，再从整体上搭建完整的统计指标体系，以全面反映现象的数量特征及其相互关系。

2) 细则

其一，整体性。即统计指标体系的设计，是从整体出发，把调查总体与相关总体视为一个大的系统，通过若干指标全方位反映总体的各层次结构。在指标体系中，要有中心指标，注意各指标之间的内在联系与主次关系，要尽力避免简单、孤立地罗列指标。

其二，可比性。统计指标体系的设计内容，并不是固定不变的。这是因为统计指标体系的设计，一方面受人们认识的限制，需要不断修改和完善；另一方面，受现象本身变化特点的制约，需要不断调整和改进。当然，在调整中，要注意保持统计指标体系中前后资料的衔接与可比。不管什么地区、国家、时期、群体，选择的指标性质要相同，并且指标口径要统一，以便和国内外相同指标进行横向或纵向对比。

其三，协调性。统计指标体系中所需要的资料，有不少是来源于会计核算和业务技术核算等。例如：有关固定资金和流动资金等资料，大部分来源于会计核算；有关设备和技术经济、教育、科技、文化、艺术等资料，大部分来源于业务核算。因此，在设计统计指标体系时，要注意本部门内部与相关部门之间的协调关系。

其四，可操作性。要求大多数指标可从统计部门直接或间接获取。依据社会的发展可以推出一些新指标，但计算尽可能简单易行。

值得一提的是，变量这个概念来自数学领域。变量为统计所用之后，用得很乱。变量是指什么？目前流行三派意见：一派认为变量是指个体数据；一派认为变量是指总体数据；一派认为变量既指个体数据，又指总体数据。每一派都摊出一堆理由。我们觉得，统计已有了自己的术语，外面来的，欢迎。对于变量，不妨采取包容之心，让它代表个体数据和总体数据。在运用变量时，只要对个体和总体、个体数据和总体数据的关系进行留意就好了。

与统计术语过招，还行吧。行不行，练一下就知道了。

【例 1-2】选择题。

(1) 构成统计总体的每一个事物称为(　　)。

A. 标志　　B. 标志值　　C. 调查单位　　D. 总体单位(个体)

(2) 以某单位全体职工为总体，每个职工为总体单位，则下列选项中属于统计指标的是(　　)。

A. 职工总人数　　B. 职工性别　　C. 职工工龄

D. 职工平均工资　　E. 男女职工人数比例

(资料来源：全国统计师考试真题)

答案：

(1) D。知识点：总体与个体的关系。

说明：总体是由个体构成的，总体数据是由个体数据汇总而成的。标志说明个体的特征，标志值是指数量标志的取值。

(2) ADE。知识点：标志和统计指标的关系。

说明：标志和统计指标的区别有两点。一是说明的对象不同，标志说明个体，统计指标说明总体；二是表现的形式不同，标志可用文字和数值表示，统计指标一般只用数值表示。两者的联系在于，总体数据来源于个体数据。

本题中，A、D、E 选项，分别表示职工总人数、职工平均工资、男女职工人数比例，这 3 项都是说明总体的，都是统计指标，从统计指标的表现形式来看，这 3 项分别是总量指标、平均指标、相对指标。而 B、C 两项都是说明个体的，职工性别属于品质标志，职工工龄属于数量标志。

1.3 统计表达中的误用

本节标题“统计表达中的误用”指的是一篇文章，全文实录如下：

用汉语言文字表达心潮，可以任由想象的大海澎湃。用阿拉伯数字表达世界，可以任由实在的翅膀飞翔。

大文豪李白望庐山瀑布，眼中只见得飞流直下三千尺，这是诗情的浪漫与夸张。而统计语言，也就是以阿拉伯数字为主打的语言，在 1、2、1 报数时，只能据实道来。显然，在生活中，诗情需要，实情也需要。没有诗情，生活真枯燥；没有实情，生活会乱套。但如果硬要说这 1、2、1 就不生动，那也是闭着眼睛卖布——瞎扯。

有这么一个道理，有了数的概念，打比方才有底气。李白望庐山之瀑布，是被其宏伟气势所激动，所以有感而发，名句喷涌而出。如果李白见到了一根狗尾巴草，他那三千尺的豪迈，可以断定，产生不了。常有这样的形容，富得流油，瘦得像豆芽，这贫富和胖瘦是可以量化的，在这基础上，才可以更进一步描写，而这样的描写，又促进了数意的传达。可见，阿拉伯数字与汉语言文字，这两者的默契是由来已久，形容为珠联璧合也是可以的吧。

金珠和白璧，谁都喜欢成色好的。语言的表达，不论文字还是数字，人们的喜好也一样。金无足赤，白璧微瑕，这是自然之事，奈何不得。而语言的表达，却总可以尽人力而为，剔除其枝蔓芜杂，断除其差错漏洞，端掉些个马虎眼。在用统计语言表达时，不妨将表达中的有失水准的都归于失误。

重温《中国历年国防经费支出分析》一文，发现了“敌情”，其实只是在运用统计时稍有不当而已。现把它们从原文里耙扫出来，集中在一起，这样便于阅读和推敲。

一、存在误用的几个片段

以下几小段，分别用①、②、③、④、⑤、⑥、⑦、⑧标示，里头有哪些错漏或值得推敲的，不妨先瞧一瞧。

① 核心提示: 1840—1950 年的 110 年间，中国遭遇了鸦片战争、甲午战争、八国联军侵华战争、抗日战争等 8 次战争，平均不到 13 年中国就要承受一次大规模战争。

② 新中国成立初期(1949—1956)。军费开支占财政支出的比例平均为 35%。

③ 社会主义经济建设时期(1957—1966)。随着 1964 年原子弹的爆炸，标志着中国军队进入了核时代。这段时期，国防军费的绝对值呈现逐年增加的趋势，从 1957 年的 55 亿元人民币，增加到 1966 年的 101 亿元人民币，平均年增长 9.3%。

④ “文革”期间(1967—1977)。军费绝对值增长并不大，年平均增长率仅为 7.95%。

⑤ 改革开放初期(1978—1985)。军费占国民生产总值的比例，由 1978 年的 4.6%，降低到 1984 年的 2.13%，下降幅度 1 倍左右。军费开支绝对值只有在 1979 年有过急剧增加，达到 223 亿元，同比增加了 55 亿元，因为在这一年发生了对越自卫反击战。

⑥ 改革开放爬坡时期(1986—1998)。1986—1998 年的 14 年间，是中国军队的忍耐期，中国军队被迫做出了巨大牺牲，那时候中国的年度军费仅够勉强维持。从数字变化上可以得出结论，这一时期军费下降速度继续加快，出现极度萎缩现象，年均递减速度为 4%。

⑦ 偿还欠债时期(1999 年至今)。从 2000～2005 年的 6 年间，国防经费支出从 1207.54 亿元增加到 2475 亿元，翻了一番。

⑧ 国防经费能不能促进经济增长？假如中国的国防预算占 GDP 比例提高到世界平均水平，即 3.2%～4%左右，那么 2008 年中国的军费就应该能有 9700 亿～12 000 亿元人民

币之间，约合 1650 亿美元，而 2009 年预计就能够突破一万三千亿元人民币，约合 1900 亿美元，是 09 年实际军费的 2.7 倍，这将极大改善人民解放军的武器装备和战备训练，使中国有可能位列美国之后成为世界第二军事强国。

二、解读误用的一个说法

以下是对①～⑧的简要分析和说明，仅限于核实计算结果与端正基本表达方面，只言片语仅供参考。

① 此段中计算有误。将“平均不到 13 年”改为“平均不到 14 年”。算式如下：

$$110\text{ 年} \div 8\text{ 次}=13.75(\text{年/次})$$

② 此段表述不妥。将“比例”改为“比重”。比例相对数是同一总体中两部分数值的比，而结构相对数是同一总体中某一部分数值占全部数值的比。比重是表现总体结构最常见的相对数。

③ 此段表述不妥。将“绝对值”改为“总量数”。绝对值的代数定义为：正数的绝对值是它本身，负数的绝对值是它的相反数，零的绝对值是零。总量数是反映现象总规模、总水平或工作总量的统计数据。

计算有误。将“平均年增长 9.3%”改为“平均年增长 6.99%”。同时，修改后的计算结果与修改前的相比，增加了一位小数，这样做是为了与原文的表达风格相匹配，因为通观原文，小数点后面一般都保留了 4 位小数。公式为：

$$\bar{x}-100\%=\sqrt[n]{\frac{a_n}{a_0}}-100\%$$

式中：$\bar{x}$ 为平均发展速度；$\bar{x}-100\%$为平均增长速度；a_n 为报告期数据；a_0 为基期数据；n 为时间长度。

资料中，1966 年为报告期，1966 年军费 101 亿元为报告期数据；1957 年为基期，1957 年军费 55 亿元为基期数据，则：

$$\bar{x}-100\%=\sqrt[9]{\frac{101}{55}}-100\%\approx 6.99\%$$

④ 此段中时间有误。将“1967—1977”改为“1966—1976”。“文革”时期应该是从 1966 年到 1976 年。

表述不妥。将“绝对值”改为“总量数”，请参考③的说明。

计算不妥。将“年平均增长率仅为 7.95%”改为“年平均增长速度仅为 2.87%”。

资料中，1976 年的军费为 134 亿元；1966 年的军费为 101 亿元；从 1966 年到 1976 年，相距 10 年，则：

$$\bar{x}-100\%=\sqrt[10]{\frac{134}{101}}-100\%\approx 2.87\%$$

⑤ 此段表述不妥。有 3 个地方要修改。一是将“比例”改为“比重”，说明请见②；二是将“绝对值”改为“总量数”，说明请见③；三是将“下降幅度 1 倍左右”改为“下降了 2.47 个百分点”，算式为：2.13%−4.6%=−2.47(个百分点)，因为表示数目的增加可用倍数，而表示数目的减少就不能用倍数，这是一般规矩。

⑥ 此段中时间有误。将“14年”改为“13年”。

表述不妥。将“绝对值”改为“总量数”。

判断有误。“从数字变化上可以得出结论，这一时期军费下降速度继续加快，出现极度萎缩现象，年均递减速度为4%。”原文中的这个说法不实。因为从1986年到1998年的军费是逐年增加的，以亿元人民币为计量单位，这13年的军费依次为201，210，218，251，290，330，378，426，551，637，720，813，935。显然，年均递减速度难以从中获得。

⑦ 此段表述不妥。将“2000～2005”改为“2000—2005”。

顺带注意一下翻番的计算。从2000年到2005年的6年间，国防费支出从1207.54亿元增加到2475亿元，翻了一番。验算如下：

求番数m的算式为：$\frac{2475}{1207.54}\approx 2.0496 = 2^m$，在电子表格软件中的空白单元格输入：“=LOG(2.0496)/LOG(2)”，按Enter键，即得m为1.04番。

⑧ 此段表达不妥。至少有4个地方要修改。一是将“一万三千亿元”改为“13 000亿元”，以求全文体例一致；二是将“09年”改为“2009年”，以求符合年份的标准用法；三是将“3.2%～4%左右”中的“左右”删除。至于“9700亿～12 000亿元人民币约合1650亿美元”，这种表达也值得商榷。

三，消除误用的两个解法

在①～⑧的解读中，无外乎都是算法和表达之类在颠来倒去。其实，之所以有这么一说，实在也是有书可对，有据可查，不敢信口开河。

有书是《统计学原理》之书，从案头随取一本，翻开一看，里头一般都装有百分点、翻番、年均速度等的详解与说明。比如，百分点是百分比中相当于1%的单位，反映不同时期以百分数形式表示的相对指标(如速度、指数、构成等)的变动幅度，是分析百分比增减变动情况的主要表现形式。合上书本，不知怎么又想起“三数”来，既然相对指标叫相对数，平均指标叫平均数，那么，总量指标为啥不直呼为总量数而常称为绝对数，改绝对数为总量数的叫法，既符合统计指标曾用名的顺延，又便于读者好记好用，两全齐美的事儿，何乐而不为？在数据文章中，瞧这绝对数，人家老把绝对数当作绝对值使了，这不是个例，如果长此以往，将不利于统计概念的发展，将有损于统计概念的声誉。

有据是《出版物上数字用法的规定》一文，从网上随意一搜，打开一看，里头分门别类写了好些须知，还有好些示例。这里不妨拈几条来看：1990年不应简写成“九〇年”或“90年”；凡是可以使用阿拉伯数字而且又很得体的地方，特别是当所表示的数目比较准确时，均应使用阿拉伯数字。

看来，写数据文章，至少要有这么三个“一”来壮胆，即：一本《统计学原理》；一篇《出版物上数字用法的规定》；还有一个“一”，那就是以不变应万变中的随机应变了。

统计实录

统计的艺术性

统计的艺术之花竞相开放
歌声飞扬唱得人情怀激荡
团团统计花开是五瓣一朵
一瓣一瓣一朵朵多么芬芳

什么是统计？市面上有很多版本的定义，时下最流行的当属《不列颠百科全书》(又称《大英百科全书》)给出的定义：统计是指搜集和分析数据的科学和艺术。

什么是科学性？什么是艺术性？科学性是指概念、原理、定义和论证等内容的叙述是否清楚、确切、历史事实、任务以及图表、数据、公式、符号、单位、专业术语和参考文献写得是否准确，或者前后是否一致等。艺术性是指人们反映社会生活和表达思想感情所体现的美好表现程度。

说统计学是科学，这个没有异议，它有一整套严谨的统计思维，指导人们找寻数量的特征。谁都知道，科学里头也含有艺术，常被称为科学之美。那统计学的定义里头，为什么要把艺术单列出来？我无法去询问下定义者的初衷，我想一定有奥妙在其中。是怎样的奥妙呢？我想，只有那浸润统计很深的人，才会有这等怀抱和感悟吧。可涉猎统计不深的我，对此依然抱有一份好奇，却求解无门。“小花小朵，想放就放”，还是老话灵验，于是，静悄悄地开着，在统计原野的一角，任一缕游思飘浮遐想。

统计的艺术性离不开统计的科学性，这两者关系，是你中有我，我中有你的甜蜜。统计的思维循着“设计、搜集、整理、分析、传播数据”的套路，统计的艺术魅力自然也勃发灿然于其间。想到这点上，如有好风吹来，吹动我的游思有了去向，那就循着好风一起飘吧！

统计设计要讲求艺术。统计设计的中心是设计统计指标体系。设计出什么，调研的方向就是什么。就好比说：设计了一座圆顶房，就不会按圆顶房的设计图纸建造成一幢尖顶房；设计了一款鸭舌帽，就不会按鸭舌帽的设计图纸剪裁成阔边的女式帽。艺术性早说了，要“表达思想感情所体现的美好表现程度”。这么说来，那统计的艺术性，就是要设计能体现思想感情的指标。可现在睁眼闭眼多是经济指标，多与金钱世界打成一片。看来，如果体现情感的统计指标能够脱颖而出，并受到人们的追捧和厚待，那么贴在统计身上枯燥性的标签就可以揭去了。真正的统计应该温情美妙，而不应枯燥乏味。如果统计指标让人感到枯燥乏味，让人觉得莫名其妙，这只能说明一点，统计设计的艺术手法还不到火候。

搜集、整理和分析数据也要讲求艺术。搜集数据的时候，问卷调查法用得比较多，问卷的设计要有艺术，开头的问候语要亲切自然，中间的问题排序要由易到难，专业术语要用通俗的语言代替，当拿着问卷询问人家的时候，还要讲究问话的艺术。整理数据的时候，显示数据最招人喜欢的一招就是统计图，不说别的，统计图的颜色就要用到颜色学，统计图就是美的图。分析数据的时候，没有艺术的表达可不成，数字的语言只有和文字的语言相融相通，才有看头，想一想，只有数字光溜溜搭那儿，没有生动的说明，没有得体的比方，没有背后的故事，那就如同枯瘦的孤独的人儿，虽然活着却没有生气，虽有呼吸却了无生趣。

传播数据也有艺术的讲究。满园果树，经历了多少风雨晴明，有朝一日终于果实满枝头，但这些诱人的果子是任其熟透落地而腐烂，还是摘下来送到自己的嘴里或运往四面八方，当然，只要不是傻蛋，都会选择后一种。数据的传播也就是到了果满枝头以后要怎么传送这一步。好的数据传播不力，就如同诱人的果子烂在地里，实在令人扼腕叹息。数据传播的途径很多，如纸质传媒、电子传媒，艺术表达的方式也层出不穷。让数据灵动起来，数据本来就有生命，经传媒的手段一艺术化，更显得光彩照人。

就这么拉拉杂杂写了一通统计的艺术性。天可怜见，统计的艺术性岂是这三言两语所能说得完道得尽的。这一篇就算一个梗概吧，自己还得深入其间，多到里面随机化缘，才能感受到更丰饶的关于统计艺术性的魅力。

本 章 小 结

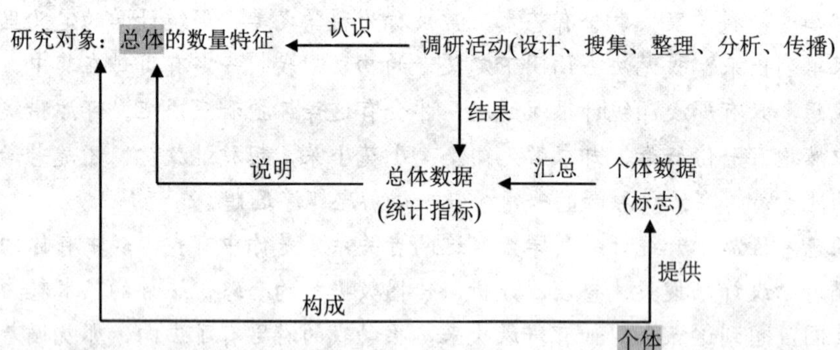

《统计学原理》框架的说明：

统计学是一门专注于数据语言来认识世界的学问。数据的获得要经过调研活动，即围绕预定目标，搜集鲜活的个体数据，将个体数据整理为总体数据，再结合相关资料，直击总体的特征，并选择适当方式进行传播。

数据的分类有很多，这里结合本书的章次结构列出以下两种。

按数据的来源划分，可分为一手数据、二手数据。一手数据是指亲力亲为得到的原始数据。二手数据是指通过媒体等渠道得到的数据。第 1 章描画统计的概貌，第 2 章介绍一手数据和二手数据的搜集，第 3 章介绍一手数据和二手数据的整理。

按数据的时间特征划分，可分为静态数据、动态数据。静态数据是指同一时间不同空间上的数据。动态数据是指不同时间同一空间上的数据。第 4 章介绍静态数据的算法和用法，第 6 章介绍动态数据的算法和用法，第 5、7、8 章介绍数据的预测方法(其中，第 5 章介绍静态数据的预测方法，第 7、8 章主要介绍动态数据的预测方法)，第 9 章介绍数据文章的写法和数据传播的基本途径。

真 题 上 市

一、单项选择题

1. 统计学的基本含义是(　　)。

A. 统计资料

B. 统计数字

C. 统计活动

D. 一门处理数据的方法和技术的科学，也可以说统计学是一门研究“数据”的科学，任务是有效地搜集、整理和分析这些数据，探索数据内在的数量规律性，对所观察的现象做出推断或预测，直到为采取决策提供依据

2. 要了解 20 个学生的学习情况，则总体单位是(　　)。

A. 20 个学生　　B. 20 个学生的学习情况

C. 每一个学生　　D. 每一个学生的学习情况

3. 通过各种统计指标和指标体系来反映现象总体的规模、水平、速度、效益和趋势等，这体现了统计学研究对象的(　　)。

A. 总体性　　B. 数量性　　C. 客观性　　D. 随机性

4. 下列各项中属于数量标志的是(　　)。

A. 性别　　B. 年龄　　C. 职称　　D. 健康状况

5. 以职工为总体，观察职工的性别构成，此时的标志是(　　)。

A. 男性职工人数　　B. 女性职工人数

C. 职工的性别　　D. 性别构成

二、多项选择题

1. 17 世纪中叶，英国的威廉・配第所著的《政治算术》一书的问世，标志着(　　)和(　　)的诞生。

A. 古典政治经济学　　B. 统计学

C. 数学　　D. 政治学

2. 以下说法中，“统计”作为名词的有(　　)。

A. 小王是学统计的

B. 他已搞了几十年统计了

C. 据统计，今年一季度物价指数出现负增长

D. 请统计一下今天的销售量

3. 一项完整的统计活动的基本环节应包括(　　)。

A. 统计设计　　B. 标准制定　　C. 搜集数据

D. 整理数据　　E. 统计分析

4. 形成统计总体应具备的条件有(　　)。

A. 主观性　　B. 客观性　　C. 大量性

D. 同质性　　E. 差异性

5. 统计学研究对象的基本特征是(　　)。

A. 数量性　　B. 社会性　　C. 总体性

D. 综合性　　E. 具体性

三、判断题

资料：《52 岁盖茨退休将全数捐出近五千亿身家做慈善 子女分文未得》，2008 年，这条报道一度占据着各大网站头条。

盖茨引退做慈善，相关数据对他的影响很大。他在哈佛大学的演讲中提到，他和夫人在讨论过程中，读到了一篇文章，里面说在贫穷的国家，每年都有 50 万儿童死于麻疹、疟疾、肺炎、乙型肝炎、黄热病和轮状病毒。夫妇俩很震惊，他们想，几百万儿童正在死亡线上挣扎，而这些儿童是可以被挽救的，只是那些价格还不到 1 美元的救命的药剂，并没有送到他们的手中。

要求：请将相关内容填入表 1-4 的空格中。

表 1-4　贫穷国家儿童死于疾病的情况(1)

认识目的	个　体	个体数据(标志)				总　体	总体数据(统计指标)		
		品质标志(文字型数据)		数量标志(数值型数据)			总量数	相对数	平均数
		名　称	表　现	名　称	表　现				

判断：有一份填列的结果如表 1-5 所示，请判断其做得是否合适。

表 1-5　贫穷国家儿童死于疾病的情况(2)

认识目的	个　体	个体数据				总　体	总体数据		
		品质标志(文字型数据)		数量标志(数值型数据)			总量数	相对数	平均数
		名　称	表　现	名　称	表　现				
贫穷国家儿童死于疾病的情况	每一个儿童	疾病	麻疹、疟疾、肺炎、乙型肝炎、黄热病和轮状病毒	—	—	所有儿童	死于麻疹等疾病的儿童每年都有50万人		有的救命药剂的价格平均低于1美元

四、综合题

说明：本题源于 2009 年度全国统计专业技术初级资格考试“统计学和统计法基础知识”试题。

要求：以下 5 道小题，每道小题有一项或一项以上的正确答案。每小题 2 分。

某地区为了解该地高校应届毕业生的就业情况，拟开展专项调查，在调查前需要对调查方案进行设计。请结合下列选题，选出正确答案。

1. 设计此项调查方案的关键环节是(　　)。

A. 明确调查目的　　B. 确定调查对象和调查单位

C. 制定调查项目和调查表　　D. 选择调查方式和方法

2. 制订调查方案时应该考虑的主要内容包括(　　)。

A. 确定调查目的和任务

B. 明确调查对象和调查单位

C. 制定调查项目和调查表

D. 选择调查方式和方法，规定调查地点、时间及组织计划等

3. 进行本次调查的调查对象应是(　　)。

A. 该地区高校的所有应届大学毕业生

B. 该地区高校的所有应届大学毕业生的就业情况

C. 该地区每一所高校的每一名应届大学毕业生的就业情况

D. 该地区每一所高校的每一名应届大学毕业生

4. 本次调查适宜采用的调查方式是(　　)。

A. 普查　　B. 重点调查

C. 典型调查　　D. 抽样调查

5. 在以下调查项目中，属于品质标志的是(　　)。

A. 年龄　　B. 性别　　C. 所学专业　　D. 学科类别

五、分析题

请从统计角度，分析下面这篇新闻报道。

父母养大一个孩子平均要花 49 万元

来源：《北京晨报》　2005-02-12

著名社会学家徐安琪的调研报告显示——

一个年轻人在成家立业前到底会花掉父母多少钱？最新的调查显示，父母养大一个身体健康的孩子平均要花掉 49 万元。这还不包括春节压岁钱等“额外”收入。

中国社会科学院社会学研究所最新一期的《青年研究》刊发了著名社会学家徐安琪的《孩子的经济成本：转型期的结构变化和优化》的调研报告。报告称，从直接经济成本看，0～16 岁孩子的抚养总成本将达到 25 万元左右。如估算到子女上高等院校的家庭支出，则

高达48万元。估算30岁前的未婚不在读的子女的总成本达到49万元——这可以说，抚养子女的总经济成本是惊人的。这还未包括社会赠送、学校免费、春节压岁钱等五六万元的收入。按照该研究的统计，孩子的零花钱和压岁钱两项人均年进账达2300元，最高达4万元。此外，这49万元尚不包括孕产期的支出以及从孩子孕育到成长过程中父母因孩子误工、减少流动、升迁等自身发展损失的间接经济成本。

调查中最出人意料的是，成年的未婚子女，有85%仍需要父母支出部分乃至全部生活费。其中，除租房(购房费)外，最高的费用是在家吃饭，加上服装、手机、上网、零用钱等，不在读的未婚子女竟然每年人均要花掉父母1.4万元。

遗憾的是，调查结果显示，家庭的经济付出与孩子的学业成绩、心理素质、身体健康和社会适应能力之间并未呈现显著的“正相关”，换句话说，并非在子女身上投入的经济成本越高，对子女健康成长和全面发展越有利。

第 2 章　数据从哪里来

【学习目标】

- 一手数据的来源与要点。
- 二手数据的来源与要点。
- 搜集数据的几个小技巧。

写文章，总讲求个有理有据，论点要用数据来论证。拼市场，总琢磨着知己知彼，了解竞争对手的信息。说国情讲家底，总得要用数据抖个清清楚楚……那么，资料从何而来？

没错，讲到查资料，100%的人都会说，上网查呗！打电话问呗！

可是你想呀：怎么查？怎么问？当然，这里的查和问，是指通过更方便、更有效的途径来获取资料。

怎么查呢？这一章，就来看看搜集数据的基本方法。当然，如果您有更好的路子，也请不要忘了发一个电子邮件过来，这里我们先谢了。

怎么问呢？这一章，问卷表的设计方法告诉我们如何把自己感兴趣的问题，转化成若干个可以让别人作答的小题目。

数据从哪里来？对使用者而言，数据来源于两条渠道：一是一手数据，比如，通过发放问卷、电话问询获得的数据；二是二手数据，比如，通过上网查询获得的数据。

2.1　一手数据的搜集

2.1.1　一手数据的来源

一手数据是指来源于自己调查的原始数据。亲力亲为获取的一手数据，与自己想了解的方面距离更近，时效性更强，数据更鲜活。

一手数据的来源渠道主要有观察、问询、实验等。这些，既可以在网络上实现，也可以在网络下完成。

搜集一手数据，不管是用手机访谈，还是视频座谈，或其他形式，事先都要拟好要问的问题。这些问题，根据所需，或简或繁，常以问卷的形式抛头露面。

用问卷搜集数据有什么好处呢？下面先看一则短新闻《八类大学生最受用人单位欢迎》，再来看制作问卷的套路。

【中新网 2 月 1 日电】《中国青年报》报道，北京高校毕业生就业指导中心日前对 150 多家国有大中型企事业单位、民营及高新技术企业、三资企业的人力资源部门和部分高校进行的调查问卷显示，八类求职大学生更容易受到用人单位的青睐。这就是：在最短时间内认同企业文化；对企业忠诚，有团队归属感；不苛求名校出身，只要综合素质好；有敬业精神和职业素质；有专业技术能力；沟通能力强、有亲和力；有团队精神和协作能力；带着激情去工作。

2.1.2 调查问卷的制作

问卷是指专门为从被调查者那里获得有关某个主题的信息而设计的问题。问卷调查是搜集一手数据最常见的方法。在你经过的大小网站的首页，在你喜欢阅读的杂志里头，常常会看到它飘逸的身影。与其欣赏人家现成的，不如自己也学一手，说不准哪一天就用上了，或者在欣然参与答题时，更能体会设计者的匠心独运，对问卷有了更多一层的熟悉。动手设计是能力的体现，而参与也是一种学习。

设计问卷就好比写文章，有标题，也有正文。如同写好文章，并非文字的拼凑，设计好一份问卷，也并非简单的罗列。要设计好的问卷，除了解问卷的基本构架和注意点外，还需多多揣摩人家的成果。当然，最重要的是自己动手设计，在设计当中，总会有新发现。设计，不管是哪一种，总是充满了永恒的魅力。

问卷表由标题和正文组成，而正文由开头、中间和结尾3个部分构成。现分述如下。

第一部分是标题。这部分是问卷的选题，是整个问卷内容的最凝练的表达。标题选得好、有新意、有价值，才能引人注目。

第二部分是开头。这部分填写说明。内容主要包括调查的单位、调查的目的、调查的起止时间、调查的承诺、填表的要求、问候与答谢等。简明实在的开头，能有效地赢得答卷者的参与。

第三部分是中间。这部分由一系列的问题构成。要把问卷调查的理念，设计成一个一个的问题，这需要有一定的智慧。这些问题的类型有点像考试的题型，主要有选择题和简答题，其中，选择题又分单项选择题和多项选择题。这些问题按照由简单到复杂的顺序排列，并且前后之间要有逻辑联系。一般而言，选择题排在前面，简答题排在后面。通俗易懂的提问，是获得客观数据的基础。

第四部分是结尾。这部分是补充说明，内容主要包括调查者的身份与联络方式等。

知道了设计问卷的基本套路，就不妨来施展一下拳脚。

举例来说，2008年是中国的奥运年，170万名奥运志愿者是其中一道亮丽的风景。奥运会开幕前两年，假如你接手了一个设计问卷的任务，向前来观看奥运会比赛的中外观众和游客搜集对北京奥运会志愿服务的意见和建议，目的是为推动奥运会志愿服务提供准确的第一手信息，问卷的内容只需5分钟左右即可填答完毕。如此这般，你会怎么做？

下面的例子是围绕这个主题设计的问卷。对照设计问卷的基本原理与实例，回味奥运盛典中的人员事物，自然会有一些感悟。

【例2-1】一份调查问卷实录。

北京奥运志愿服务需求调查问卷

填写说明：北京奥运会志愿者工作协调小组办公室、第29届奥运会组织委员会志愿者

部、共青团北京市委、北京志愿者协会、北京青年报社联合有关单位，于 2006 年 7 月至 2008 年 5 月，举办“北京志愿服务需求调查”，面向全球拟前来观看 2008 年奥运会比赛的观众和中外游客，搜集对北京奥运会志愿服务的意见和建议。

本表为调查北京志愿服务需求而设计，所有调查表将在分析整理后转交第 29 届奥林匹克运动会组织委员会，您的细致、客观和准确填写将对北京志愿服务工作提供帮助。

除了您的个人信息外，其他题目均为多选题。请您按照您认为的优先性排序选出相应选项，并将选项序号填入相应的选框中。

感谢您对北京奥运会志愿者工作的支持！

注意：答案填写的是您认为的优先性排序选出的选项序号，如 1、2、3、4、5。

一、您的性别：

○男　○女

二、您的年龄：

○20 岁以下　○21～30 岁　○31～40 岁　○41～50 岁　○51～60 岁　○60 岁以上

三、您的学历：

○初中及以下　○高中学历(含职业高中)　○大学专科　○大学本科　○硕士、博士及以上

四、您来过北京吗？

○5 年以前来过　○3 年以前来过　○最近来过　○经常来北京　○从未来过北京　○我现在生活在北京

五、请问您的国籍是：

○中国(大陆)　○中国(香港)　○中国(澳门)　○中国(台湾)　○其他

六、您最希望志愿者在哪些场所出现：□

1. 机场　2. 火车站　3. 公交和地铁站　4. 繁华街道　5. 旅游景点　6. 商场　7. 娱乐设施密集地周边　8. 奥运场馆附近　9. 其他

七、您心目中的奥运志愿者是什么样子？□

1. 佩戴统一标志或者统一着装　2. 能用外语与外国客人进行交流　3. 对北京的地理和交通信息十分熟悉　4. 服务热情，态度可亲　5. 对奥运会相关知识非常了解　6. 能为遇到困难的人提供帮助或有效建议　7. 了解本国和本地区文化(被服务者所在国家和地区的文化)　8. 了解北京本地旅游信息　9. 其他

八、您希望志愿者以何种形式提供服务？□

1. 在固定区域提供服务　2. 流动服务，但不主动提供，只在需要时提供帮助　3. 流动服务，并主动提供服务　4. 仅以宣传材料和小册子的形式提供寻求志愿服务指导　5. 有一条可以随时拨通的电话服务热线　6. 其他

九、您认为奥运志愿者应具备哪些技能和能力？□

1. 掌握至少一门外语　2. 良好的人际沟通能力　3. 了解较多有关北京的历史、文化、风俗地理等信息　4. 有一定的服务专长(如应急救助)　5. 知识面广　6. 具有一定异域知识，了解并尊重他国文化、习俗、宗教等　7. 了解较多奥运知识　8. 了解较多奥运场馆及

比赛信息　9. 其他

十、您认为北京的志愿者目前还存在哪些方面的欠缺？

1. 文明礼仪方面有欠缺　2. 语言沟通能力不够　3. 对北京相关知识不够熟悉　4. 对奥运相关知识不够了解　5. 服务不够热情　6. 服务不够主动　7. 对于一些必要的技能掌握不到位　8. 其他

十一、您认为北京的志愿服务工作还存在哪些问题和不足？

1. 志愿者数量不够　2. 志愿者分布不合理　3. 服务水平有待提高　4. 不知道如何找到志愿者　5. 无法通过统一标志来区分志愿者与普通市民　6. 参与志愿服务还没有形成社会风尚　7. 专业志愿者少　8. 其他

十二、您在北京生活期间，最希望得到哪些方面的帮助？

1. 饮食　2. 交通　3. 住宿　4. 购物　5. 出游　6. 语言　7. 文化娱乐　8. 其他

十三、您在北京最希望得到哪些休闲帮助？

1. 寻找特色餐馆　2. 国际驾照转换　3. 租包车服务　4. 公共交通乘车指南　5. 时尚购物场所推荐　6. 本地特色的商品信息　7. 奥运纪念品信息　8. 文化活动信息　9. 其他

十四、您在出游方面需要哪些帮助？

1. 旅游景点信息　2. 旅游相关的交通信息　3. 雇用导游信息　4. 景点气象信息　5. 旅游特色产品信息　6. 奥运场馆信息　7. 其他

十五、您希望得到哪些北京2008年奥运会的信息？

1. 场馆位置信息　2. 场馆交通信息　3. 比赛时间　4. 票务信息及预订　5. 本国运动员的参赛日程　6. 及时的比赛结果　7. 其他

十六、您还有什么其他关于北京奥运志愿服务的意见和建议，请写明：

主办单位：北京奥运会志愿者工作协调小组办公室、第29届奥运会组织委员会志愿者部、共青团北京市委、北京志愿者协会、北京青年报社

协办单位：北青网、志愿者杂志、今日北京

提交

小资料：据统计，北京奥运会志愿服务者人数为历届奥运会人数之最，达到170万人。8年前的悉尼奥运会志愿者人数为4.7万人，4年前的雅典奥运会志愿者为6万人。

在北京奥运会170万名志愿者中，直接为赛事服务的志愿者是10万人；为北京市550个城市服务站点提供信息咨询、语言翻译、应急救助等服务的城市志愿者为40万人；在北

京社区、乡镇宣传奥运知识、奥运精神，营造奥运氛围的社会志愿者为 100 万人；啦啦队志愿者为 20 万人。

2.1.3　实例解读注意点

问卷调查是搜集民意的最常见的方式，问卷调查广泛运用于各种场合。问卷表设计的质量如何，可以说每一个细节都会直接影响到答卷的效果。下面举例说明。

【例 2-2】问卷中，这样提问是否妥当？

① 你很想当奥运志愿者吗？

② 你不喜欢当奥运志愿者吗？

③ 你还不到 18 岁吧，你也想当奥运志愿者对吗？

④ 你赞不赞成 18 岁以下不允许当奥运志愿者的规定？

⑤ 你有恋人了吗？

解答：问卷中，以上所有提问的形式都不妥当，都要避免；否则，就会导致数据不准。

① 属于诱导性的提问。提问要保持中立，不能把提问者的个人意愿掺杂其中，诱导作答者顺应自己的认同。本题可修改为：你是否想当奥运志愿者？

② 属于否定式的提问。提问要直截了当，避免使用否定句。本题可修改为：你是否喜欢当奥运志愿者？或者：你是否想当奥运志愿者？

③ 属于模棱两可的提问。提问要简单明了，不能把两个或两个以上的问题缠在一起，让作答者难以选择。本题可修改为：你是否已满 18 岁？或者：你是否想当奥运志愿者？

④ 属于双重否定的提问。这种提问会使作答者很难回答，不知道是应该回答赞成，还是回答不赞成。本题可修改为：你对 18 岁以下不允许当奥运志愿者的规定有什么看法？

A. 赞成□　　B. 不赞成□

⑤ 属于敏感问题的提问。提问要尽量避免触及个人隐私。

【例 2-3】问卷中，设计的问题要清楚，具体可参照“五 W”准则来判断。“五 W”即 Who(谁)、When(何时)、Where(何地)、Why(为什么)、What(什么事)。下面有一组题目，请评点并修改。

① 请问您在家中使用什么牌子的洗发水？

评点：缺少时间(When)。没有表明时间，被访者不知道是指过去还是现在。原题中，Who 很清楚，Where 指家中，What 指洗发水的牌子。

改为：请问您最近 3 个月在家中使用什么牌子的洗发水？

② 您最近一段时间使用什么品牌的化妆品？

评点：时间(When)范围不明确。“最近”的提法过于笼统，被访者不清楚“最近”是指哪一段时间。

改为：您最近 1 个月使用什么品牌的化妆品？

③ 您觉得这种电视机的画面质量怎么样？

评点：内容(What)不清楚。“画面质量”的含义很笼统，被访者不知道要回答哪些质量方面的问题。

改为：您觉得这种电视机的画面是否清晰？

【例 2-4】一份引起争议的问卷。

2007 年，有一份在线问卷，放到网络的当天，就有 24 万多人参加答题，部分网民对调查问卷提问的方式提出了质疑。设计这份问卷的背景是：是否要取消存在了 8 年之久的“五一”七天长假，怎样来安排节假日的时间长短，这在 2007 年成为人们热议的焦点。国家法定节假日调整研究小组经过一年多的多方研究论证比较，拿出了国家法定节假日调整方案。从 11 月 9 日起，这一方案在人民网、新华网、国家发展和改革委员会网站，以及各门户网站上予以公布，开展民意调查。以下就是这份问卷。

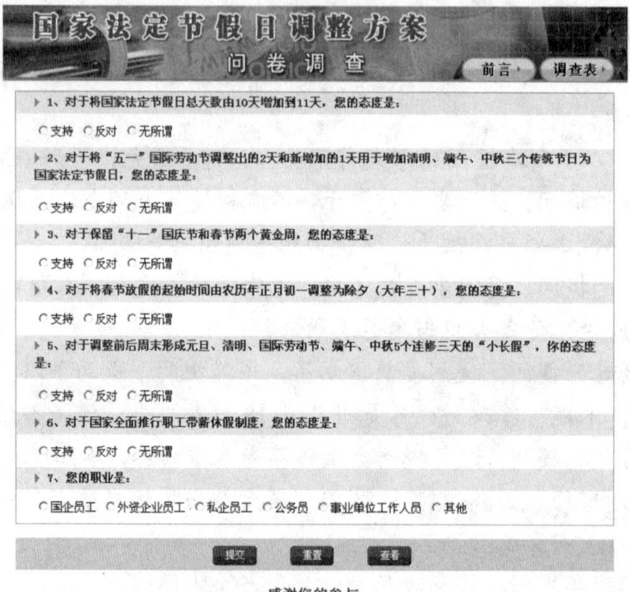

国家法定节假日调整方案

问卷调查

前言　调查表

1、对于将国家法定节假日总天数由10天增加到11天，您的态度是：

○支持　○反对　○无所谓

2、对于将“五一”国际劳动节调整出的2天和新增加的1天用于增加清明、端午、中秋三个传统节日为国家法定节假日，您的态度是：

○支持　○反对　○无所谓

3、对于保留“十一”国庆节和春节两个黄金周，您的态度是：

○支持　○反对　○无所谓

4、对于将春节放假的起始时间由农历年正月初一调整为除夕（大年三十），您的态度是：

○支持　○反对　○无所谓

5、对于调整前后周末形成元旦、清明、国际劳动节、端午、中秋5个连修三天的“小长假”，你的态度是：

○支持　○反对　○无所谓

6、对于国家全面推行职工带薪休假制度，您的态度是：

○支持　○反对　○无所谓

7、您的职业是：

○国企员工　○外资企业员工　○私企员工　○公务员　○事业单位工作人员　○其他

提交　重置　查看

感谢您的参与

【点评】这是一份在线问卷。在标题的右下角设有“前言”和“调查表”两个按钮，可以单击它们打开相应页面。这份问卷表，构成要素齐备。选题上，无疑很成功，因为事关众生。正文部分，开头和结尾的说明都放在“前言”中，近 2000 字，这是多方研究论证的成果，解说很详细；正文部分的中间部分是提出的问题，这份问卷设置的题目少，只有 7 道小题，而且题型单一，都是单项选择题。这份问卷之所以引起争议，主要是因为提问涵盖的内容不全，没有问要不要取消“五一”黄金周这个最根本的问题，修改意见是，可增加一题：您赞成取消“五一”黄金周吗？

事实上，增加或减少“您赞成取消‘五一’黄金周吗”这个选题，都是两难。从网民来看，一般考虑个人感受多一点，希望假日休闲多多益善；从官方看，不得不从大局和长远考虑。但是，提出问题让人讨论，与回避问题让人争议，两相比较，前者效果可能要好些。聪明智慧如你，你觉得呢？

但这份问卷，至少带来了两个启示：一是设计问卷要通盘考虑，提问要紧紧围绕调查的内容，不要有遗漏；二是设计好的问卷要做预调查，发现问题及时解决，避免影响扩大化。

2.2　二手数据的搜集

2.2.1　二手数据的来源

二手数据是指来源于别人调查的间接数据。间接获取的二手数据，花销少，又很方便。在引用二手数据时，一要写明数据的来源，这既是尊重别人劳动的体现，也为自己和他人再复核提供了方便；二要注意数据的含义、统计口径和统计方法等，以避免滥用或误用。

二手数据的来源渠道主要有 3 条。从提供方来看，有政府、企业、调查公司、媒体、个人等；从提供的内容来看，有年鉴、资料汇编、财务报告、调查报告等；从提供的介质来看，有纸质版、电子版。

搜集的二手数据，是否权威、是否可信是最值得关注的。统计局与调查公司都以提供数据为职业，下面简单介绍一下这两者。

找宏观方面的数据，统计局是首选。统计局是数据基地，国家和各省市每年都发布相应的《国民经济和社会发展统计公报》。在各统计局网站，都有相应历年的统计资料。比如，国家统计局网站上，就列有统计公报专栏，在专栏里，一年不落地列有从 1979 年到现在的《国民经济和社会发展统计公报》完整版。同时，还设有统计法规、统计分析、统计咨询、指标解释、统计知识、视听文苑、网上办事和网站链接等栏目，大力提供统计服务。

找企业和行业方面的数据，可考虑调查公司。调查公司所提供的数据常以调查报告的面貌问世，有免费的，也有付费的，过期的往往打折。按公司资产和营业收入规模等为评选标准，将在中国市场开展业务的调查公司分为 3 个阵营。第一阵营为居于业界领先地位的外资独资或合资企业，包括益普索、AC 尼尔森、盖洛普、华南国际市场研究有限公司等；第二阵营为在国内领先的民营公司或合资公司，包括央视-索福瑞媒介研究有限公司、新生代市场监测机构有限公司、北京慧聪国际资讯有限公司等；第三阵营为跻身实力派阵营的国内公司，包括北京零点研究集团、新华信市场研究咨询等。

如果有空，不妨逛一逛统计局、调查公司和其他机构的网站(参见表 2-1)，他们那里的市场味很浓，专业味很浓，以数据质量求生存的气氛也很浓，里面有大量数据可解求数之渴。

表 2-1　提供统计数据的网站

名　称	网　址	数据内容
国家统计局	http://www.stats.gov.cn	统计公报、统计数据、统计分析等 咨询热线(免费)： 电子邮箱：info@gj.stats.cn 电话：010-68520066,68576320
零点研究咨询集团	http://www.horizon-china.com/	零点调查数据、全球数据、最新报告、打折报告等
巨潮资讯网	http://www.cninfo.com.cn/	中国证监会指定信息披露网站

2.2.2 国家数据的内幕

国家数据是指反映国情国力的数据，它事关国计民生，是国家制定政策、编制长远计划的依据。国家数据对官方采集者而言是一手数据，对使用者而言是二手数据。

国家数据的主要采集渠道和基本组织程序简介如下。

1. 调查方法

国家数据按照是否包括全部的调查单位，其调查方法分为全面调查和非全面调查两大类。

1) 全面调查

(1) 全面调查是指对全部调查单位进行的调查。它分为全面统计报表和普查两种形式。现分述如下。

(2) 全面统计报表是指自上而下布置任务，自下而上上报资料的统计制度或调查方法。它的特点是有统一表式、统一指标、统一报送方式、统一报送时间，比如工业、农业、旅游业等统计报表。

普查是指国家专门组织的一次性的全面调查。它的特点是专门性、一次性和全面性。比如：人口普查的专门性体现在它是为了解人口基本状况专门组织的调查；一次性体现在不可能也没必要经常性地开展这类调查，由于普查涉及面太广、投入太多，所以只能间隔一定年度进行；全面性体现在它是对调查单位进行一个不漏的调查。

目前，经国务院批准的国家级普查共有 4 种，即人口普查(相关标志参见图 2-1 和图 2-2)、农业普查、污染源普查、经济普查。其中，人口普查是唯一写入《中华人民共和国宪法》的普查。

以下是我国进行的几种普查。

- 中国人口普查从 1990 年起，每 10 年进行 1 次。1953 年为首次，2010 年为第六次。
- 中国农业普查从 2005 年起，每 10 年进行 1 次。1997 年为首次，2005 年为第二次。
- 中国污染源普查从 2008 年起，每 10 年进行 1 次。2008 年为首次。
- 中国经济普查从 2008 年起，每 5 年进行 1 次。2004 年为首次，2008 年为第二次。

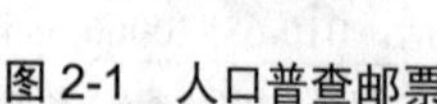

图 2-1 人口普查邮票

图 2-2 人口普查标志图案

图 2-2 所示为“中国人口普查 2010”标志，以汉字书法“人”字和国画“中式民居”及英文字母“C”为主要图形元素，以国旗颜色为主要色素。书画风格的“人”字抽象化

为万里长城图形，具有典型的中国特色，两条环绕的彩带源于英文字母“C”，代表“CHINA”和“CENSUS”，“2010”表明普查年份，体现了“2010 年中国人口普查”的主题概念及与国际接轨的普查理念。

有人问：10 年才搞一次人口普查，这期间的人口变化怎么看？问得好。除了普查，还有别的调查方法。

2) 非全面调查

非全面调查是指对部分调查单位进行的调查。它分为抽样调查、重点调查和典型调查。现分述如下。

(1) 抽样调查是指对抽样单位进行的调查。抽样单位是随机抽选的。抽样的结果可以用来推断总体的数目，抽样的误差可以事先计算和控制。关于抽样调查的基本原理与方法，第 5 章将有进一步的介绍。比如，人口普查之后，每隔 5 年再进行一次 1%的人口抽样调查。2005 年全国 1%人口抽样调查，就是在 2000 年第五次全国人口普查之后进行的，随机抽选的人数达 1700 多万人。这次抽样调查表明我国在这 5 年间人口发展的六大特点：①人口总量平稳增长；②流动人口继续增加；③老龄化进程明显加快；④城市化快速推进；⑤人口素质进一步提高；⑥出生人口性别比偏高。

(2) 重点调查是指对重点单位进行的调查。重点单位是有目的选择的。重点单位是指调查的标志值在总体标志总量中占有很大比重的单位。也就是说，所选择的重点单位的个数在全部调查单位总数中所占份额很小，但重点单位的标志值在全部调查单位的标志值总和中所占份额很大。比如，在国家统计局网站，有个栏目是网上办事，里面设置了网上数据直报，目前，全国 2.5 万家大中型工业企业通过这个网上系统报送统计数据(参见图 2-3)。我国首次经济普查的结果显示，2004 年我国按登记注册类型分组的企业法人单位数达 325 万个。显然，这 2.5 万个企业与 325 万个企业相比，所占比率很小，但这 2.5 万家的影响力却比较大。

(3) 典型调查是指对典型单位进行的调查。典型单位是有目的选择的。典型调查是在对调查对象进行初步分析的基础上，选择几个有代表性的单位进行深入细致的调查。比如，对先进或后进典型单位的调查。

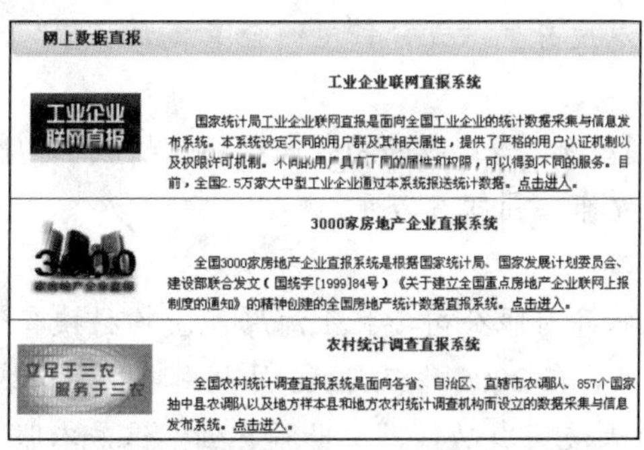

图 2-3　国家统计局“网上数据直报”截图

2. 组织程序

国家数据是取之于民，用之于民。国家数据，离不开民众所填列的每一项数据。为了保证国家数据准确、科学、实效，需要共同努力才能共赢。诚信是统计数字真实性、可靠性的社会基础。同时，法律是统计数字的质量保障。《中华人民共和国统计法》第一章第一条开宗明义：“为了有效地、科学地组织统计工作，保障统计资料的准确性和及时性，发挥统计在了解国情国力、指导国民经济和社会发展中的重要作用，促进社会主义现代化建设事业的顺利发展，特制定本法。”

图 2-4 是从国家统计局网站来的，据此可见普查一斑。

图 2-4　国家统计局“第二次全国农业普查”及“中国经济普查”截图

2.2.3　实例解读注意点

【例 2-5】2007 年 1 月 26 日，上海市工商局向社会公布了 2006 年八大类典型虚假违法广告案例，提醒消费者理性消费，勿轻信广告中的虚假表述和演示。

数码影像类

案例：上海森桂行经贸有限公司为推销其“E 视界 MP4DV”产品，于 2006 年年初利用电视媒体发布广告宣称是“一款最高可达 1100 万像素的 DV”。

经查，该产品的实际最大像素仅为 500 万，电视广告中所表现的产品拍摄效果也并非出自“E 视界 MP4DV”产品本身。

健身器材类

案例：上海德交商贸有限公司为推销其“福瑞特”甩脂健身机，于 2006 年 7 月发布电视广告宣称使用该产品可以瘦身，“五分钟甩通全身气血经脉”、“肌肉变灵活了，血液更加干净了”。

经查，广告中所谓的通经脉、净血液的功效未经任何权威机构检验证明，毫无科学依据。

工商处罚：责令停止发布，罚款 5 万元。

美容护肤类

案例：上海美茹姿化妆品有限公司委托上海摩能生物科技有限公司销售其生产的“博力奥”牌膜力祛斑液化妆品，在 2006 年 7 月、8 月利用电视、报纸、印刷品媒体发布广告，宣称“美国技术”、“30 天洗斑成功”、“世界首创：像洗衣服一样洗掉色斑”。

经查，广告所宣传的“美国技术”根本不存在，现场进行的消费者使用产品祛除皮肤黑斑的演示效果也是虚假的。

工商处罚：责令该产品广告在上海停止发布 3 个月。

房产物业类

案例：上海新海汇房产有限公司为推销“中海瀛台”房地产，于 2006 年 3 月利用报纸发布广告宣称“中海瀛台楼盘距徐家汇中心区仅 3 公里”。

经查，市测绘产品质量监督检验站的测量结果为 5.77 公里；广告还称“根据政府规划，浦江南段将建设成为集城市居住、生态、旅游于一体的新滨江板块……”，而市规划部门证实该内容未经过政府规划批准，属虚假宣传。

工商处罚：责令停止发布，罚款 89.4 万元。

(资料来源：上海市人民政府门户网站)

【点评】数据的简洁和具体，很为人们所推崇和喜欢。谁都深谙数据的威力，广告商也如此。用数据说话是做广告时常用的绝招。本来，谁都晓得，诚实守信，是生存之道。可偏有那么一些广告，不顾事实，玩弄数据。但真的假不了，假的真不了，利欲熏心，以假乱真，终归是呜呼哀哉。据统计，2007 年，上海市工商部门共查处各类虚假违法广告案件 2326 件，同比增长 6.31%，共计罚没款 3870.05 万元，同比增长 41.45%。

对于二手数据，有的是有意搜寻的，有的是不请自来的。广告信息，也属于二手数据。利用虚假数据打的广告，虽以各种面貌出现，但把戏不过这么几招。比如，提供的数据，要么夸大事实，要么没有科学根据，要么纯属子虚乌有。

二手数据要怎么评价？除了多长心眼，按常识积累智慧外，还有以下 3 点要**注意**：

一是数据的可靠性。数据的来源是否可靠，取决于发布数据者的信誉和目的。权威的、有实力的机构在权威网站上发布的数据，可信度要高一些。对于那些为促销而打出的数据，那些不署名发表的数据，那些隐瞒数据搜集方法和过程细节的二手数据，都要保持一份清醒。

二是数据的准确性。数据是否准确，误差是否小，取决于很多因素。从技术层面看，取决于搜集数据所使用的方法。比如，抽样调查是市场调查最常用的方法，抽样调查的技术要求包括抽样方法、样本性质和大小、回收率和回答质量、问卷设计和执行、现场调查实施的程序、数据处理和报告的方法过程等。提高数据质量，就要层层把关，减少误差源。

三是数据的时效性。数据永远与时俱进，并且永无穷尽。一般而言，二手数据的时效性要比一手数据的时效性低。二手数据出自他人之手，与自己的要求很难完全吻合。一般在写论文时，近几年的数据必不可少。近年的数据，源于相应的期刊，源于权威的数据机构。

在生活中，人们也会碰到数出多门这样的情况。所谓数出多门，是指同一时间的同一个指标，出现不同的结果。这时候，就要看各自的研究目的、指标定义、计算方法等是否一致。当然，事实就是事实，不管怎么算法，都要以求得真相为第一目标。比如，针对高校就业率这个指标，2006 年，教育部、人事部和高校这三者发布的结果都不同，造成了一个指标 3 个数字的“怪”现象。有专家提出，高校自报就业率的方式，使得汇总的统计可信度很低，应该由第三方建立国家教育信息系统，把大学生就业信息统计建立在一个科学可测的基础上，从制度上矫治就业率统计的虚假情况。也有民间调查机构在统计高校就业率时，调查的时间与学校的做法不同，调查的时间不是从毕业时离开学校算起，而是等到毕业半年以后再统计。

2.3 搜集数据的技巧

2.3.1 调查方法的结合运用

为了搜集真实的数据，人们在实践中摸索出了许多调查方法，每一种调查方法都各有特色。人们根据自己的需要，选取相应的调查方法，既注意调查方法的创新，也注意将多种调查方法并用。

比如，中国互联网络信息中心(CNNIC)从 1998 年起，就开始统计中国网民人数与结构特征、互联网基础资源、上网条件和网络应用等多方面的信息，并于每年 1 月和 7 月发布《中国互联网络发展状况统计报告》，向社会展示中国互联网络发展的情况。这样的调查，怎么搜集相关的数据？在他们发布的全文免费的统计报告中，在调查方法这一部分写道：依据统计学理论和国际惯例，在前面调查工作基础上，本次调查采用了电话抽样调查、网上联机、网上自动搜索和统计数据上报的调查方法。这些调查方法，在报告中都有详细解读。

2.3.2 统计设计是关键一步

如果没有天公的造化，没有人工的造就，生活会怎么样？生活需要想象。设计是大脑对思维的一种具象化。

统计设计是根据确定的目标，对调研的各个环节进行通盘考虑和安排，并制订方案的过程。正如写论文要拟好提纲，建房子要有设计图纸，着手获取数据之前也要做好统计设计。

1. 搜集一手数据之前要拟好调查方案

一手数据质量的高低，既取决于方案的设计和调查的组织，也取决于被调查者的配合程度和调查员的调查技巧。这里，对于国家级的普查方案，由国家统计局统计设计管理局会同相关机构拟订；对于市场调查(抽样调查)方案，需要拟订者对这块市场较熟悉并感兴趣。当然，不管搜集一手数据的组织者是谁，都需要做好并拿出调查方案。

调查方案的内容可以归纳为**“调查方案五 W 模型”**。内容包括为什么要调查(Why)、向谁调查(Who)、调查什么(What)、何时调查(When)、其他(While)。这“五 W”分别要求确定搜集一手数据的目的、调查对象(总体)、内容、时间、其他。其中，“其他”包括调查人员的配备、调研进程的安排、调研经费的预算、搜集和整理数据的方法、提交调查报告的方式等。

在“调查方案五 W 模型”中，“调查什么”是指调查的内容，也就是将调查的抽象理念设计转化为具体问题。将调查的问题依序列入表格，就是调查表。调查表有简明清爽的特点。根据需要，调查表既可以嵌入问卷表，也可以单独列出。调查表分单一表和一览表。单一表是指只列示一个调查单位(个体)，调查项目(标志)有多个。一览表是列示多个调查单位，调查项目与单一表相比要少些。比如，个人学籍登记册就是单一表，成绩登记册就是一览表。

调查方案的撰写与评价。调查方案的撰写要根据调查方案的基本内容，依循调查方案的基本格式来完成。调查方案的完整格式包括 7 个部分，即摘要、前言、调查的目的和意义、调查的内容和范围、调查采用的方式和方法、调查进度安排和有关经费开支预算、附件等。调查方案定稿前，要有两个方面的评估：一是要审核调查方案，从逻辑上看其是否合情合理；二是要试行调查方案，请专业人士研判和通过小范围的试点调查，看其是否通用可行。

2. 搜集二手数据之前要拟好相应的计划

调查计划的写作，如同论文提纲。

二手数据质量的高低，既取决于活动计划的制订，也取决于二手数据的来源。同样也可参照“五 W 模型”。这就是：为什么要调查(Why)、向谁搜集二手数据(Who)、二手数据的内容与甄别(What)、何时搜集二手数据(When)、其他(While)。当然，确定谁在调查，这一点至关重要。

2.3.3　在线搜索的一点技巧

上网浏览，查找心仪的资料，这是网络时代网络中人的最爱。但是，复制和粘贴来的文章，与文档的格式不一样；复制和粘贴来的图片，与希望的大小不一样；复制和粘贴来的表格，与规范的表格不一样……怎么办？这好办，只要略施小技就可以搞定。下面列出最常用的 3 招。

技巧 1：文章的复制。

将网上的文章复制到文档中的方法是：依次单击“复制”→“选择性粘贴”→“无格式文本”→“确定”此方法优于用“复制”→“粘贴”的方法。如此一来，将使网络文字资料的格式与 Word 文档的保持一致。

复制后，如果出现空行，那么消除空行的方法是：先将光标移到文首，在菜单栏中选择“编辑”→“替换”命令；在“查找和替换”对话框中，单击“高级”按钮，再单击“特殊字符”按钮；将光标移入“查找内容”文本框中，单击“段落标记”两次，这样就会在方框中显示^p^p；将光标移入“替换为”文本框中，单击“段落标记”一次，这样就会在文本框中显示^p；最后，单击“全部替换”按钮就可以了。点击之下，空行应声而去，这真令人愉快。消除空行的步骤，如图 2-5 所示。

技巧 2：表格的复制。

将网上的表格数据复制到电子文档后，如果利用公式填充柄进行计算时，有几个数的结果不能显示，那么重新输入这几个数的原始数据，再进行拖动复制就可以了。

技巧 3：图片的缩放。

等比例缩放图片的方法是：先选中图片，右击图片后，在弹出的快捷菜单中选择“设置图片格式”命令，在打开的“设置图片格式”对话框中，切换到“大小”选项卡，然后在“缩放”选项组的“高度”微调框中输入相应的数字就可以了。

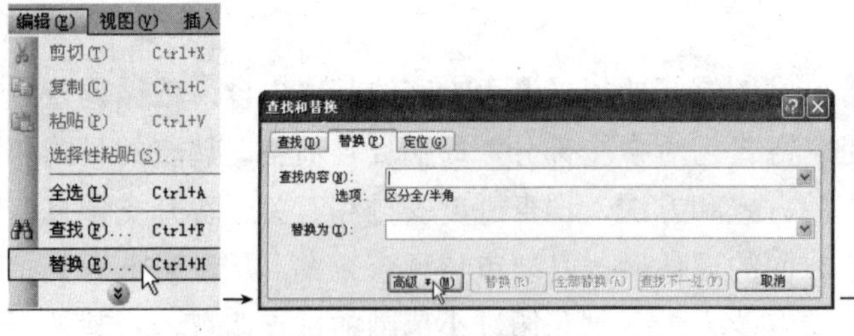

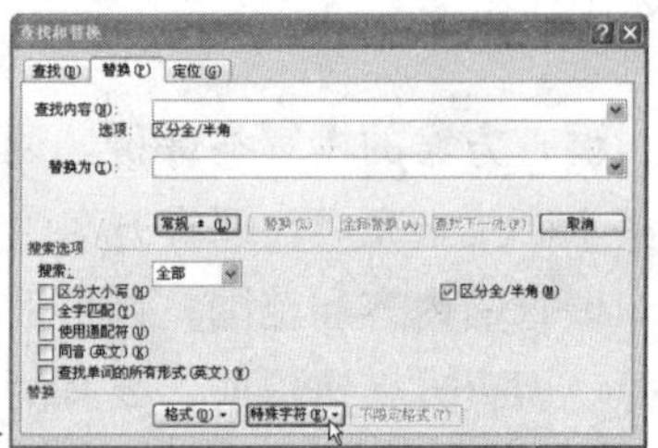

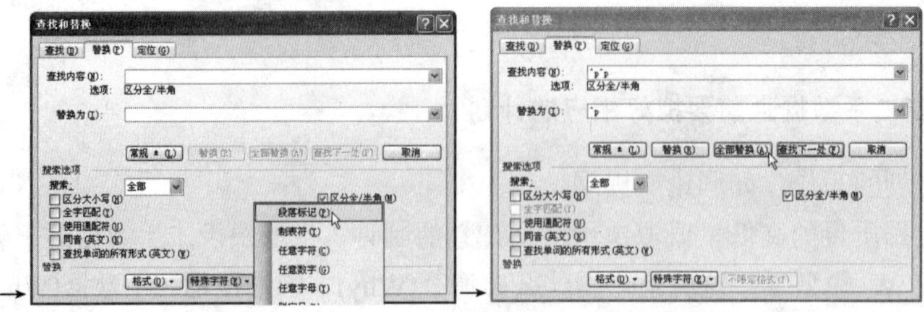

图 2-5 消除空行的步骤

另外，遇到形形色色的问题，要获得帮助的话，百度知道、搜搜问问、爱问知识人、雅虎知识堂等网络平台应是好去处。

统 计 实 录

国家统计局回复给笔者的一封电子邮件

求助函如下:

日　期: 2008-07-30 08:51:27

发件人: d330@163.com

收件人: info@stats.gov.cn

主　题: 请赐教

您好，请问: 全国首批 29 家涉外调查单位有哪些？最近批准的涉外调查单位有几家？烦请列出单位的名称，如有相关简介资料将更好。非常感谢您的相助!!

祝: 工作愉快!

来自湖南的一名统计教师拜见

回函如下:

日　期: 2008-07-30 09:31:36

发件人: info@stats.gov.cn

收件人: d330@163.com

主　题: Re: 请赐教

中华人民共和国国家统计局
National Bureau of Statistics of China

老师：

你好！

衷心感谢你对**国家统计局网站**的支持！希望你今后继续关注和支持本网站的发展，并多提宝贵意见和建议。

现就你的来函答复如下：

来信中关于涉外调查的问题，请点击查询我局外网涉外调查管理页面，内有详细介绍。

如果你有进一步的问题，欢迎随时同我们联系。

Info

中国统计资料馆简介

中国统计资料馆，是国家统计局为宣传普及统计知识、为社会公众提供统计服务、满足社会各界对统计资料的需求而建立的。其主要职责是收存和管理国内外统计资料、统计图书及国家统计局统计档案文献，并进行开发利用；承担统计资料的无偿服务工作，开发利用历史统计信息资源，建立和维护对外开放的统计资料检索服务系统，通过网站、电子邮件、电话、传真和现场咨询等多种方式，为国际组织、国内外各级政府组织、企事业单位、大专院校、学术研究机构和社会公众提供统计图书、统计数据、统计指标及计算方法等方面的阅览、查询和咨询等服务。

馆内设有图书资料阅览室、电子阅览室、专家咨询室、电话咨询室以及录像厅、演示厅、陈列厅和视频点播室等。

中国统计资料馆 2006 年 6 月 2 日起对外开放，社会公众持单位介绍信或个人有效身份证件，皆可来馆查阅。

开放时间：(法定节假日除外)

每周二对机关团体、离退休干部

(上午 9:00—11:30，下午 2:00—4:00)

每周四上午对中、外机构、企事业单位

每周四下午对社会公众

(上午 9:00—11:30，下午 2:00—4:00)

地址：北京市西城区月坛南街 57 号(100826)

咨询电话：010-68520066，010-68576320

咨询时间：周一至周五　　上午 8:30—11:30，下午 1:30—4:30

传真：010-68782013

电子邮箱：info@stats.gov.cn

网址：http://www.stats.gov.cn

本 章 小 结

统计是用来处理数据的。数据是有内容的数字。

好的统计数据=好的品位+好的工具+好的判断

↓ ↓ ↓

为什么做　怎么做　结果

数据的来源：一手数据、二手数据。

数据的搜集：调查的方式有全面调查、非全面调查；调查的方法有问卷法、询问法等。

提示：搜集数据，是认识过程中的基础环节。

引用二手数据时，别忘了注明来源。

离开了数据，分析就成了“无源之水”。

离开了优质数据，分析就会“出轨”。

(1) 搜集一手数据的渠道与注意点。一手数据可通过一定的调查方式和方法获得。调查方式按调查中是否包括全部调查单位，分为全面调查和非全面调查。

全面调查是指对全部调查单位进行的调查。全面调查按是否为国家级的调查，可分为国家级的全面调查和非国家级的全面调查。国家级的全面调查分为全面统计报表和普查，非国家级的全面调查叫总体调查。非全面调查是指对部分调查单位进行的调查。非全面调查按所选部分调查单位的不同，可分为抽样调查、重点调查和典型调查。

各种调查方式中，都有调查方法可选用，如访谈、电话、问卷等。在设计问卷时，要注意以下几点：调查选题要有价值；开场白要简明扼要；提问要有逻辑性，要先易后难，要通俗易懂，忌用专业术语，忌用否定式、诱导式、含糊式提问。在问卷开始前，要预调查检验问卷的质量，有不当之处可及时修正。在问卷调查的实施过程中，要以诚换诚，尽可能降低数据的误差。

(2) 搜集二手数据的渠道与注意点。二手数据可通过网上和网下的方式获得。在搜集二手数据时，尤其要注意二手数据的权威性，注意其最初的来源。当出现不同权威机构的数据不同时，要注意分辨其算法的口径和相关的解释。有的二手数据需要靠专业知识和基本常识来识别。

(3) 搜集数据的一点技巧。一是调查方法的结合运用。各种各样调查方法的涌现，是人们智慧的体现。调查方法各有特色，如果能适当地结合使用，自然可为提升数据质量助力。调查方式有全面调查和非全面调查之分，在调查方式中，还有访谈、问卷等调查方法可供选用。二是统计设计是关键的一步。搜集数据，设计调查方案是最关键的第一步。“调查方案五W模型”是指：为什么要调查(Why)、向谁调查(Who)、调查什么(What)、何时调查(When)、其他(While)。三是在线搜索的一点技巧。搜集文字资料时，用“复制”→“选择性粘贴”；有疑问时，可寻求网络之友帮助，问与答的热闹场所有雅虎知识堂、百度知道、搜搜问问、爱问知识人等。

真 题 上 市

一、单项选择题

1. 下列数据来源中，属于直接来源的是(　　)。

A. 公开出版的统计数据　　B. 各企业的经营报表数据
C. 某研究机构发布的研究数据　　D. 实验数据

2. 普查的标准时间是指(　　)。
A. 调查员登记调查资料的时间　　B. 调查资料所属的时间
C. 完成登记任务的时间　　D. 完成整个调查工作的时间

3. 为了掌握全国乳制品的质量，选出蒙牛、伊利、光明等几个大型乳制品企业进行调查，这种调查方法属于(　　)。
A. 普查　　B. 典型调查　　C. 重点调查　　D. 统计报表

4. 在对总体现象进行分析的基础上，有意识地选择若干具有代表性的单位进行调查，这种调查方法是(　　)。
A. 抽样调查　　B. 典型调查　　C. 重点调查　　D. 普查

5. 有意识地选择几个城乡接合部地区，调查外来流动人口在本市的生活状况，这种调查方式属于(　　)。
A. 典型调查　　B. 重点调查　　C. 抽样调查　　D. 普查

二、多项选择题

1. 统计数据的直接来源有(　　)。
A. 统计调查　　B. 文献检索
C. 实验　　D. 调查机构发布的调查结果
E. 图书中的数据

2. 抽样调查适用于下列场合的有(　　)。
A. 不宜进行全面调查而又要了解全面情况
B. 工业产品质量检验
C. 不需要了解总体情况
D. 只需了解一部分单位的情况
E. 适用于任何统计活动

3. 我国的人口数采用(　　)的方法获取。
A. 典型调查　　B. 重点调查　　C. 普查
D. 统计报表　　E. 抽样调查

4. 评价二手资料的可用性，除了要考虑资料内容的适用性外，还应考虑的问题是(　　)。
A. 资料的生产者是谁　　B. 资料的生产目的和时间
C. 资料是如何生产的　　D. 数据量的多少
E. 资料是否正确反映了情况

5. 制订一个完整的统计调查方案，应包括(　　)。
A. 确定调查目的　　B. 明确调查对象和调查单位
C. 选择调查方式和方法　　D. 确定调查结果的公布时间
E. 规定调查地点和时间

三、判断题

如作为某些调查问卷中的问题，请判断以下问题的提问方式是否合适。

1. 您是否经常使用计算机？ （　）
2. 您赞不赞成政府不允许便利店出售酒的规定？ （　）
3. 您到小商品城这样的低档场所购物吗？ （　）
4. 您父母是否同意您在毕业以后去东北工作？ （　）
5. 消费者普遍认为小米手机好，您对小米手机的印象如何？ （　）

四、综合题

说明：设计是灵动之源。已知：图 2-6 所示为国家法定节假日调整方案；图 2-7 所示为一些体育项目的图标与名称。

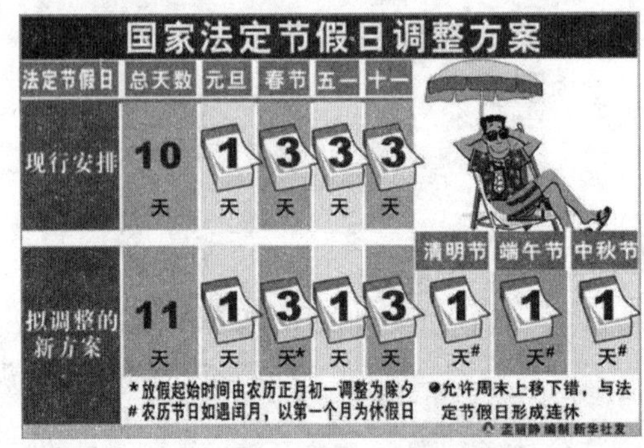

国家法定节假日调整方案

法定节假日	总天数	元旦	春节	五一	十一	清明节	端午节	中秋节
现行安排	10天	1天	3天	3天	3天			
拟调整的新方案	11天	1天	3天*	1天	3天	1天#	1天#	1天#

*放假起始时间由农历正月初一调整为除夕
#农历节日如遇闰月，以第一个月为休假日
●允许周末上移下错，与法定节假日形成连休

图 2-6　国家法定节日调整方案

图 2-7　一些体育项目的图标与名称

请参照图 2-6 设想新节日的名称，参照图 2-7 设计新体育项目的名称与图标。

五、分析题

普鲁斯特问卷

说明：这是一份史上最牛的问卷，最古老，生命力最旺盛，不知出自何人之手，只知这份问卷最早出现在几个世纪前的巴黎社交场上。问卷因《追忆逝水年华》的作者普鲁斯特(其不同时期的两幅肖像参见图 2-8)的特别答案而出名，故称普鲁斯特问卷。普鲁斯特曾

在 13 岁和 20 岁时分别作答了这套问卷，答案不完全相同。你呢，如果在今天作答，那么在若干年后的今天再来作答，会有什么变化？以下就是这份问卷，请接题——

1. 你认为最完美的快乐是怎样的？
2. 你最希望拥有哪种才华？
3. 你最恐惧的是什么？
4. 你目前的心境怎样？
5. 还在世的人中你最钦佩的是谁？
6. 你认为自己最伟大的成就是什么？
7. 你自己的哪个特点让你最觉得痛恨？
8. 你最喜欢的旅行是哪一次？
9. 你最痛恨别人的什么特点？
10. 你最珍惜的财产是什么？
11. 你最奢侈的是什么？
12. 你认为程度最浅的痛苦是什么？
13. 你认为哪种美德是被过高地评估的？
14. 你最喜欢的职业是什么？
15. 你对自己的外表哪一点不满意？
16. 你最后悔的事情是什么？
17. 还在世的人中你最鄙视的是谁？
18. 你最喜欢男性身上的什么品质？
19. 你使用过的最多的单词或者词语是什么？
20. 你最喜欢女性身上的什么品质？
21. 你最伤痛的事是什么？
22. 你最看重朋友的什么特点？
23. 你这一生中最爱的人或东西是什么？
24. 你希望以什么样的方式死去？
25. 何时何地让你感觉到最快乐？
26. 如果你可以改变你的家庭一件事，那会是什么？
27. 如果你能选择的话，你希望让什么重现？
28. 你的座右铭是什么？

图 2-8　普鲁斯特

第 3 章　数据怎么整理

【学习目标】

- 一手数据整理的步骤与详解。
- 二手数据整理的步骤与详解。
- 制作统计图表的几个小技巧。

整理，使生活变得有序，使心境变得明朗。比如，图书馆将各种书籍分门别类地摆放，为的是方便读者查阅；网站将各样栏目排列，为的是游客来逛个尽兴；商场、超市将各类商品陈列，为的是方便顾客购物。

整理数据，是将搜集到的数据，根据需要进行整合。

本章关注对搜集的一手数据和二手数据进行整理的基本流程。

3.1　一手数据的整理

如何用Excel来进行调查问卷的整理、统计和分析？

悬赏分：15 - 解决时间：2007-11-29 15:55

各位，不吝赐教啊~~

（有高分哈）

刚刚做了了问卷调查回来，有几百份的样子，专业的SPSS软件不会用，相对来说，EXCEL简单好操作些，可是如何进行整理统计和分析呢？

提问者：tt758 - 见习魔法师 二级

(资料来源：百度知道)

3.1.1　一手数据整理的步骤

整理一手数据，是指对通过问卷等形式搜集到的一手数据进行整合，将零乱的个体数据系统化，以说明总体的情况。个体数据具有鲜明、生动的个性特点，但许多个体数据简单地罗列在一起，毕竟显得零散，让人难以看清总体的面貌。

整理一手数据的基本步骤如下：审核→分组→汇总→制图表。

第 1 步，审核是指对一手数据的质量进行检验。也就是应用各种检查规则来辨别缺失、无效或不一致的录入。一手数据质量的优劣，直接影响到一手数据整理的效果。审核一手数据的质量标准为准确性、一致性、完整性，即审核数据是否如常填答、前后关系是否一致、必填之处是否齐备。

审核一手数据的方法，主要有逻辑法、计算法。从逻辑方面进行检查，即审核数据是否符合逻辑，内容是否合理，各项目或数字之间有没有相互矛盾。比如，问卷中，年龄一栏填 5 岁，文化程度填大学毕业，显然，这存在逻辑错误。从计算方面进行检查，即审核

数据是否有计算错误，计算方法、计量单位是否恰当，计算结果有无差错。

第 2 步，分组是指对一手数据按一定标志进行分类。分类标志有品质标志和数量标志两种。比如：按性别分组，就是按品质标志的分组；按年龄分组，就是按数量标志的分组。

第 3 步，汇总是指在分组的基础上，计算各组的次数和比率。次数是指个体的数目，比率是指各组次数与总次数的比值。

在分组的基础上，列出相应的次数和比率，这样所形成的数列叫分配数列，又叫次数分布。编制分配数列的作用在于了解总体的内部构成。分配数列有两种：如果是在品质标志分组的基础上，列出相应的次数和比率，就叫品质数列；如果是在数量标志分组的基础上，列出相应的次数和比率，就叫变量数列。变量数列有两种：单项数列和组距数列。如果以一个标志值为一组所形成的变量数列，就叫单项数列；如果以标志值变动的范围为一组所形成的变量数列，就叫组距数列。当标志值变动范围不大时，用单项数列。

比如，在年龄分组的基础上，同时列出各组的次数和比率，这是一个变量数列。如果是对某班学生年龄来分组，就可以用单项数列，因为一班之内，年龄差异不大。如果是对全国人口年龄来分组，那就要用组距数列，因为一国之内，年龄差异大。

在汇总时，要遵循“不重不漏”的原则。“不重”是指一项数据只能分在其中的某一组，不能在其他组中重复出现；“不漏”是指每一项数据都能分在其中的某一组，不能遗漏。

第 4 步，制图表是指将分组汇总的数据制作成统计表和统计图。

3.1.2　一手数据整理的详解

一手数据中，个体数据按表现形式分，有文本型数据和数值型数据。文本型数据的标志表现是文字，比如，球员的位置是品质标志，其标志表现为文字，如后卫等。数值型数据的标志表现是数值，比如，球员的身高是数量标志，其标志表现为数值，如 1.87 米等。

一手数据的整理，也就是对文本型数据和数值型数据的整理。下面介绍对数据进行整理的基本方法。

1. 文本型数据的整理

文本型数据的整理，可先按排序来分组，再进行分类汇总。在 Excel 中的操作步骤是：先选择原有数据的区域，再从菜单栏中分别选择“工具”菜单中的“排序”和“分类汇总”命令。

2. 数值型数据的整理

数值型数据的整理，可先分组，再汇总。

对数值型数据进行汇总，可在 Excel 中进行操作。

对数值型数据进行分组的方法有两种：约定俗成法和经验公式法。

约定俗成法是指对数值型数据按习惯来进行分组的方法。如成绩一般可分成 5 档：60 分以下、60～70 分、70～80 分、80～90 分、90 分以上。

经验公式法是指对数值型数据按经验公式的计算结果来进行分组的方法。

经验公式如下。

组距的计算：$d=\dfrac{R}{1+3.322\lg N}$

式中：d——组距，一般取5或5的倍数；

R——全距，为最大值与最小值的差；

N——总体单位总数。

组数的计算：$组数=\dfrac{R}{d}=\dfrac{全距}{组距}$

要注意的是，每一组的起点值和终点值分别为该组的下限和上限，下限和上限统称为组限，组限是指分组的数量界限；组距是指各组的距离，公式为：组距=上限-下限。在汇总次数时，一般要遵循“上限不在内”的原则。比如，5档成绩中，60分既是第一组“60分以下”的上限，又是第二组“60～70分”的下限。如果有位学生的成绩为60分，那么，根据“上限不在内”，这个学生应归于第二组统计。

下面举例说明，在没有分组的条件下，文本型数据、数值型数据的整理。

【例3-1】 表3-1中列出了2008年北京奥运会中国男篮队员资料。

表3-1　2008年北京奥运会中国男篮队员资料

序　号	姓　名	位　置	身高(米)
1	张庆鹏	后卫	1.87
2	李　楠	前锋	1.98
3	姚　明	中锋	2.26
4	易建联	中锋	2.11
5	王仕鹏	后卫	1.96
6	陈江华	后卫	1.87
7	朱芳雨	前锋	2.00
8	王治郅	中锋	2.14
9	孙　悦	后卫	2.05
10	刘　炜	后卫	1.90
11	王　磊	前锋	2.00
12	杜　锋	前锋	2.07

资料来源：北京2008年第29届奥运会官方网站。网上阅读：中国男篮三十年历史回顾。

提问：

(1) 文本型数据怎么汇总？

(2) 数值型数据怎么汇总？

(3) 向上累计是什么意思？

解：

(1) 文本型数据的汇总。

文本型数据为“位置”。汇总的对象为“位置”，汇总的内容为次数(球员人数)和

比率。

方法：分类汇总法，即先排序再分类汇总。

文本型数据汇总的步骤，如图 3-1 所示。

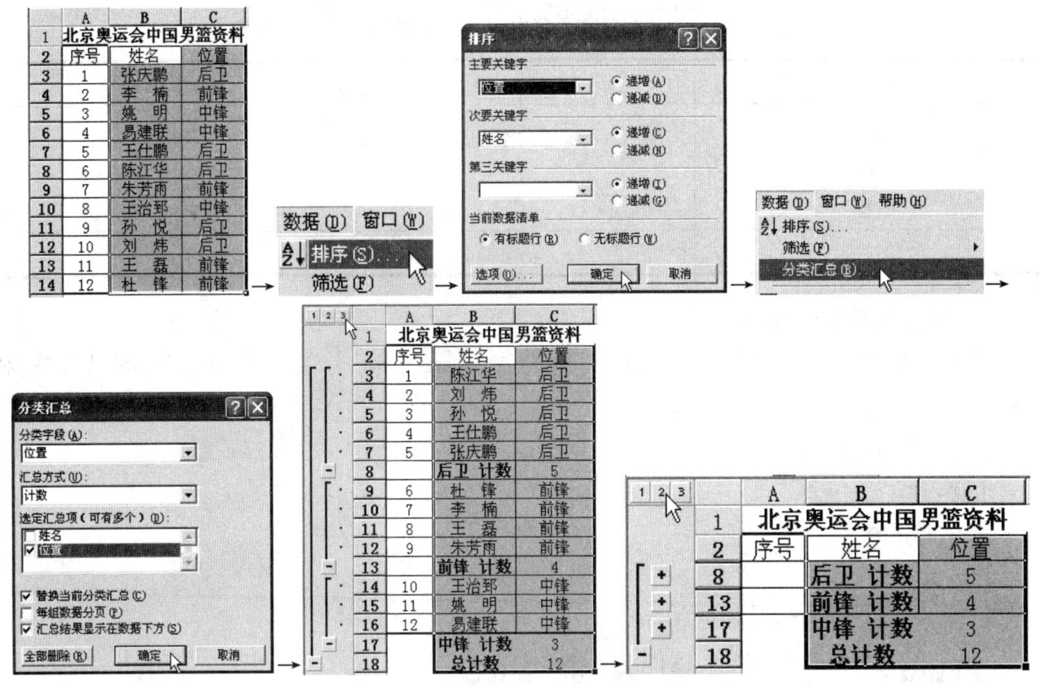

图 3-1　文本型数据汇总的步骤

文本型数据汇总的步骤如下。

第 1 步，输入数据，如在 A1:C14 单元格区域中输入相关数据。

第 2 步，排序。选择 B2:C14 单元格区域。在菜单栏中选择“数据”→“排序”命令。在弹出的“排序”对话框里，在“主要关键字”下拉列表框中选择“位置”选项，在“次要关键字”下拉列表框中选择“姓名”选项，单击“确定”按钮。

第 3 步，分类汇总。选择 B2:C14 单元格区域。在菜单栏中选择“数据”→“分类汇总”命令。在“分类汇总”对话框中，在“分类字段”下拉列表框中选择“位置”选项；在“汇总方式”下拉列表框中选择“计数”选项；至于其他的选项，选择默认值，单击“确定”按钮。

分类汇总的结果中，在数据清单的左侧顶部，有横向排列的级别按钮 1 2 3。单击级别按钮 3，即显示各类的明细记录和汇总数据；单击级别按钮 2，即显示各类的汇总数据；单击级别按钮 1，即显示各类总的汇总数据。在级别按钮 3 下方的左侧，单击“-”按钮，表示折叠明细数据；单击“+”按钮，表示展开明细数据。

第 4 步，编制次数分布表。当复制、粘贴汇总后的数据时，会发现原来隐藏的数据又露面了，如果手动删除多余的数据，未免有点麻烦。解决这个问题的方法是：先选定分类汇总后的数据区域，接着在菜单栏中选择“编辑”→“定位”命令，在打开的对话框中单击“定位条件”按钮，在打开的对话框中选中“可见单元格”单选按钮，单击“确定”按钮，然后选定分类汇总后的数据区域，再选择“编辑”菜单中的“复制”、“粘贴”命令。这样，隐藏的数据项就不会再出现了，如表 3-2 所示。

表 3-2　2008 年北京奥运会中国男篮队员位置的次数分布

位　置	人数(人)	比率(%)
后卫	5	42
前锋	4	33
中锋	3	25
合计	12	100

(2) 数值型数据的汇总。

数值型数据为“身高”。汇总的对象为“身高”，汇总的内容为次数(球员人数)和比率。

方法：先分组，再汇总。

步骤：

首先，分组。

由经验公式$d=\dfrac{R}{1+3.322\lg N}$

得组距$d=\dfrac{2.26-1.87}{1+3.322\times\lg 12}\approx 0.09$。组距取 0.1。

又有组数$=\dfrac{R}{d}=\dfrac{\text{全距}}{\text{组距}}=\dfrac{0.39}{0.09}\approx 4.33$。组数取 5。

因此，12 位球员的身高共分为 5 组，组距为 0.1，即 1.80～1.90、1.90～2.00、2.00～2.10、2.10～2.20、2.20～2.30。

提示：lg12 在 Excel 中的计算方法是，任选一个空白单元格，输入“=LOG (12)”，按 Enter 键就得到结果 1.0792。

其次，汇总。

方法：分类汇总法，即先排序再分类汇总。

数值型数据汇总的步骤，如图 3-2 所示。

数值型数据汇总的步骤如下。

第 1 步，输入数据，如在 A1:C14 单元格区域中输入相关数据。

第 2 步，分组。将身高分为 5 组：1.80～1.90、1.90～2.00、2.00～2.10、2.10～2.20、2.20～2.30，即在 E3:E7 单元格中输入身高的分组数据。将身高的组限列为 5 组：1.89、1.99、2.09、2.19、2.29，即在 F3:F7 单元格中输入各组上限。

在菜单栏中选择“工具”→“数据分析”命令(如果没有出现“数据分析”命令，可先在“工具”下拉菜单中选择“加载宏”命令，当出现对话框后，在列表框中选中“分析工

具库-VBA 函数”复选框，再单击“确定”按钮)。

第 3 步，制作次数分布表。

打开“数据分析”对话框，在“分析工具”列表框中选择“直方图”选项，单击“确定”按钮。

打开“直方图”对话框，在“输入区域”组合框内输入 C3:C14；在“接收区域”组合框内输入 F3:F7；在“输出区域”组合框内输入 H2。单击“确定”按钮后，就得到次数分布表。要注意的是，结果中的“频率”一词，实际上为次数，这是在翻译软件过程中出现的一个错误！整理后的结果如表 3-3 所示。

图 3-2　数值型数据汇总的步骤

表 3-3　2008 年北京奥运会中国男篮队员身高的次数分布表

身高(米)	人数(人)	比率(%)
1.80～1.90	2	17
1.90～2.00	3	25
2.00～2.10	4	33
2.10～2.20	2	17
2.20～2.30	1	8
总计	12	100

(3) 向上累计法的功用。

在次数分布表的基础上，可以进一步编制累计次数分布表，以了解某一数值以上或某一数值以下的总次数和所占的比率。向上累计是指由变量值低的组向变量值高的组依次累计。向上累计的对象是次数和比率，向上累计的结果是说明上限以下的累计次数和累计比率各是多少，如表 3-4 所示。

表 3-4　2008 年北京奥运会中国男篮队员身高的累计次数分布表

身高(米)	人数(人)	比率(%)	向上累计	
			人数(人)	比率(%)
1.80～1.90	2	17	2	17
1.90～2.00	3	25	5	42
2.00～2.10	4	33	9	75
2.10～2.20	2	17	11	92
2.20～2.30	1	8	12	100
总计	12	100	—	—

简析：将 12 位中国男篮队员身高的原始数据整理成次数分布表和累计次数分布表后，从表中可以看到他们身高的一些基本特征。

身高的次数分布表显示：2.00～2.10 米这一组的人数最多，有 4 人，占的比率最高，达 33%；最矮的一组，即 1.80～1.90 米这一组，只有 2 人；最高的一组，即 2.20～2.30 米这一组，球员更少，仅有 1 人。

身高的累计次数分布表显示，以第 2 组为例，向上累计的结果说明：12 名队员中，身高在 2 米以下的队员有 5 人，这 5 人占 12 名队员的比率为 42%。由此推知，身高在 2 米以上的有 7 人(=12 人−5 人)，占全部队员的 58%(=100%−42%)。

旁白：想要成为中国男篮中的一员，有高超的球技，还要有非凡的身高。有了一身好球艺，一个人要在青春年华长到多高，才有希望加盟男篮？以上的身高分布表可以提供一个参照，表中数据表明，一般都要有 2 米以上的个头才行。专业篮球，巨人的运动！

3.2　二手数据的整理

整理二手数据，是指对通过媒体等间接形式搜集到的二手数据进行整合，将散乱的数据系统化，以满足需要。二手数据，包括个体数据和总体数据。整理二手数据的关键，在于审核二手数据的质量，也就是审核二手数据的来源渠道是否可靠。

二手数据的审核是指对二手数据的质量进行检验。二手数据质量的优劣，直接影响到二手数据整理的效果。审核二手数据的质量标准为适用性和时效性，即审核数据的来源是否可靠，数据是否新鲜，是否符合研究所需。由于统计局等官方数据具有权威性，因此多被引用，这时，使用者仍要通过访问官方网站等形式，来审核查实这些数据是否真的来自官方机构。如果同一个指标来自不同的官方机构，结果却不同，这时就要查明指标的计算口径等是否有所不同，不要盲目地使用。对于非官方发布的市场数据，要审核提供数据者的公信力，要综合自己的学识予以判断其真伪。

二手数据经过审核后，根据不同的需求，有两种情况，一种是可以直接拿来用的，另一种是要略加整理才能够用的。比如，想查找近 10 年中国电话用户数，怎么办？搜集这种数据的渠道是：中华人民共和国国家统计局网站。在这家网站上，打开“统计公报”栏目，

里面有历年的相关数据。整理这种数据的思路是：在每年公布的统计公报上，查找到所需的数据后，按时间顺序依次罗列就行了。所喜的是，近年发布的统计公报，不仅提供当年的数据，还以统计图的形式提供了近 5 年的数据。

二手数据整理的详解。二手数据的整理，可以结合自己的所需所求，利用相应的方法来达成所愿。

【例 3-2】将以下数据资料整理成表格。

以下资料，摘自中华人民共和国国家统计局发布的《2010 年第六次全国人口普查主要数据公报(第 1 号)》。

性别构成：大陆 31 个省、自治区、直辖市和现役军人的人口中，男性人口为 686 852 572 人，占 51.27%；女性人口为 652 872 280 人，占 48.73%。

年龄构成：大陆 31 个省、自治区、直辖市和现役军人的人口中，0～14 岁人口为 222 459 737 人，占 16.60%；15～59 岁人口为 939 616 410 人，占 70.14%；60 岁及以上人口为 177 648 705 人，占 13.26%。

整理的结果如表 3-5 和表 3-6 所示。

表 3-5　2010 年中国人口性别分布表

性　别	人数(人)	比重(%)
男	686 852 572	51.27
女	652 872 280	48.73
合计	1 339 724 852	100.00

资料来源：中国国家统计局。

表 3-6　2010 年中国人口年龄分布表

年龄(岁)	人数(人)	比重(%)
0～14	222 459 737	16.60
15～59	939 616 410	70.14
60 以上	177 648 705	13.26
合计	1 339 724 852	100.00

资料来源：中国国家统计局。

显然，第一张表是一个品质数列，第二张表是一个组距数列。

3.3　制作图表的技巧

俗话说“一图胜千言”。这是讲，一幅好的统计图，可以传递比文字更多的信息。好的统计图依据好的统计表来绘制。统计图和统计表是显示统计数据结果的常见方式，是有理有据、图文并茂来表达灵思妙想的助手。统计图表以其视觉的美感、简洁生动的形象，客观地娓娓道来，使人在轻松的欣赏中有所收获。下面介绍规范的统计表和统计图的模样，并用实例来说明制作统计图表的基本方法和常用技巧。

3.3.1 统计表的制作

1. 统计表概述

统计表是系统地表达数据的表格。好的统计表，风貌是规范和美观。怎样设计一张既实用又养眼的统计表呢？

从功能上看，统计表能将调查到的资料有序化，将整理的资料清爽地呈现出来，通过分析资料以反映现象的内部关系和变动趋势。

从外观上看，统计表主要由 4 个部分组成，即标题、格线、数据、来源。

1) 标题

标题包括总标题、行标题和列标题。

总标题是指统计表的名称，位于表的上方并居中，用以说明统计表的主要内容。总标题的字体要加粗；用语要精练，要表达出 3 层意思，即时间(When)、空间(Where)、指向(What)，这也就是打磨总标题的“三 W”原则。如果有很多张统计表要显示，为区分起见，可在标题左旁编列表号。如果一张统计表不够用，即在一页纸上写不完时，应另页继续编制，各页表首都应写标题，除第一页外，余页各表的标题都应注明“续表”字样。

行标题是指统计表横行的名称，通常位于表的第一列，用以说明类别名称。列标题是指统计表纵栏的名称，通常位于表的第一行，用以说明指标名称。

按时间排序的数据，行标题和列标题可以互换。当然，当时间数据较多时，通常将时间放在行标题的位置，如表 3-7 所示。

表 3-7 1984—2008 年中国夏季奥运会金牌数及世界排名 ⇦ 总标题

<table>
<tr><th></th><th>年份</th><th>金牌数(枚)</th><th>世界排名(位)</th><th>⇦列标题</th></tr>
<tr><td rowspan="7">行标题</td><td>1984</td><td>15</td><td>4</td><td rowspan="7">数据</td></tr>
<tr><td>1988</td><td>5</td><td>11</td></tr>
<tr><td>1992</td><td>16</td><td>4</td></tr>
<tr><td>1996</td><td>16</td><td>4</td></tr>
<tr><td>2000</td><td>28</td><td>3</td></tr>
<tr><td>2004</td><td>32</td><td>2</td></tr>
<tr><td>2008</td><td>51</td><td>1</td></tr>
</table>

资料来源：中国奥委会官方网站。

网上阅读：中国奥运冠军调查报告。

2) 格线

格线是指统计表中纵横交叉的直线。统计表一般为上下封口、左右开口的开放式的表格。也就是说，表的上、下两条横线画粗格线，分别叫上基线和下基线，其余的画细格线。

并且表的左、右两边不画格线。

3) 数据

数据是指统计表中格线里的资料。在表中录入数据时要注意：①位置要排列整齐。纵栏位置的数字、小数点应上下对齐。同一张表中的数字，小数的取舍位数应相同；②计量单位的位置要摆放合理。如果各指标共用一个计量单位，那么可放在表的右上角来标明；如果各指标有不同的计量单位，那么可放在每个指标后或单列出一列来标明；③特别重要的数字要用粗体字写；④数字行列不应混杂文字，文字说明可写在表注里；⑤制表时，用“—”符号表示没有数字资料的情况，用“…”符号表示有数字资料但没有得到的情况，表中不应留有空白单元格；⑥上行和下行数字相同时，不应用“同上”或“〃”表示，应用实际数填写。

4) 来源

来源是指统计表中的数据来自何方。如果引用的是二手数据，如果可能，可链接相关的网页，一来为尊重数据提供者的劳动，二来为便于自家和读者查询使用。

2. 统计表的制作

以图 3-3 为例，来做一张 2 行 3 列的统计表。

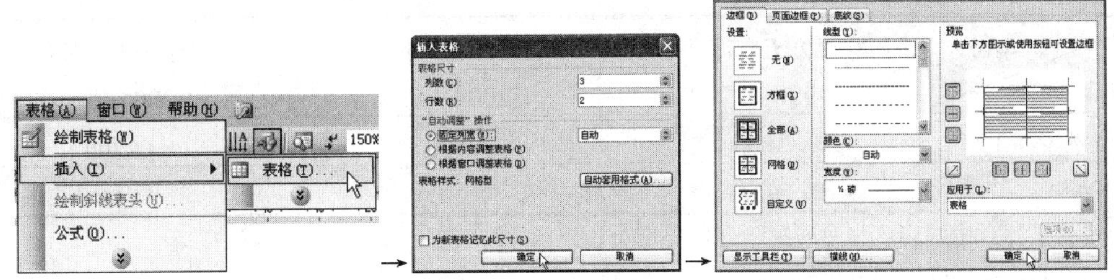

图 3-3　统计表制作的步骤

统计表制作的步骤如下。

第 1 步，在菜单栏中选择“表格”→“插入”→“表格”命令。

第 2 步，弹出“插入表格”对话框，在“表格尺寸”选项组中，“列数”选 3，“行数”选 2。单击“确定”按钮后，出现以下 2 行 3 列的表格。

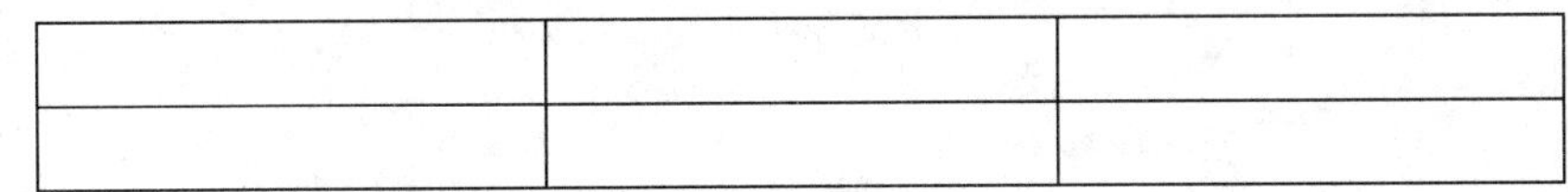

第 3 步，调整统计表。选择第 2 步中显示的整张表格并右击，在弹出的快捷菜单中选择“边框和底纹”命令。在弹出的“边框和底纹”对话框中分别单击左、右两端的竖线，以消除这两条线；在“宽度”下拉列表框中选择$1\frac{1}{2}$磅，分别单击上基线、下基线。这样，就制作成了左右开口、上下封口，且上基线和下基线略粗，其他格线为细线的规范的统计表格。

请注意斜线表头、分隔线的画法。

斜线表头的绘制。斜线表头位于统计表左上角，是划分行和列分类标志名称的线条。斜线表头的绘制方法是：先选中需要绘制斜线的表格，然后在菜单栏中选择“表格”→“绘制斜线表头”命令，里面有 5 种表头样式可供选择。

分隔线的绘制。统计表中，如果将许多同类数据一溜儿横排或竖排下来的话，所列出的表就会过于宽大或瘦长。因此，为美观和简约起见，可用双细线分隔相同标志、同等地位的数据。分隔线的绘制方法是：选中需要绘制分隔线的表格并右击，在弹出的快捷菜单中选择“边框和底纹”命令，在弹出的“边框和底纹”对话框的“边框”选项卡的“线型”列表框中选择双细线，单击需要更换成双细线的格线就行了，效果如表 3-8 所示。

表 3-8 “六五”至“十一五”期间中国环境保护投资额

年份 指标	“六五”期间 (1981—1985)	“七五”期间 (1986—1990)	“八五”期间 (1991—1995)
投资额(亿元)	166.23	476.42	1306.57
增长(倍)	—	1.87	1.74
年份 指标	“九五”期间 (1996—2000)	“十五”期间 (2001—2005)	“十一五”期间 (2006—2010)
投资额(亿元)	3600	7200	15 300
增长(倍)	1.76	1.00	1.13

资料来源：中国环境与发展国际合作委员会、《国家环境保护“十一五”规划》。

网上阅读：回眸中国五年计划。

【例 3-3】统计表的辨析。

原表格如表 3-9 所示。

表 3-9 2008 年年底至 2013 年年底的移动电话用户数(1)

年　份	移动电话用户数(万户)
2008	64 125
2009	74 721
2010	85 900
2011	98 625
2012	111 216
2013	122 911

修改后的统计表格如表 3-10 所示。

表 3-10　2008 年年底至 2013 年年底的移动电话用户数(2)

年　份	移动电话用户数(万户)
2008	64 125
2009	74 721
2010	85 900
2011	98 625
2012	111 216
2013	122 911

资料来源：中国国家统计局。
网上阅读：移动电话给我们带来的便利及负面影响。

辨析：原统计表需要修改的地方主要有以下 4 个方面。

其一，为封闭式的统计表。应改为开放式的。

其二，上基线和下基线没加粗。应改为加粗。

其三，表中的资料都没有居中。应改为居中。

其四，数据的来源没有写。应添加数据来源。

3.3.2　统计图的制作

从原始数据到统计表，可以让零散的数据变得更清爽；从统计表到统计图，可以让数据的显示更形象。

1. 统计图概述

统计图是系统地表达数据的图形。好的统计图，风貌是规范和美观。怎么设计一张既实用又养眼的统计图呢？

从功能上看，统计图是依据统计表制作的，统计图以其鲜活的形式，反映现象的内部关系和变动趋势。

从外观上看，统计图主要由 3 个部分组成，即标题、图形、来源，如图 3-4 所示。

	A	B	C
1	1984-2008年中国夏季奥运会金牌数及世界排名		
2	届次/年份	金牌数（枚）	世界排名（位）
3	第23届 1984年	15	4
4	第24届 1988年	5	11
5	第25届 1992年	16	4
6	第26届 1996年	16	4
7	第27届 2000年	28	3
8	第28届 2004年	32	2
9	第29届 2008年	51	1
10			来源：中国奥委会官方网站 →

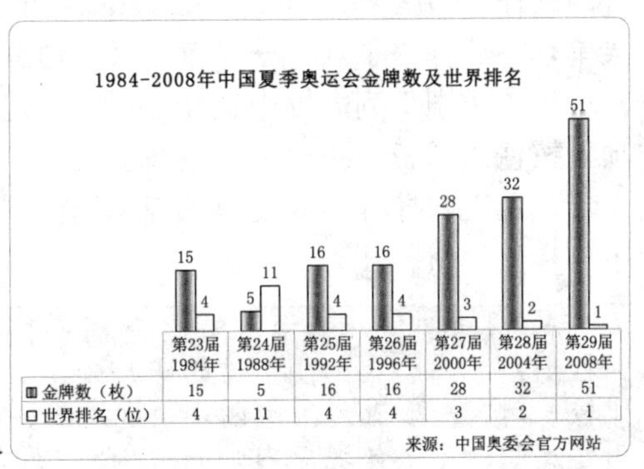

图 3-4　统计图的外观

2. 统计图的制作

在 Excel 中，制作统计图的四字诀是：四步+美化。

“四步”是指依照“图表向导”的提示，踏踏实实地走好四步：图表类型、图表源数据、图表选项和图表位置。

“美化”是指在走完“四步”，出现统计图雏形后，还要加工和润色。加工的一般方法是：用鼠标右击需要修改的对象，在弹出的快捷菜单中选择相应命令，点击之间，便如愿以偿。

下面以图 3-4 所示的统计图为例，图解和文字说明统计图的具体做法，四步操作如图 3-5 所示。

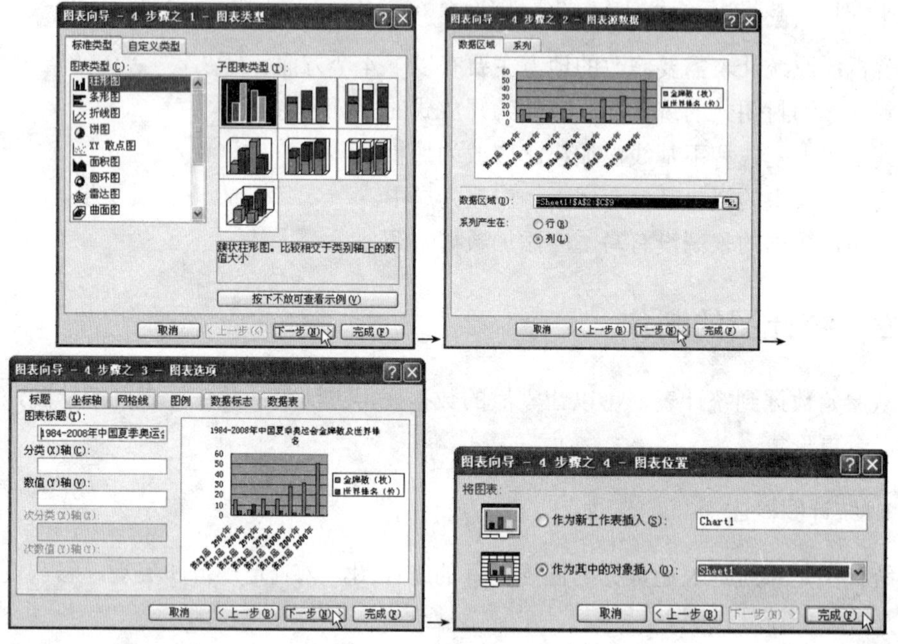

图 3-5　统计图制作的步骤

统计图制作的步骤如下。

准备：选择数据区域 A2:C9。在工具栏中单击“图表向导”按钮。如果没有这个按钮，可以从菜单栏中选择“工具”→“自定义”命令，在打开的对话框中切换到“命令”选项卡，在左边的“类别”列表框中选择“插入”选项，在右侧的“命令”列表框中选择“图表”选项，按住“图表”的图标，拖到工具栏。

第 1 步，图表向导-4 步骤之 1-图表类型。在“图表类型”列表框中选择“柱形图”，单击“下一步”按钮。

说明：在“标准类型”选项卡中，有 14 种图表类型。下面介绍常见的几种图形的适用范围。“柱形图”与“条形图”常用于反映次数的大小和变化，而当分类标志名称的文字比较长时，一般选用条形图。“折线图”常用于反映现象在时间上的变化；“饼图”用于反映一个总体现象内部的结构；“圆环图”用于反映多个总体现象内部的结构；“XY 散点图”用于反映相关现象数据之间的关系。在“自定义类型”选项卡下，有“两轴线-柱图”，用于反映现象次数和比率的变化。

第 2 步，图表向导-4 步骤之 2-图表源数据。单击“下一步”按钮。

第 3 步，图表向导-4 步骤之 3-图表选项。逐个打开选项卡，完成设置后，单击“下一步”按钮。

说明： 选择“标题”选项卡，分别进行填列。其中，在“分类(X)轴”文本框除了可写上分类的名称外，还可写上资料来源的文字。选择“坐标轴”选项卡，取消选中“数值(Y)轴”复选框，表示不选择数值轴。选择“网格线”选项卡，在“数值(Y)轴”选项组中取消选中“主要网格线”复选框，表示不选择该网格线。选择“图例”选项卡，图例的位置一般放在底部，如果“图例”没必要存在，取消选中“显示图例”复选框，表示不显示图例。选择“数据标志”选项卡，在“数据标签包括”选项组中，选中“值”复选框，表示统计图的柱形上将显示数据值。选择“数据表”选项卡，选中“显示数据表”复选框。

第 4 步，图表向导-4 步骤之 4-图表位置。单击“完成”按钮。

说明： 如果对以上 4 步中的哪一步要修改，可右击图表区的空白处，在弹出的快捷菜单中显示了“图表类型”、“源数据”、“图表选项”和“图表位置”等命令，可以根据需要，调用相关的命令来做调整。

第 5 步，润色和美化。常用的图表美化的技巧有：去掉网格线；去掉灰色背景；去掉图例，或利用对话框将图例移到标题下；去掉单个纵坐标轴；调整横坐标轴的文字大小；更改柱形图的填充颜色时，如果单击任意一个柱子就选中了所有的柱子以添加同一种颜色，如果双击任意一个柱子就选中了这个柱子以添加颜色，整体颜色以同色或相近色搭配为好。

同时，还可以更改绘图区、图表区的背景颜色或添加图案，具体做法是：如果右击需要变换的区域，在弹出的快捷菜单中选择“数据系列格式”命令，在“数据系列格式”对话框中选择“图案”选项卡，里面有好多颜色随你挑；如果单击“填充效果”按钮打开“填充效果”对话框，里面可选的花样就更多了，选择“图片”选项卡，找到自己存放的美图插入，马上就会看到统计图变得焕然一新；如果要将复制过来的图片放到图表区内，可利用 Shift 键，连续选中图片和统计图并右击，在弹出的快捷菜单中选择相应的命令，在弹出的对话框里，选择组合就行了。要注意的是，背景图只是陪衬和情调，主角仍是数据，突出显示的应是数据。

【例 3-4】 统计图的辨析。

原表格如表 3-11 所示。

表 3-11　2008—2012 年国家公务员招考人数统计表

年　份	招考人数(人)
2008	13 977
2009	13 566
2010	15 526
2011	16 205
2012	17 941

资料来源：新浪教育。

网上阅读：2012 年国家公务员招考启动　报考人数 11 年增 42 倍。

修改前的统计图，如图 3-6 所示。

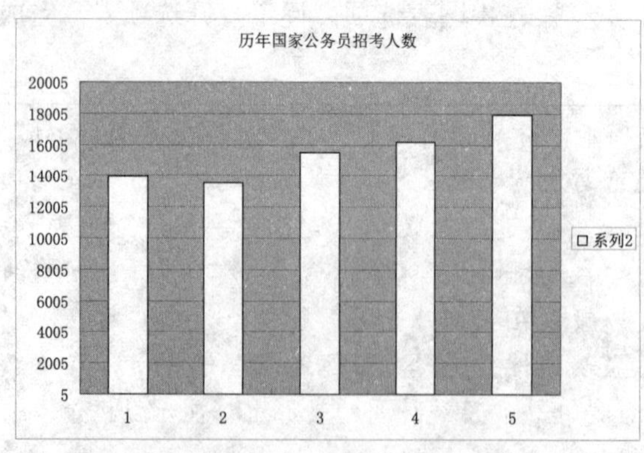

图 3-6　修改前的统计图

修改后的统计图，如图 3-7 所示。

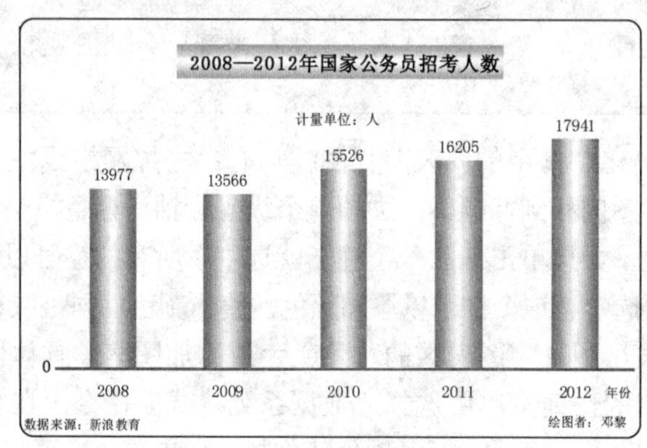

图 3-7　修改后的统计图

辨析：原统计图需要修改的地方主要有以下 7 个方面。

其一，标题没有表达清楚。应改为：2008—2012 年国家公务员招考人数。

其二，横坐标轴显示为阿拉伯数字。应改为相应年数，改法是：在图表区的空白处右击，在弹出的快捷菜单中选择“源数据”命令；弹出“源数据”对话框后，选择“系列”选项卡，将光标移到分类(X)轴旁的方框中，重新选定数据表中“年份”的分类区域就可以了。

其三，纵坐标轴最小值为 5，违背了最小值为 0 的原则，有误导读图者之嫌。应改为 0。

其四，条图上没有数据显示，给读图者带来不便。应添加数据标签的值。

其五，没有计量单位。应添加计量单位。

其六，没有做选择性粘贴。应在 Excel 中，右击统计图并在弹出的快捷菜单中选择“复制”命令，然后在 Word 文档中，在菜单栏中选择“编辑”→“选择性粘贴”命令，选中“粘贴链接”单选按钮，最后单击“确定”按钮。这样一来，就能让电子表格中的图与文档中的图同步变化。

其七，存在一些多余信息。可去掉图例、网格线、纵坐标轴、图表外边框等，让统计图更显得清爽宜人。

3.3.3　洛伦兹曲线与基尼系数

1. 洛伦兹曲线

洛伦兹曲线什么样？如图 3-8 所示。

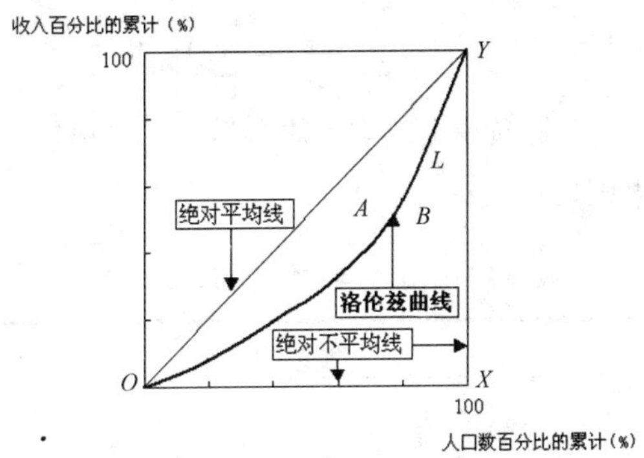

图 3-8　洛伦兹曲线示意图

洛伦兹曲线是由美国统计学家洛伦兹先生于 20 世纪初提出来的。洛伦兹曲线是用曲线的形式来衡量收入分配是否合理、贫富差距是否悬殊。洛伦兹曲线又叫实际收入分配曲线。

洛伦兹曲线的构造：横轴表示人口数百分比的累计，纵轴表示收入百分比的累计，用散点图的形式画出洛伦兹曲线(L)，用直线连接 L 曲线的两个端点，标示如图 3-8 所示。在等腰三角形 OXY 中，直线 OY 表示绝对平均线；弧线 OY 即 L 线，表示洛伦兹曲线；直线 OX 即横轴，直线 XY 即右纵轴，两者都表示绝对不平均线。

洛伦兹曲线的解读：L 线在三角形 OXY 的范围内活动。如果 L 线落在直线 OY 上，就表示收入分配绝对平均，不存在贫富差距；如果 L 线落在直线 OX 和 XY 上，就表示收入分配绝对不平均，存在贫富两极分化。也就是说，L 线越靠近绝对平均线，收入分配就越合理；L 线越靠近绝对不平均线，收入分配就越不合理。那么，有没有一个量化的指标来准确衡量 L 线的变化呢？基尼系数给出了肯定的答案。

2. 基尼系数

基尼系数是由意大利经济学家基尼先生定义的。基尼系数是在洛伦兹曲线的基础上，用量化的指标来衡量收入分配是否合理、贫富差距是否悬殊。

基尼系数的计算公式如下：

$$G = \frac{A}{A+B}$$

式中：G——基尼系数；

A——洛伦兹曲线(L)与绝对平均线(OY)围成的面积；

B——洛伦兹曲线(L)与绝对不平均线(OXY)围成的面积。

基尼系数的解读：基尼系数的取值在 0～1 之间。若 A=0，则基尼系数=0，表示收入分配绝对平均；若 B=0，则基尼系数=1，表示收入分配绝对不平均。

一般认为：基尼系数小于 0.2，表示收入分配平均；基尼系数在 0.2～0.4 之间，表示收入分配比较适当；基尼系数大于 0.4，表示收入分配不平均，收入差距悬殊。

基尼系数 0.4，是衡量收入分配是否合理的警戒线。如果基尼系数低于 0.4，就在收入分配相对合理的范围内；如果超过了 0.4，就应该采取措施缩小这一差距。

基尼系数的算法不止一种。这里，根据定义，用求三角形和曲形面积的方法，可以很简单地推导出来，即

$$G=\sum_{i=1}^{n-1}X_iY_{i+1}-\sum_{i=1}^{n-1}X_{i+1}Y_i$$

式中：i 表示数据的项数；X_i 是横轴上的累计百分数；Y_i 是纵轴上的累计百分数。

【例 3-5】 1981 年中国城市人口分布如表 3-12 所示。

表 3-12　1981 年中国城市人口分布

城市人口 (万人)	城市数(个)	人口数(万人)
10 以下	17	130
10～30	91	1731
30～50	46	1784
50～100	47	3354
100～200	25	3154
200 以上	13	4368

要求：

(1) 绘制洛伦兹曲线，并说明其含义。

(2) 计算出基尼系数，并说明其含义。

解：

根据表 3-12 所列的资料，相关计算如图 3-9 所示。

F7　=F6+D7

	A	B	C	D	E	F	G	H	I
1	1981年中国城市人口分布均衡性分析的计算表								
2	城市人口数分组(万人)	城市数(个)	人口数(万人)	结构相对数		累计结构相对数		X_iY_{i+1}	$X_{i+1}Y_i$
3				城市数(%)	人口数(%)	城市数(%)X_i	人口数(%)Y_i		
4	(甲)	(1)	(2)	(3)	(4)	(5)	(6)	(7)	(8)
5						0	0		
6	10以下	17	130	7.1	0.9	7.1	0.9	0.01	0.00
7	10～30	91	1731	38.1	11.9	45.2	12.8	0.11	0.08
8	30～50	46	1784	19.2	12.3	64.4	25.1	0.31	0.21
9	50～100	47	3354	19.7	23.1	84.1	48.2	0.59	0.46
10	100～200	25	3154	10.5	21.7	94.6	69.9	0.95	0.70
11	200以上	13	4368	5.4	30.1	100	100	—	—
12	合计	239	14521	100	100	—	—	1.97	1.45

图 3-9　1981 年中国城市人口分布均衡性分析的计算表

计算方法说明如下。

(甲)栏、第(1)栏、第(2)栏为已知栏。在绘制洛伦兹曲线时，纵轴和横轴的数值都是累

计的百分数。本题中，以人口数为纵轴值，以城市数为横轴值，用以反映人口分布是否合理。

请注意，要反映哪个的分布是否合理，哪个就放在纵轴上。比如，月可支配收入与户数的资料，要了解收入分配的情形、贫富差异的大小，这时，月可支配收入就放在纵轴上。又如，应纳税收入与纳税人数目的资料，应纳税收入就放在纵轴上。显然，洛伦兹曲线的用途广，它已不限于衡量收入的分布，也用于其他方面分布的测量，本题就是测量人口分布是否均衡的一个实例。

第(3)栏、第(4)栏同为计算栏，计算依据分别是第(1)栏、第(2)栏。这里要计算结构相对数，即计算部分值与全部值的比，在 D6 单元格输入公式“=(B6/239)*100”，在 E6 单元格输入公式“=(C6/14521)*100”，然后，选中 D6 和 E6 两个单元格，拖动右下角的填充柄按钮到 E11 单元格就可以了。

请注意，为保证后续计算结果的准确，计算前要先做好两件事。一是解决 Excel 按照没有四舍五入前的数值进行运算，解法是：在菜单栏中选择“工具”→“选项”命令，在“选项”对话框的“重新计算”选项卡中，选中“以显示精度为准”复选框，再单击“确定”按钮，这时，程序会弹出一个提示信息告诉你这样做会造成计算数值的误差，然后单击“确定”按钮即可。二是解决小数位数的问题，解法是：在菜单栏中选择“格式”→“单元格”命令，在“单元格格式”对话框中，选择“数字”选项卡下“分类”列表框中的“数值”选项，在右侧的“小数位数”微调框中决定保留几位小数。

第(5)栏、第(6)栏同为计算栏，计算依据分别是第(3)栏、第(4)栏。这里要计算向上累计的结构相对数，即计算从低组到高组依次累计的结构相对数，在 F5 和 G5 单元格中分别输入 0，是为了使图中的洛伦兹曲线有一个落脚点；在 F6 和 G6 单元格中，分别输入 7.1 和 0.9，这两个值分别为第(3)栏、第(4)栏的第一个值，也是这里进行累计的初始值；在 F7 单元格中输入公式“=F6+D7”，在 G7 单元格中输入公式“=G6+E7”，然后选中 F7 和 G7 两个单元格，拖动右下角的填充柄按钮到 G11 单元格就可以了。

第(7)栏、第(8)栏同为计算栏，计算依据是第(5)栏、第(6)栏。在 H6 单元格中输入公式“=F6*G7/10000”，在 I6 单元格中输入公式“=F7*G6/10000”，然后，选中 H6 和 I6 两个单元格，拖动右下角的填充柄按钮到 I11 单元格就可以了。

计算结果的说明，从第(5)栏和第(6)栏可以看到：10 万人口以下的城市数占 7.1%，分布的人口数有 0.9%；100 万人口以下的城市数占 84.1%，分布的人口数有 48.2%，也就是说，100 万人口以上的城市数占(100%−84.1%=)15.9%，分布的人口数有(100%−48.2%=)51.8%。显然，一半多的人口集中在不到 20%的大中城市，分布不均衡。

(1) 绘制洛伦兹曲线，并说明其含义。

洛伦兹曲线的绘制，可以用散点图来完成。本题中，第(5)栏和第(6)栏是 7 个成对的数据，每一对数据，在图上就显示为一个点。画法是：先选择 F5:G11 单元格区域，再选择“图表向导-图表类型”中的“XY 散点图”命令，然后，按图表向导的提示操作就可以了，如图 3-10 所示。

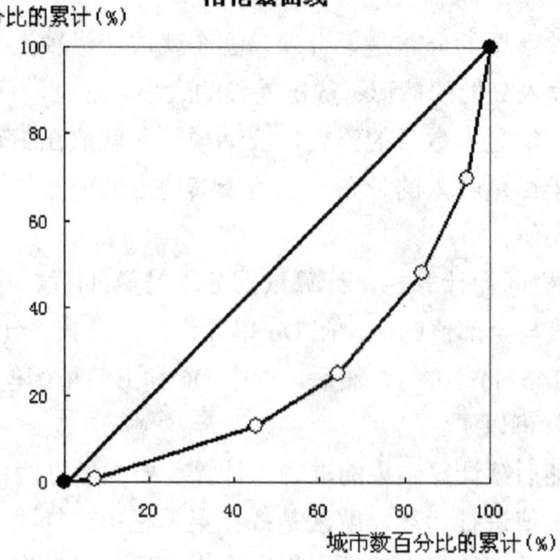

图 3-10　绘制的洛伦兹曲线图

由图 3-10 可以看到，洛伦兹曲线，即城市人口分布的实际曲线距离绝对平均线比较远，这表明城市人口分布不均衡。

(2) 计算出基尼系数，并说明其含义。

将第(7)栏、第(8)栏的合计数代入基尼系数的计算公式就可以了。

由

$$G=\sum_{i=1}^{n-1}X_iY_{i+1}-\sum_{i=1}^{n-1}X_{i+1}Y_i$$

有 G =1.97−1.45=0.52。

计算结果显示，1981 年我国城市人口分布的 G 值为 0.52。而 1991 年，我国城市人口分布的 G 值为 0.23。这说明，20 世纪 80 年代以后，由于我国积极推行了发展中小城市和控制大城市规模的政策，城市人口分布在总体上呈现出均衡的趋势。

统 计 实 录

陪编辑改统计表

谁见过编辑修改统计表的真迹
本文就带来这么一个稀罕例子
编辑改动的笔墨还留在表格上
本人学习后又有了一番新意思

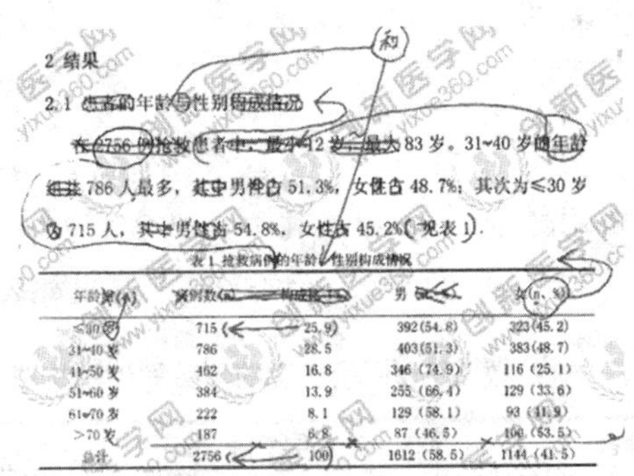

2 结果

2.1 患者的年龄与性别构成情况

在2756例抢救患者中，最小12岁，最大83岁。31~40岁的年龄组共786人最多，其中男性占51.3%，女性占48.7%；其次为≤30岁为715人，其中男性占54.8%，女性占45.2%（见表1）。

表1 抢救病例的年龄、性别构成情况

年龄组	病例数(n)	构成比(%)	男(n, %)	女(n, %)
≤30岁	715	25.9	392(54.8)	323(45.2)
31~40岁	786	28.5	403(51.3)	383(48.7)
41~50岁	462	16.8	346(74.9)	116(25.1)
51~60岁	384	13.9	255(66.4)	129(33.6)
61~70岁	222	8.1	129(58.1)	93(41.9)
>70岁	187	6.8	87(46.5)	100(53.5)
总计	2756	100	1612(58.5)	1144(41.5)

上面是一张截图，摘自创新医学网“特色服务”栏目中的专业修稿经典案例六，原文标题为《医院急诊抢救 2756 例流行病学探讨》，里面修改的地方是编辑朋友所为。

原文作者和编辑朋友，我都不认识，名字我也不知道，但我很为他们的敬业而感动。原文作者在自己的医学岗位，不辞劳苦搜集了这么多病例，足足 2756 个，并列表进行统计分析，其钻研精神令人敬佩。编辑朋友在自己的编辑岗位，精微用心圈圈点点进行修改，一字字一句句，红色的墨迹如一路竞相开放的花朵，让原文的表达更流畅，让原文的表格更清爽，其甘为他人做嫁衣的品德令人肃然起敬。我很高兴见到这种原汁原味改稿的篇页，说实话，平常很少能见到如此这般，我们常见的是编辑朋友已经改好的作品。这里，我们要再次向原文作者和编辑朋友致以敬意，还要感谢他们为我们的学习提供了范本。

学习好榜样，不是动动嘴皮子喊喊口号表表决心，而是要落实在行动上。我是这么来抓落实的，分 3 步走：第 1 步，提供一份修改前的资料，也就是把上面这一张截图，录入并还原为修改前的样子，目的是编写一个实训题，好让来来往往的朋友先进行判断；第 2 步，提供一份修改后的资料，也就是和编辑朋友一道，对原统计表格进行修改；第 3 步，提供一个对比的小结，也就是将修改后的统计表与修改前的进行对比，并对修改的地方进行说明。

第 1 步，修改前的统计资料如下：

2　结果

2.1　患者的年龄与性别构成情况

在 2756 例抢救患者中，最小 12 岁，最大 83 岁。31～40 岁的年龄组共 786 人最多，其中男性占 51.3%，女性占 48.7%；其次为≤30 岁为 715 人，其中男性占 54.8%，女性占 45.2%，见表 1。

表 1　抢救病例的年龄、性别构成情况

年龄组	病例数(*n*)	构成比(%)	男(*n*，%)	女(*n*，%)
≤30 岁	715	25.9	392(54.8)	323(45.2)
31～40 岁	786	28.5	403(51.3)	383(48.7)
41～50 岁	462	16.8	346(74.9)	116(25.1)
51～60 岁	384	13.9	255(66.4)	129(33.6)
61～70 岁	222	8.1	129(58.1)	93(41.9)
＞70 岁	187	6.8	87(46.5)	100(53.5)
总计	2756	100	1612(58.5)	1144(41.5)

第 2 步，修改后的统计资料。

2　结果

2.1　年龄和性别

2756 位病患者中，患者年龄 12～83 岁。其中：最多为 30～40 岁 786 人，男 51.3%，女 48.7%；其次为<30 岁 715 人，男 54.8%，女 45.2%。结果如表 2 所示。

表 2　抢救 2756 例病患者的年龄和性别构成

年龄(岁)	病患者		男性病患者		女性病患者	
	人数(人)	构成比(%)	人数(人)	构成比(%)	人数(人)	构成比(%)
30 以下	715	25.9	392	54.8	323	45.2
30～40	786	28.5	403	51.3	383	48.7
40～50	462	16.8	346	74.9	116	25.1
50～60	384	13.9	255	66.4	129	33.6
60～70	222	8.1	129	58.1	93	41.9
70 以上	187	6.8	87	46.5	100	53.5
总计	2756	100.0	1612	58.5	1144	41.5

第 3 步，修改后的统计表与修改前的统计表进行对比后所做的说明。

① 标题的修改。

将原表标题“抢救病例的年龄、性别构成情况”改为“抢救 2756 例病患者的年龄和性别构成”。

新表标题中，添加了病例总数，这使整张表的指向更明确；将“病例”改为“病患者”，这样表述更准确；将原表标题中的顿号删除，添加“和”，这说明在标题中要注意慎用标点符号；将原表标题中的“情况”删除，使标题显得更简洁，这表明对待标题要字字琢磨，不能让赘词杂字有立锥之地。

② 分组标志的修改。

分组标志就是“年龄”，说明这张表是以年龄为分组标志进行分组的。对于分组标志的修改，就是在分组标志“年龄”的旁边添上“(岁)”，以表示所有行标题的计量单位。

③ 行标题的修改。

行标题就是按年龄分成的 6 个组。对于行标题的计量单位的修改，就是将每一组里面的“岁”字删除，因为按制表规定，表格中的数字旁是不捎带计量单位的。对于行标题的分组的修改，将年龄(岁)原有的分组：≤30、31～40、41～50、51～60、61～70、＞70，改为：30 以下、30～40、40～50、50～60、60～70、70 以上。

修改后的分组，更符合各年龄组人数的归类。举例来看，如果有个病人 30 岁多一点，但不满 31 岁，那这个病人放在哪一组进行统计呢？按原来的分组来看，如果放在第一组，这人又超过了 30 岁；如果放在第二组，这人又不到 31 岁，看来，不管放在第一组还是第二组都不合适。按新的分组来看，这个病人就放在第二组进行统计，显然，30～40 岁这一组，是包括了 30 岁多一点(小于 31 岁)的情况。

如果有病人正好 30 岁，那放在第一组还是第二组呢？这就要遵循分组时常用的一个原则，这个原则叫作“上限不在内”。上限是每一个分组里面的终点值，下限是每一个分组里面的起点值。显然，30 岁是第一组的上限，是第二组的下限，依据“上限不在内”的原则，30 岁这个人就不应放在第一组而应放在第二组来统计。

④ 列标题的修改。

原表的列标题为病例数、构成比(%)、男(*n*，%)、女(*n*，%)，修改的结果请见修改后的统计表。这般改动，是对列标题的再设计。

原表的列标题存在这样两个问题，一是计量单位混乱：男和女后面的计量单位用“*n*”和“%”表示；二是并列关系混乱：病例中的病例数和构成比是分两个单列显示的，而男和女中的病例数和构成比分别只显示了一个单列。

修改列标题时，要把列标题中的“病例”改为“病患者”，将“病患者”的计量单位添加为“人”；要把“*n*”改为“人”，因为“*n*”是一个字母，是用来表示人数的符号，不能充当计量单位，表示人数的计量单位，在这里应该是“人”；单列表示男、女病患者的人数和构成比，以方便利用计算机来进行操作和核对；要将原表进行再设计，以“病患者”、“男性病患者”、“女性病患者”为列标题，在其下方分别列出“人数(人)”和“构成比(%)”。

⑤ 数据资料的修改。

纵横格线构成的表格中，列标题下的资料为数据资料。列标题重新设计好以后，列标题下的数据资料自然也就各得其所了，这样可以很方便地按每个单列进行计算和验算，这样可以在计算机中利用填充柄的功能来运算。

将原统计表修改完后，还可以在新统计表中将栏数按顺序编号，以方便读者对照阅读。计算表如图 3-11 所示。

文件(F)　编辑(E)　视图(V)　插入(I)　格式(O)　工具(T)　数据(D)　窗口(W)　帮助(H)　键入需要

100%　宋体　12　B　I　U

B5　=D5+F5

	A	B	C	D	E	F	G
1	表1　抢救2756例病患者的年龄和性别构成						
2	年龄（岁）	病患者		男性病患者		女性病患者	
3		人数（人）	构成比（%）	人数（人）	构成比（%）	人数（人）	构成比（%）
4	（甲）	(1)=(3)+(5)	(2)=[(1)÷2756]×100	(3)	(4)=[(3)÷(1)]×100	(5)	(6)=[(5)÷(1)]×100
5	30以下	715	25.9	392	54.8	323	45.2
6	30～40	786	28.5	403	51.3	383	48.7
7	40～50	462	16.8	346	74.9	116	25.1
8	50～60	384	13.9	255	66.4	129	33.6
9	60～70	222	8.1	129	58.1	93	41.9
10	70以上	187	6.8	87	46.5	100	53.5
11	总计	2756	100.0	1612	58.5	1144	41.5

图 3-11　计算表

图 3-11 所示的计算表的构成和计算说明如下。

计算表在构成上，与新统计表相比，增加了一行计算栏，也就是从 B4 单元格到 G4 单元格。这样做，是为了更方便地看到各项目之间的关系。在这一行中，用“(甲)”表示行标题，用带括号的字母数字表示各列标题的顺序，同时，列出算式以表示各项之间的计算关系。

计算表中的计算说明。B4:G4 单元格中的计算关系式，适合用传统的方法来求。在电子表格里，也可以借助填充柄的功能，以求快捷、准确地得到表中的计算结果。在电子表格软件中的具体操作如下：先输入公式，即在 B5 单元格中输入公式“=D5+F5”，在 C5 单元格中输入公式“=(B5/2756)*100”，在 E5 单元格中输入公式“=(D5/B5)*100”，在 G5 单元格中输入公式“=(F5/B5)*100”；再用填充柄复制，即分别拖动 B5、C5、E5、G5 单元格的填充柄到 B11、C11、E11、G11 单元格。经验算，在原表中，每一笔数据的计算结果都准确无误。

总算陪着我们的编辑朋友一道，把原稿中的一张统计表给摆弄了一下。摆弄表格的过程，也是一个自行修炼的过程。打磨原表，虽然花了周末的时间，但一样满心欢畅，周末愉快。

本 章 小 结

一手数据和二手数据，是数据的来源，也是数据整理的对象。对于数据的整理，一般步骤有 4 个：审核(前提)、分组(基础)、汇总(中心)、制图表(结果)。

分配数列是指在审核和分组的基础上，对数据进行汇总所形成的数列，又叫次数分布、静态数列。静态数列反映现象在某一时间上次数和比率的分布情况，动态数列反映现象在一段时间上的分布情况。

统计数列的构成如下：

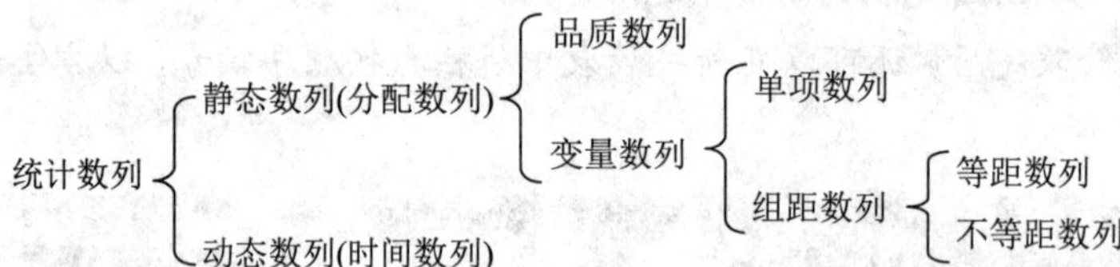

在以上统计数列的构成中，静态数列是反映静态时间上的数列，动态数列是反映动态变化的数列。而品质数列是指文本型数据分组和汇总后得到的分配数列；变量数列是指数值型数据分组和汇总后得到的分配数列。单项数列是指以一个变量值为一组，经过分组和汇总后得到的变量数列，适合于总体单位数不多、变量值变动范围不大的情况；组距数列是指以变量值变动的范围为一组，经过分组和汇总后得到的变量数列，适合于总体单位数较多、变量值变动范围较大的情况。等距数列是指各组的组距都相等的组距数列；不等距数列是指各组的组距不完全相等的组距数列。

比如，表 3-2、表 3-5 所示为静态数列、品质数列，表 3-3、表 3-4 所示为静态数列、变量数列、组距数列、等距数列，表 3-6、表 3-12 所示为静态数列、变量数列、组距数列、不等距数列。又如，表 3-7、表 3-8、表 3-9、表 3-10、表 3-11 所示为动态数列。

统计表和统计图常用来显示数据整理的结果。

统计表主要由 4 个部分构成：标题、格线、数据、来源。

统计图主要由 3 个部分构成：标题、图形、来源。常见的几种图形要注意其适用范围：柱形图与条形图常用于反映文本型数据的次数大小和变化，而当分类标志名称的文字比较长时，一般选用条形图。折线图常用于反映现象在时间上的变化；饼图用于反映一个总体

现象内部的结构；圆环图用于反映多个总体现象内部的结构；XY 散点图用于反映相关现象数据之间的关系；“两轴线-柱图”，用于反映现象次数和增长速度的变化。

洛伦兹曲线与基尼系数。洛伦兹曲线是运用向上累计的方法，依据散点图制作的；基尼系数是在洛伦兹曲线的基础上计算的。

最后，要做出既规范又美观的统计图表，需要多多借鉴，潜心体会。

下面这首顺口溜，是玩味统计图的心得，供参考。

标题美化又醒目，题文相称不可误；
标题句式可灵活，锦绣心计或可睹。
数值显示要清楚，重点之数可突出；
计量单位相伴随，如同好花相对出。
图中颜色要有数，自然清新能脱俗；
杂色纷呈总雷人，不如复归入朴素。
数据来源要有主，数关全局要在乎；
空闲之地有点缀，悠然往返现风度。
是谁作得如此图，作者是谁写清楚；
是谁推荐发此图，能有出处底气足。
制图软件快上路，随时提示图要素；
图中能有超链接，从此点化成活图。

真 题 上 市

一、单项选择题

1. 统计整理中，最关键的问题是(　　)。

A. 对调查资料的审核　　B. 统计分组

C. 资料汇总　　D. 编制统计图表

2. 次数分布中的次数是指(　　)。

A. 划分各组的数量标志　　B. 分组的组数

C. 分布在各组的总体单位数　　D. 标志变异个数

3. 在反映某小学三年级学生身高的分布时，将其分组为 120 厘米以下、120～130 厘米、130～140 厘米、140 厘米以上，则(　　)。

A. 120 厘米在第一组，130 厘米在第二组

B. 120 厘米在第一组，130 厘米在第三组

C. 120 厘米在第二组，130 厘米在第二组

D. 120 厘米在第二组，130 厘米在第三组

4. 下列图示方法中，最适于用来研究总体中各组成部分所占比重的是(　　)。

A. 条形图　　B. 饼图

C. 折线图　　D. 散点图

5. 下列关于直方图的表述中，正确的是(　　)。

A. 直方图主要用于定性数据的图示

B. 直方图的横坐标只表示分组，不表示数值的大小

C. 直方图就是条形图

D. 直方图的纵坐标代表各变量值出现的次数

二、多项选择题

1. 统计数据整理的内容一般有(　　)。

A. 对原始数据进行审核　　B. 对统计数据进行分组

C. 对统计数据进行汇总　　D. 对统计数据进行分析

E. 编制统计表、绘制统计图

2. 下列分组是品质标志分组的有(　　)。

A. 人口按性别分组　　B. 企业按产值多少分组

C. 家庭按收入水平分组　　D. 在业人口按文化程度分组

E. 宾馆按星级分组

3. 指出表 3-13 所示的分配数列所属的类型(　　)。

表 3-13　2010 年第六次全国人口普查的年龄构成

按年龄分组(岁)	构成(%)
0～14	16. 60
15～59	70.14
60 及以上	13.26
合计	100.00

资料来源：中国国家统计局。

A. 品质数列　　B. 变量数列

C. 分组数列　　D. 组距数列

E. 等距数列

4. 下列有关统计分组的一些提法，其中正确的有(　　)。

A. 应根据研究目的选择统计分组的标志

B. 正确选择分组标志是实现统计分组目的的关键

C. 划分组间界限，应既有科学性，又要具备完整性和组间的不相容性

D. 组与组之间应具备兼容性

E. 组与组之间有互斥性

5. 绘制统计图除了应该遵循突出主题的原则外，还应当遵循的原则是(　　)。

A. 统计图必须真实准确地反映客观情况

B. 统计图应力求简明扼要、通俗易懂

C. 绘制草图

D. 应根据资料的性质和绘图目的选择恰当的统计图形

E. 统计资料的来源也应随图形一并列明

三、判断题

1. 简单分组和复合分组的区别在于选择的分组标志的多少。　　(　)

2. 划分连续变量的组限时，相邻两组的组限既可以是间断的，也可以是重叠的。　　(　)

3. 各组次数的计量不能重复，恰好重叠在组限上的变量值一般归入上限的一组，即遵循“上限不在内”原则。　　(　)

4. 分类数据可以比较相互之间的大小。　　(　)

5. 某单位职工教育程度的次数分布表如下：

教育程度	人数(人)
初中及以下	50
高中	330
本科	270
研究生	150

则该单位职工的教育程度的中位数为高中。　　(　)

四、综合题

说明：本题源于 2009 年中国国家公务员考试“行政职业能力测试”试题。

要求：所给出的图、表、文字或综合性资料均有若干个问题要你回答，你应根据资料提供的信息进行分析、比较、计算和判断处理。

根据所给图表、文字资料回答 1～5 题。

在 2008 年 8 月 8—24 日奥运会期间，北京市的空气质量不仅天天达标，而且有 10 天达到一级，全面冲刺了对奥运会空气质量的承诺。图 3-12 所示为 2008 年 1—8 月北京市大气质量检测情况，图中一、二、三、四级是空气质量等级。一级空气质量最好，一级和二级都是质量达标天气。2008 年北京的空气质量控制目标是全年达标天数累计达 256 天。

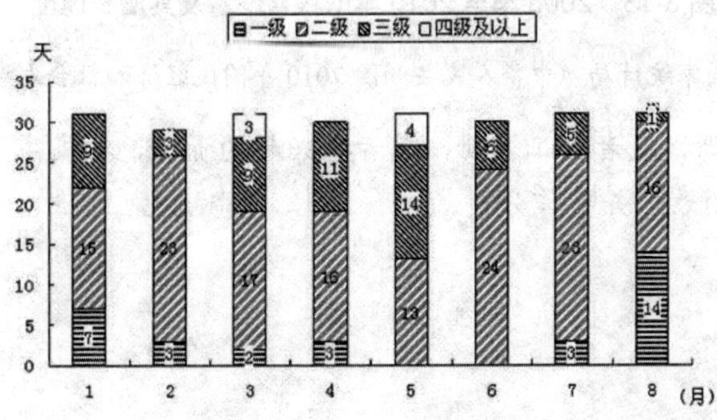

图 3-12　2008 年 1—8 月北京市大气质量检测情况

1. 1—8月空气质量合格天数超过20天的月份有(　　)个。

A. 4　　B. 5　　C. 6　　D. 7

2. 1—8月间，月平均空气质量合格天数约为(　　)天。

A. 22　　B. 24　　C. 26　　D. 28

3. 从1—8月的空气质量合格天数看，当年的空气质量控制目标的完成情况是(　　)。

A. 完成进度较慢　　B. 完成进度正常

C. 完成进度提前　　D. 无法判断

4. 第二季度与第一季度相比，空气质量达标天数的比重为(　　)。

A. 上升了3.3%　　B. 下降了3.3%

C. 上升了12%　　D. 下降了12%

5. 下列关于2008年1—8月间北京空气质量的描述不正确的是(　　)。

A. 3—5月的空气质量较差

B. 各月份空气质量相差不大

C. 8月是空气质量最好的一个月

D. 有一个月的空气质量达标天数少于15天

五、分析题

1. 如图3-13所示的这张统计图是怎么画出来的？

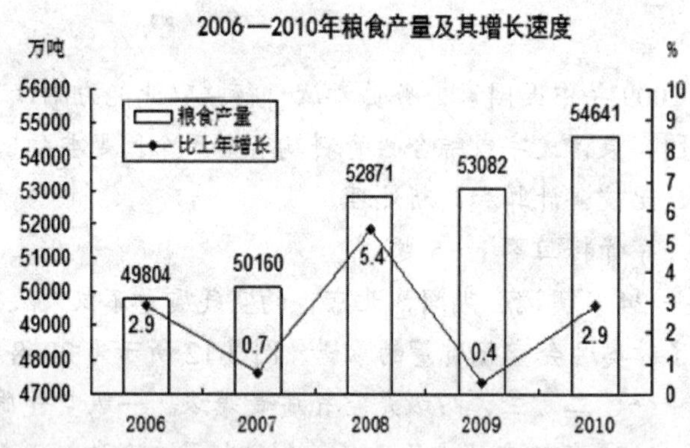

图3-13　2006年至2010年的粮食产量及其增长速度

资料来源：中国国家统计局《中华人民共和国2010年国民经济和社会发展统计公报》。

2. 找一份学生名册，或者员工名册，或者感兴趣的资料，对文字型数据和数值型数据进行汇总，画出相应图表，并略作分析。

第 4 章　静态分析：静态三数

【本章看点】

- 了解静态数列与静态三数的含义与特征。
- 掌握静态总量数的应用。
- 掌握静态相对数的应用。
- 掌握静态平均数的应用。

世间万物，亦静亦动，都有过去、现在和将来 3 种时态，与现象的特点相呼应，统计方法也有静态和动态之分。第 4 章推荐静态分析方法，第 6 章推荐动态分析方法，第 5 章、第 7 章和第 8 章推荐预测分析方法。动态分析方法是以静态分析方法为基础打造的，预测分析方法是以静态和动态分析方法为基础打造的。静态分析和动态分析这两大类统计方法，能从搜集和整理的数据中，提取更多、更实用的信息。

4.1　静态数列与静态三数

静态数列是指静态的分配数列，是反映现象现状的序列。静态数列中的静态数据，是指现象在某一个时点或某一个时期上的数据。

静态数列有未分组和分组之分。比如，将姚明等 12 位男篮运动员的身高罗列下来，这样所形成的序列就是未分组的静态数列。将姚明等 12 位男篮运动员的身高分组以后，再汇总人数，并排列下来，这样所形成的序列就是分组的静态数列。

静态三数是指根据静态数列计算的数据。静态三数按其功能分为 3 种，即总量数、相对数和平均数，简称“三数”。

静态三数，每天都和人们生活在一起，三者在运用中，各有特点，又离不开彼此。

【例 4-1】试比较表 4-1 和表 4-2 中的两个数列的异同点。

表 4-1 与表 4-2 的比较如下。

相同点：前者是编制后者的基础，即后者是依据前者编制的；两者同为静态数列，都是反映在北京奥运会举办时中国男篮队员的身高；两者的个体总量数一样，都为 12 人。

不同点：从两者的形式来看，表 4-1 是未分组的静态数列，有 12 个人就有 12 个值，每个人出现的次数都相同；表 4-2 是分组的静态数列，每组出现的次数都不完全相同。从两者的作用来看，前者是未分组的原始数据，个体数据鲜活具体；后者是分组后的汇总数据，分组数据能体现总体分布的结构及各组之间的关系。从两者的计算来看，两者计算的三数中，除了总人数一样，相对数、平均数计算的结果都不一样。

表 4-1 2008 年北京奥运会中国男篮队员身高一览

序 号	姓 名	身高(米)	序 号	姓 名	身高(米)
1	张庆鹏	1.87	7	王 磊	2.00
2	陈江华	1.87	8	孙 悦	2.05
3	刘 炜	1.90	9	杜 锋	2.07
4	王仕鹏	1.96	10	易建联	2.11
5	李 楠	1.98	11	王治郅	2.14
6	朱芳雨	2.00	12	姚 明	2.26

资料来源：北京 2008 年第 29 届奥运会官方网站。

表 4-2 2008 年北京奥运会中国男篮队员身高的次数分布表

身高(米)	人数(人)	比率(%)
1.80～1.90	2	17
1.90～2.00	3	25
2.00～2.10	4	33
2.10～2.20	2	17
2.20～2.30	1	8
总计	12	100

4.2 静态总量数

总量数是指将搜集的数据经过整理后得到的数据。从总量数的定义可以看到，调研分析是由搜集数据到整理数据，再到基本的分析数据这样一个过程。总量数用来反映现象的总规模、总水平，是认识现象的最基本的数据，是计算其他指标的基础。数据分析中，离不开总量数。

总量数可以按汇总对象和计量单位的不同来进行分类。

按汇总对象分，总量数可分为个体总量和标志总量。个体总量是指对个体数目的汇总，即总次数。标志总量是指对各变量值的汇总。例如，将 12 名球员的身高汇总，得到总身高。这里，球员 12 人是个体总量，它是将每一个球员的人数汇总而来。总身高是标志总量，它是将每一个球员的身高汇总而来。从中可以留意到两点：其一，个体总量的计量单位只有一个，而标志总量的计量单位可以有多个，可以从不同角度反映总体的总量。个体总量反映总体的规模，计量单位只有一个，如全部球员的人数以“人”为计量单位。标志总量是反映总体特征的总量，总体的特征有很多，计量单位可以有多个，如总身高的“厘米”、得分总数的“分”、抢篮板总数的“个”等。其二，总量数是计算相对数和平均数的基础。比如：比率(反映结构)是相对数中的一种，是部分次数与总次数的比；算术平均数(反映平均水平)是平均数中的一种，是标志总量与个体总量之比，在比率和算术平均数的计算公式中，它们的分子、分母都是总量数。

按计量单位分，总量数可分为实物指标和价值指标。实物指标是计算价值指标的基础。实物指标是指用实物单位计量的总量指标，能反映现象的总规模和总水平。实物单位是根据现象的自然属性和特点而采用的计量单位。实物单位主要有自然单位、度量衡单位、标准实物单位、双重单位或复合单位。自然单位是按照自然状态来计量的单位，如人口用“人”、飞机用“架”计量。度量衡单位是按照统一的度量衡制度来计量的单位，如重量用“千克(公斤)”、长度用“米”计量。标准实物单位是按照统一的折算标准来计量的单位。如各种不同发热量的能源折合为 7000 大卡/公斤的标准煤计算。双重单位或复合单位是采用两个或两个以上的单位结合使用的计量单位。双重单位如电机用“千瓦/台”。复合单位如货运量用“吨公里”、发电量用“千瓦时”。价值指标是指用货币单位计量的总量指标，能反映现象的价值量。货币单位如人民币(¥)、美元($)、欧元(€)、英镑(£)。

运用总量数时，要注意：指标范围要明确，文字表述要准确，计算方法和计量单位要统一。

【例 4-2】辨析题。

① 相对数中，对比的有联系的值，只能是总量数吗？

辨析：这种说法不全面。正确的表达是：相对数中，对比的有联系的值，既可以是总量数，也可以是相对数、平均数。比如，恩格尔系数，就是两个总量数的对比，分子是部分标志总量，分母是全部标志总量，恩格尔系数=食品支出总额/家庭或个人消费支出总额。又如，自然人口增长率，就是一个总量数与一个平均数的对比，自然人口增长率=(年内出生人数−年内死亡人数)/年平均人口数。

【小知识】1857 年，世界著名的德国统计学家恩格尔阐明了一个定律：随着家庭和个人收入增加，收入中用于食品方面的支出比例将逐渐减小。这一定律被称为恩格尔定律，反映这一定律的系数被称为恩格尔系数。国际上常用恩格尔系数来衡量一个国家和地区人民生活水平的状况。根据联合国粮农组织提出的标准，恩格尔系数在 59%以上为贫困，50%～59%为温饱，40%～50%为小康，30%～40%为富裕，低于 30%为最富裕。恩格尔系数越小，表示生活越富裕。我国居民的恩格尔系数，总体上呈逐渐下降趋势，2000 年首次低于 50%。

② “增加”和“增长”有区别吗？

资料：2003 年 3 月 20 日，拉脱维亚中央统计局公布“2002 年国内生产总值和各行业发展情况”，资料显示：“谷物的单位面积产量有所提高，每公顷为 24.8 公担，与 2001 年相比**增长** 3.9 公担，单位面积产量**增加** 18%。”

辨析：总量数的表达中，“增加”和“增长”有区别。原资料中，把“增长”和“增加”这两个概念理解错了。“增加”这个词所表示的是一个总量数，它说明现象的发展水平。“增长”这个词所表示的是一个相对数，它说明现象的增长速度。

原资料应改为：“谷物的单位面积产量有所提高，每公顷为 24.8 公担，与 2001 年相比，**增加** 3.9 公担，单位面积产量**增长** 18%。”

③ “增加”和“增加到”有区别吗？

资料 1：2012 年伦敦奥运会的安保预算由之前的 2.82 亿英镑增加到 5.53 亿英镑，增加 2.71 亿英镑，增长 96%。

资料 2：2002 年 7 月 1 日，拉脱维亚的绵羊数量为 3.69 万只，因罕见的持续干旱，而到年底**减少到** 3.15 万只，**减少** 0.54 万只，**降幅为** 15%。

辨析：总量数的表达中，“增加”和“增加到”有区别。以上两个官方资料的表述是正确的。“增加到”即“增加为”，含原基数。“增加”，是指净增加，不含原基数。同理，“降低(减少)到”即“降低(减少)为”，含原基数。“降低(减少)”，是指净降低(减少)，不含原基数。

4.3 静态相对数

相对数是指两个有联系的数据之比，用来反映现象的结构等。对比分析中，离不开相对数。

相对数的计量形式有两种，即有名数、无名数。

有名数是指将相对数的分子与分母的计量单位同时使用的计量形式，主要用于强度相对数的计量形式，如人口密度用“人/平方千米”、城市人口拥有公共汽车用“辆/万人”表示。无名数是指用系数、倍数、成数、百分数、千分数等表示的计量形式。相对数多用无名数的计量形式来表示，如果将分母的值抽象为 1，则计量形式为系数、倍数；如果抽象为 10，则是成数；如果抽象为 100，则是百分数；如果抽象为 1000，则是千分数。要采用什么样的计量形式，取决于现象的特点和数值的大小。当分子的值与分母的值相近时，用百分数、系数；当分子的值比分母的值大很多时，用倍数；当分子的值比分母的值小很多时，用千分数；其他的计量形式，是当分子、分母的值相近时选用。比如，2000%用 20 倍较好，0.2%用 2‰较好。

相对数按调研目的、对比基础的不同，可以分为 4 类：计划完成相对数、结构相对数、比较相对数、强度相对数。各相对数的对比，请见本章小结中的表 4-5。

运用相对数时，要注意：计算基础要可比；文字表述要准确；因计量形式具有抽象性，故要与总量数相结合来运用；当对比的两个总量数很小时，不要任意使用相对数来表示。

【例 4-3】辨析题。

① 资料：某单位领导比较关心职工的身体健康，每半年进行一次体检。今年体检后，领导总结说：“我们单位得乙肝的女同志占的比重为 50%。”

辨析：相对数必须与总量数结合运用。本例中，该单位只有 2 名女同志，实际上得乙肝的只有 1 名。这就说明了当对比的两个总量数很小时，不宜任意使用相对数表示；否则容易产生错觉。

② 资料：《人民日报(海外版)》1998 年 5 月 29 日载《小儿哮喘亦需心理治疗》论述：“此病多发生于 4～5 岁以上的小儿。目前认为情绪对哮喘的发作是重要的促发因素，据报道大约 5%～20%的哮喘发作由情绪因素引起。”

辨析：应注意用字的简约。“4～5 岁”与“以上”重复，应该将“4～5 岁以上”改为“4 岁以上”，或“5 岁以上”，或“4～5 岁”。同样，“大约”与“5%～20%”重复，应该将“大约 5%～20%”改为“大约 5%”，或“大约 20%”，或“5%～20%”。

4.4 静态平均数

平均数是指现象一般水平的数据，又称集中趋势指标。变异数是指衡量静态平均数代

表性程度的主要数据，又称离中趋势指标。

平均数的特点有两个：同质性、代表性。计算平均数前，要审核数据，看其是否遵循了总体的同质性。平均数代表性的计算，要根据不同情况，用不同算法。

平均数怎么算呢？

先看一个段子：张家有财一千万，九个邻居穷光蛋，平均起来算一算，个个都是张百万。这个段子中算的平均数，就是“一加一除”得到的。“一加一除”这种算法，见得多了，但不是唯一的算法。因为，情况不同，方法就不同。为了摸到现象的一般水平，平均数的算法也要随机应变。“一加一除”平均的方法，用于一组数据没有极端值出现，这种情况在实际中居多，所以这种方法也十分吃香。如果一组数据中出现了极端值，那么，就要用别的方法来计算平均数了。

计算平均数的方法，按数据中是否出现极端值可分为两类：数值平均数和位置平均数。数值平均数是根据所有观测值参与计算的，计算条件是数值的分布比较均匀，常见的计算方法是算术平均数。位置平均数是根据观测值所处的特殊位置参与计算的，计算条件是数值中出现了异常值，常见的计算方法是众数、中位数。

计算平均数的形式，按数据是否分组可以分为两类：简单和加权。在未分组条件下，计算出来的平均数，就是简单数值平均数和简单位置平均数；在分组条件下，计算出来的平均数，就是加权数值平均数和加权位置平均数。平均数的计量单位与变量值的相同。

衡量平均数代表性的指标是变异数。在未分组条件下计算出来的是简单变异数，在分组条件下计算出来的是加权变异数。

静态平均数中的均值、众数和中位数，各有不同的运用场合，但计算目的是相同的，都是为了更好地表达所要说明对象的一般水平。均值是根据所有的数据参与计算的。计算公式是：一组数据中所有数值的和除以该组数据的个数。众数是指出现次数最多的那个变量值。中位数是指数据排序后，位于中间位置上的那个变量值。

显然，上面提到的“张家有财一千万”的那个段子，错就错在将位置平均数误用成了数值平均数。因为当出现极端值的时候，即只有张家暴富，其余的都是赤贫，在这种情况下，就不能用一加一除的方法，而只能根据位置平均数的计算结果来代表他们的一般收入水平，即赤贫更能反映这个群体大多数人的收入状况。

平均数中，位置平均数的应用也很多。比如，计算农贸市场上某种商品的价格等，常用众数的方法。计算人们的收入、年龄等，常用中位数的方法。

4.4.1　未分组数据求平均数与变异数

1. 未分组数据求平均数

在没有分组的条件下，求平均数的方法主要有 3 种：算术平均数(简称算均，又称均值)、众数和中位数。

1) 简单均值

简单均值($\overline{X}$)是指数据的总和与数据的个数之比。其计算公式为：

$$\text{简单均值}=\frac{\text{数据的总和}}{\text{数据的个数}}$$

即

$$\overline{X}=\frac{X_1+X_2+\cdots+X_N}{N}=\frac{\sum_{i=1}^{N}X}{N}=\frac{\sum X}{N}$$

注意：① $\overline{X}$ 读为“X bar”。$\sum$是求和的符号，读为“西格马”。

② 题目要求计算哪个的平均数，哪个就是 X。$\overline{X}$ 就是对 X 求平均数。比如，求平均计划完成百分比，则计划完成百分比就是 X。

例如，在表 4-1 中，将 12 名球员的身高加总求和，然后再除以 12，就得到平均身高约 2.02 米。

2) 简单众数

简单众数(M_o)是指一群变量值中，出现次数最多的那个变量值。其计算公式为：简单众数$M_o=X_{出现次数最多}$。

例如，在表 4-1 中，出现次数最多的身高有两个，即身高 1.87 米和 2 米各出现了两次，为双众数。

3) 简单中位数

简单中位数(M_e)是指在一群排序的变量值中，处于中间位置的那个变量值。

如果一组数据为奇数项N，经过排序后，位于中间位置上的那个数据就是中位数。其计算公式为：

$$简单中位数M_e=X_{\frac{N+1}{2}}$$

如果一组数据为偶数项N，经过排序后，位于中间位置上的两个数据的简单算术平均数就是中位数。其计算公式为：

$$简单中位数M_e=\frac{X_{\frac{N}{2}}+X_{\left(\frac{N}{2}+1\right)}}{2}$$

例如，在表 4-1 中，将 12 位球员的身高(单位：米)按从矮到高来排序，有 1.87、1.87、1.9、1.96、1.98、2.00、2.00、2.05、2.07、2.11、2.14、2.26，则位于中间位置上的身高为 2 米，即由第 6 项的 2 米与第 7 项的 2 米相加除以 2 得到的。

结论：由于在这一组球员的身高中，没有出现极高和极矮的，所以选用简单算术平均数的方法来求平均身高比较合适。

2. 未分组数据求变异数

在没有分组的条件下，求变异数的方法主要有 3 种：全距、四分位差和标准差。变异数的结果说明，变异数越小，平均数的代表性越强；反之，则越弱。

1) 简单全距

简单全距(R)是指一群变量值中，最大值与最小值的差。其计算公式为：

$$简单全距R=最大值-最小值=X_{max}-X_{min}$$

评价：简单全距是由两个极端值求出来的，由于没有考虑中间值的变化，所以计算结

果容易受极端值的影响。

例如，在表 4-1 中，简单全距 R =最大值-最小值=2.26-1.87=0.39(米)。

2) 简单四分位差

简单四分位差(Q_d)是指一群排序的变量值中，第 3 个四分位数与第 1 个四分位数的差。其计算公式为：

$$\text{简单四分位差}Q_d = \text{第3个四分位数} - \text{第1个四分位数} = Q_3 - Q_1$$

解说：打个比方，一根甘蔗，一分为二可以分给两个人吃，二分为三可以分给 3 个人吃，三分为四可以分给 4 个人吃。四分位数，就是三分为四，也就是有 3 个节点将所有数据分为相等的 4 个部分，如图 4-1 所示。

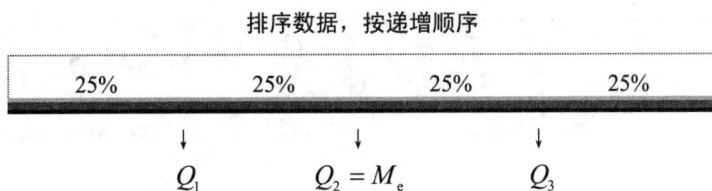

排序数据，按递增顺序

25%	25%	25%	25%

↓ Q_1　　↓ $Q_2 = M_e$　　↓ Q_3

图 4-1　四分位数

图 4-1 中，Q_1 为第 1 个四分位数；Q_2 即中位数 M_e，为第 2 个四分位数；Q_3 为第 3 个四分位数。Q_1、Q_2、Q_3 分别表示位于 25%、50%、75%上的值是多少。

第 1 个四分位数与第 3 个四分位数，因有奇数项和偶数项的存在，而有不同的算法。其计算公式如下：

$$\begin{cases} \text{奇数时：第1个四分位数}Q_1 = X_{\frac{N+1}{4}}\text{，第3个四分位数}Q_3 = X_{\frac{3(N+1)}{4}} \\ \text{偶数时：第1个四分位数的位置} = \dfrac{N+1}{4}\text{，第3个四分位数的位置} = \dfrac{3(N+1)}{4} \end{cases}$$

例如，有 11 名男篮运动员的身高(米)从矮到高的排序如下：

1.87　1.87　1.90　1.96　1.98　2.00　2.00　2.05　2.07　2.11　2.14

（1.90 ↑ Q_1；2.00 ↑ M_e；2.07 ↑ Q_3）

则

$$\begin{cases} \text{第1个简单四分位数}Q_1 = X_{\frac{N+1}{4}} = X_{\frac{11+1}{4}} = X_3 = 1.90(\text{米}) \\ \text{第3个简单四分位数}Q_3 = X_{\frac{3(N+1)}{4}} = X_{\frac{3\times(11+1)}{4}} = X_9 = 2.07(\text{米}) \end{cases}$$

即简单四分位差 $Q_d = Q_3 - Q_1 = 2.07 - 1.90 = 0.17(\text{米})$。

又如，有 12 名男篮运动员的身高(米)从矮到高的排序如下：

1.87　1.87　1.90　1.96　1.98　2.00　2.00　2.05　2.07　2.11　2.14　2.26

（1.90 ↑ Q_1；2.00 ↑ M_e；2.11 ↑ Q_3）

则：

$$\begin{cases} 第1个四分位数的位置=\dfrac{N+1}{4}=\dfrac{12+1}{4}=3.25 \\ 第1个四分位数Q_1=X_3+(X_4-X_3)\times 0.25=1.90+(1.96-1.90)\times 0.25=1.915(米) \\ 第3个四分位数的位置=\dfrac{3\times(N+1)}{4}=\dfrac{3\times(12+1)}{4}=9.75 \\ 第3个四分位数Q_3=X_9+(X_{10}-X_9)\times 0.75=2.07+(2.11-2.07)\times 0.75=2.10(米) \end{cases}$$

即：简单四分位差$Q_{\mathrm{d}}=Q_3-Q_1=2.10-1.915=0.185$(米)

评价：简单四分位差是由两个四分位数求出来的，由于没有考虑其他值的变化，所以其计算结果也容易受这两个值的影响。

提示： 在 Excel 2003 中，简单四分位数的位置是：Q_1的位置$=X_{\frac{N+3}{4}}$，Q_3的位置$=X_{\frac{3N+1}{4}}$；简单四分位数的函数是：QUARTILE。

3) 简单标准差

简单标准差(σ)是指各变量值围绕简单均值变动程度的指标。由于各变量值与其简单均值离差之和为零，即$\sum(X-\overline{X})=\sum X-N\times\dfrac{\sum X}{N}=0$，所以，为了避免各变量值与其简单均值相减后，其正负离差相抵为零，人们一般通过平方的形式来化解这个尴尬。简单标准差的计算公式为：

$$\sigma=\sqrt{\frac{\sum(X-\overline{X})^2}{N}}$$

式中：σ——简单标准差；

X——变量值；

$\overline{X}$——简单均值，$\overline{X}=\dfrac{\sum X}{N}$。

简单标准差又可以定义为：各变量值与其简单均值之差平方的简单均值的平方根。

例如，在表 4-1 中，

$$\sigma=\sqrt{\frac{\sum(X-\overline{X})^2}{N}}=\sqrt{\frac{0.1489}{12}}=0.1114(米)$$

$$\begin{aligned}&\sum(X-\overline{X})^2\\&=(1.87-2.02)^2+(1.87-2.02)^2+(1.90-2.02)^2+(1.98-2.02)^2+(1.98-2.02)^2\\&\quad+(2.00-2.02)^2+(2.00-2.02)^2+(2.05-2.02)^2+(2.07-2.02)^2+(2.11-2.02)^2\\&\quad+(2.14-2.02)^2+(2.26-2.02)^2\\&=0.1489\end{aligned}$$

评价：简单标准差由于考虑了所有变量值围绕简单算术平均数变化的情形，所以运用范围很广。

3. 未分组数据的图形特征

人有高矮胖瘦，数据也有，数据则叫峰度；人有五官是否端正之说，数据也有，数据则叫偏度。人的高矮胖瘦，有标准身材做参照；人的五官搭配，有标致面庞做参考。而数据呢，一群数据的分布是什么模样，它是以标准正态分布为参照物的。

人的高矮可以通过测量得到，人的胖瘦可以通过称重知道。数据的高矮胖瘦、左右偏斜的评判，一有图示法，可以直观地瞧出个大概；二有指标法，可以准确地量化出结果。

1) 数据的高矮胖瘦——峰度(K)

峰度是指描述某变量所有取值分布曲线陡缓程度的统计量。对峰度的度量通常以标准正态分布曲线为比较标准，一般将峰度分为正态峰度、尖顶峰度和平顶峰度 3 种，如图 4-2 所示。

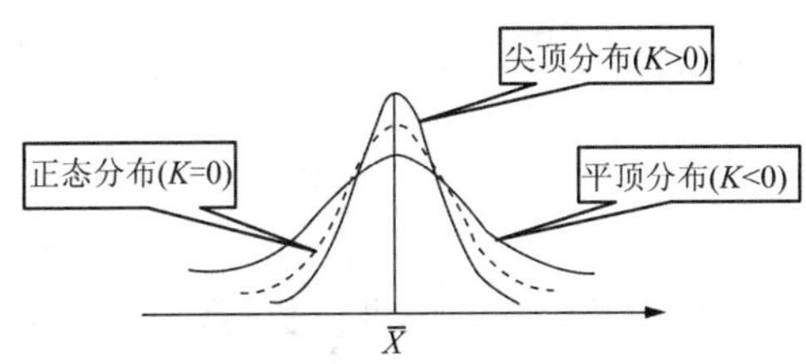

图 4-2　不同峰度的次数分布曲线

测定峰度的最常用的方法是计算峰度系数。峰度系数是指 4 阶中心矩与其简单标准差的 4 次方之比，再减去 3。其计算公式为：

$$K=\frac{m_4}{\sigma^4}-3$$

式中：K——峰度系数；

m_4——4 阶中心矩，$m_4=\dfrac{\sum(X-\overline{X})^4}{N}$；

σ——简单标准差。为什么要减去 3 呢？因为正态分布曲线的 4 阶中心矩与其标准差的 4 次方之比等于 3，即 $\dfrac{m_4}{\sigma^4}=3$。

判别：

当 $K=0$，分布曲线是标准正态曲线。

当 $K>0$，分布曲线是尖峰曲线，表示数据比标准正态分布更集中在平均数附近。K 的值越大，则分布曲线的顶端越尖峭。

当 $K<0$，分布曲线是平峰曲线，表示数据比标准正态分布更分散在平均数附近。K 的值越小，则分布曲线的顶端越平坦。

2) 数据的五官端正——偏度(S_K)

偏度是指描述某变量所有取值分布曲线对称性的统计量。对偏态的度量通常以标准正态分布曲线为比较标准，一般将偏度分为正态分布、左偏、右偏 3 种，如图 4-3 所示。

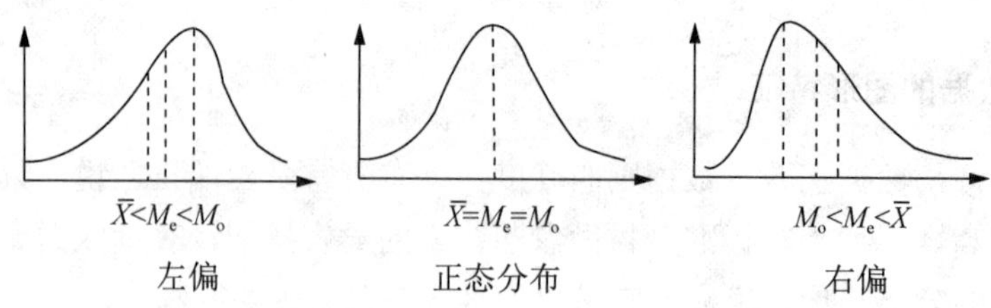

图 4-3　不同偏度的次数分布曲线

测定偏度的最常用的方法是计算偏度系数。偏度系数是指 3 阶中心矩与其简单标准差的 3 次方之比。其计算公式如下：

$$S_K = \frac{m_3}{\sigma^3}$$

式中：S_K——偏度系数；

m_3——3 阶中心矩，$m_3 = \frac{\sum(X-\overline{X})^3}{N}$；

σ——简单标准差。

判别：偏斜程度越严重，S_K 的绝对值越大。

当 $S_K=0$，分布曲线是对称的，且：均值=中位数=众数。

当 $S_K<0$，分布曲线是不对称的，为左偏(负偏)，长尾巴拖在左边，且：均值<中位数<众数；

当 $S_K>0$，分布曲线是不对称的，为右偏(正偏)，长尾巴拖在右边，且：均值>中位数>众数。

【小知识】矩与中心矩。

测量次数分布的偏度和峰度的重要基础是矩。那么，什么是矩呢？

矩也称为动差，是一系列刻画数据次数分布特征指标的统称。一般而言，将所有变量值与其平均数的离差的 k 次方的平均数，称为变量的 k 阶中心矩，记为 m_k。

未分组条件下, 矩的一般公式为：

$$m_k = \frac{\sum(X-\overline{X})^k}{N}$$

式中：m_k——k 阶中心矩；

X——各变量值；

$\overline{X}$——简单均值；

N——数据的个数。

当 $k=1$ 时，称为一阶中心矩，它恒等于 0，即 $m_1=0$。

当 $k=2$ 时，称为二阶中心矩，也就是方差，即 $m_1=\sigma^2$。

当 k 为偶数项时，可以用来刻画次数分布的峰度。由于 $k=2$ 时，是标准差的平方，即方差，所以 k 值选偶数项中的最小值 4。也就是说，分布曲线的陡峭程度与偶数阶中心矩的数值大小有直接关系。以 4 阶中心矩为基础，为了消除计量单位不同的影响，再除以标准差的 4 次方，这样所得到的相对数减去 3 后，就可用来衡量峰度。

当 k 为奇数项时，可以用来刻画次数分布的偏度。由于 $k=1$ 时，其结果为 0，所以 k 值选奇数项中的最小值 3。也就是说，分布曲线的偏斜程度与奇数阶中心矩的数值大小有直接关系。如果分布是对称的，那么，所有奇数阶中心矩都为 0。如果分布不对称，那么，除了一阶中心矩为 0，其余奇数阶中心矩都不为 0。于是，可以利用 3 阶以上的奇数阶中心矩来测量偏态。显然，最简便的是利用 3 阶中心矩。以 3 阶中心矩为基础，为了消除计量单位不同的影响，再除以标准差的 3 次方，这样所得到的相对数就可用来衡量偏度。

例如，利用表 4-1 的资料，可以得到以下计算结果：

平均身高 $\overline{X}=\dfrac{\sum X}{N}=\dfrac{24.21}{12}=2.02$(米)

标准差 $\sigma=\sqrt{\dfrac{\sum(X-\overline{X})^2}{N}}=\sqrt{\dfrac{0.1489}{12}}=0.1114$(米)

峰度系数 $K=\dfrac{m_4}{\sigma^4}-3=\dfrac{0.000\,403}{0.1114^4}-3=-0.38$，

结果小于0，说明该组球员身高的分布要比正态分布略为平坦一点。

偏度系数 $S_K=\dfrac{m_3}{\sigma^3}=\dfrac{0.000\,638}{0.1114^3}=0.46$，结果大于0，说明该组球员的身高为右偏分布。

【例 4-4】Excel 中，未分组条件下，平均数与变异数的速算。

已知：表 4-1 资料，即中国男篮运动员的身高。

要求：用赋值函数法和拖动填充柄法计算平均数、变异数、峰度和偏度。

解答：

方法一：赋值函数法。

计算过程与结果如图 4-4 所示。

F4　=AVERAGE(C3:C14)

	A	B	C	D	E	F	G	H
1	2008年北京奥运会中国男篮运动员身高一览				未分组条件下：身高的计算			
2	序号	姓名	身高(米) X		统计方法	统计结果	赋值函数	赋值函数的操作
3	1	张庆鹏	1.87		1.集中分布（平均数）			
4	2	陈江华	1.87		(1)均值	2.02	AVERAGE (X)	AVERAGE(C3:C14)
5	3	刘　炜	1.90		(2)众数	1.87	MODE (X)	MODE(C3:C14)
6	4	王仕鹏	1.96		(3)中位数	2.00	MEDIAN (X)	MEDIAN(C3:C14)
7	5	李　楠	1.98		(4)第1个四分位数	1.9450	QUARTILE(X,1)	QUARTILE(C3:C14,1)
8	6	朱芳雨	2.00		第3个四分位数	2.0800	QUARTILE(X,3)	QUARTILE(C3:C14,3)
9	7	王　磊	2.00		2.离中分布（变异数）			
10	8	孙　悦	2.05		(1)全距	0.3900	MAX (X) -MIN (X)	MAX(C3:C14)-MIN(C3:C14)
11	9	杜　锋	2.07		(2)四分位差	0.1350	QUARTILE(X,3)-QUARTILE(X,1)	F8-F7
12	10	易建联	2.11		(3)标准差	0.1114	STDEVP (X)	STDEVP(C3:C14)
13	11	王治郅	2.14		(4)标准差系数	0.0551	标准差/均值	F12/F4
14	12	姚　明	2.26		3.分布形态			
15	要求：				三阶动差	0.000638	SUMPRODUCT((X-均值)^3)/N	SUMPRODUCT((C3:C14-2.02)^3)/12
16	1.集中分布：均值、众数、中位数、分位数。				四阶动差	0.000403	SUMPRODUCT((X-均值)^4)/N	SUMPRODUCT((C3:C14-2.02)^4)/12
17	2.离中分布：全距、四分位差、标准差、标准差系数。				(1)偏度系数（右偏）	0.46	三阶动差/(标准差^3)	F15/(F12^3)
18	3.分布形态：偏度系数、峰度系数。				(2)峰度系数（平峰）	-0.38	四阶动差/(标准差^4)-3	F16/(F12^1)-3
19								

图 4-4　赋值函数法的计算过程与结果

赋值函数的操作说明：以平均身高 2.02 米为例，这里的平均身高是指均值。单击 f_x 按钮，在弹出的“插入函数”对话框中选择“统计”类别，选择 AVERAGE 函数；单击“确定”按钮，在弹出的“函数参数”对话框中输入数据区域，本题为 C3:C14 单元格；单击“确定”按钮，就得到计算结果 2.02。但请注意，SUMPRODUCT 函数要选择“数学与三角函数”类别。

赋值函数的语法结构：以均值函数 AVERAGE 为例。AVERAGE(number1，number2，…)。其中，number1 表示计算均值的第一个个体数据，(number1，number2，…)表示计算均值的个体数据区域。以此类推，其他赋值函数的操作步骤与均值函数的完全一样。

方法二：拖动填充柄法。

计算过程如图 4-5 所示。

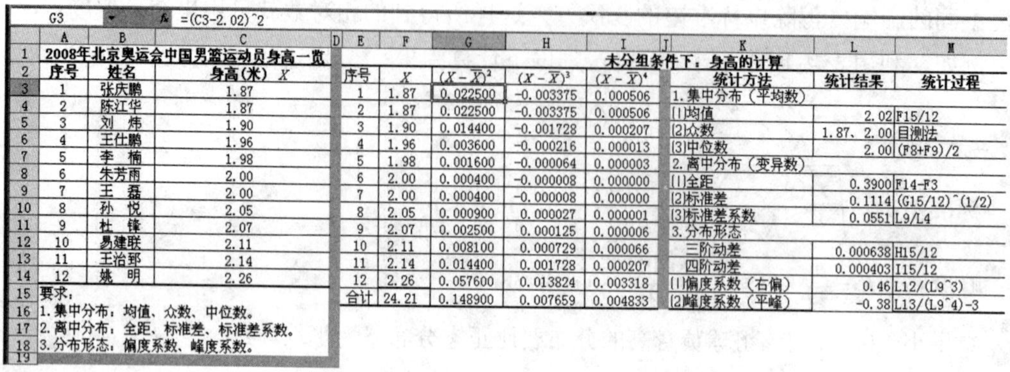

G3 ▾ fx =(C3-2.02)^2

	A	B	C	D	E	F	G	H	I	J	K	L	M
1	2008年北京奥运会中国男篮运动员身高一览				未分组条件下：身高的计算								
2	序号	姓名	身高(米) X		序号	X	$(X-\overline{X})^2$	$(X-\overline{X})^3$	$(X-\overline{X})^4$		统计方法	统计结果	统计过程
3	1	张庆鹏	1.87		1	1.87	0.022500	-0.003375	0.000506		1.集中分布（平均数）		
4	2	陈江华	1.87		2	1.87	0.022500	-0.003375	0.000506		(1)均值	2.02	F15/12
5	3	刘　炜	1.90		3	1.90	0.014400	-0.001728	0.000207		(2)众数	1.87、2.00	目测法
6	4	王仕鹏	1.96		4	1.96	0.003600	-0.000216	0.000013		(3)中位数	2.00	(F8+F9)/2
7	5	李　楠	1.98		5	1.98	0.001600	-0.000064	0.000003		2.离中分布（变异数）		
8	6	朱芳雨	2.00		6	2.00	0.000400	-0.000008	0.000000		(1)全距	0.3900	F14-F3
9	7	王　磊	2.00		7	2.00	0.000400	-0.000008	0.000000		(2)标准差	0.1114	(G15/12)^(1/2)
10	8	孙　悦	2.05		8	2.05	0.000900	0.000027	0.000001		(3)标准差系数	0.0551	L9/L4
11	9	杜　锋	2.07		9	2.07	0.002500	0.000125	0.000006		3.分布形态		
12	10	易建联	2.11		10	2.11	0.008100	0.000729	0.000066		三阶动差	0.000638	H15/12
13	11	王治郅	2.14		11	2.14	0.014400	0.001728	0.000207		四阶动差	0.000403	I15/12
14	12	姚　明	2.26		12	2.26	0.057600	0.013824	0.003318		(1)偏度系数（右偏）	0.46	L12/(L9^3)
15	要求：				合计	24.21	0.148900	0.007659	0.004833		(2)峰度系数（平峰）	-0.38	L13/(L9^4)-3
16	1.集中分布：均值、众数、中位数。												
17	2.离中分布：全距、标准差、标准差系数。												
18	3.分布形态：偏度系数、峰度系数。												
19													

图 4-5　拖动填充柄法的计算过程与结果

【例 4-5】比较与分析。

中国男篮队员和美国男篮队员的身高资料如表 4-3 所示。

表 4-3　中国男篮队员身高 VS 美国男篮队员身高

序　号	姓　名	身高(米)	姓　名	身高(米)
1	张庆鹏	1.87	克里斯·保罗	1.83
2	陈江华	1.87	德隆·威廉姆斯	1.91
3	刘　炜	1.90	德怀恩·韦德	1.93
4	王仕鹏	1.96	贾森·基德	1.93
5	李　楠	1.98	科比·布莱恩特	1.98
6	朱芳雨	2.00	迈克尔·里德	1.98
7	王　磊	2.00	卡梅隆·安东尼	2.03
8	孙　悦	2.05	勒布朗·詹姆斯	2.03
9	杜　锋	2.07	泰肖恩·普林斯	2.06
10	易建联	2.11	卡洛斯·布泽尔	2.06
11	王治郅	2.14	克里斯·波什	2.08
12	姚　明	2.26	德怀特·霍华德	2.11

要求：比较 2008 年北京奥运会上，中国和美国男篮队员的身高。

解答：依据表 4-3 资料，可求出如表 4-4 所示的结果。

表 4-4　中、美男篮队员身高的计算结果

统计方法	统计结果	
	中　国	美　国
1. 集中分布		
(1) 均值	2.02	1.99
(2) 众数	1.87，2.00	1.93，1.98，2.03，2.06
(3) 中位数	2.00	2.005
2. 离中分布		
(1) 全距	0.3900	0.2800
(2) 四分位差	0.1350	0.1300
第 1 个四分位数	1.9450	1.9300
第 3 个四分位数	2.0800	2.0600
(3) 标准差	0.1114	0.0789
(4) 标准差系数	0.0551	0.0396
3. 分布形态		
(1) 峰度系数	−0.38	−0.76
(2) 偏度系数	0.46	−0.30

简析：由中、美球员身高的计算表可以看到，从平均个头来看，中国球员比美国球员要高出 3 厘米。即中国球员平均身高 2.02 米，美国球员平均身高 1.99 米。显然，对中国队而言，身高从整体水平上占了优势。但是，只从均值来看还看不到，在中国男篮队员中，到底是由于大部分球员都很高，还是由于极少数球员的个头特别高而拉升了平均身高。因此，还需要借助其他指标来进一步分析。

通过中位数可以看到，中国球员的平均个头反而比美国球员的矮了 0.5 厘米。即有一半中国球员的平均身高为 2 米，有一半美国球员的平均身高达到 2.005 米。从这个角度看，中国队在身高上所占的优势并不明显，甚至可以说略逊于美国队。

从平均个头来看，中国队的平均个头(均值)比美国队的高出 3 厘米，但中国队有 50%(中位数)的球员平均比美国队的矮了 0.5 厘米。从两队的四分位数来看，中国队有一半的队员平均身高在 1.945～2.08 米之间，美国队有一半多的队员平均身高在 1.93～2.06 米，即中国队有 25%(第 1 个四分位数)的球员比美国队的高 1.5 厘米，中国队有 75%(第 3 个四分位数)的球员比美国队的高 2 厘米。这是否说明，中国球员身高的分布不均衡，并且受到了特高球员的影响？答案是肯定的，这从离中分布指标和分布形态两个方面可以看出。

一方面，从衡量平均数是否均衡的离中分布指标来看，不论是全距(即最高个与最矮个相差多少)、四分位差，还是标准差系数(即每位队员的平均个头与平均身高相比的离散程度的相对数)，计算结果显示，中国球员身高的指标值都比美国球员的要高，这说明中国队平均身高的代表性不如美国队的，也就是说，与各自的平均身高相比，中国球员身高的分布要分散一些，而美国球员的要集中一些。

结合表4-3球员身高的个人资料还可以看到，中国球员的平均身高受到姚巨人的拉升，中方最高的姚明(2.26米)，比美方最高的德怀特·霍华德(2.11米)，整整高出了15厘米。

另一方面，从衡量数据分布形态的指标来看，峰度系数的结果显示，中国球员的身高分布为平峰(−0.38)，美国球员的身高分布为平峰(−0.76)。以标准正态分布曲线为标准，两队相比，中国队的身高次数分布曲线不如美国队的分布平坦。也就是说，中国队身高的分布更分散。偏度系数的结果显示，中国球员的身高为右偏分布(0.46)，美国球员的身高为左偏分布(−0.30)，这说明，两队球员的身高相比，中国队有更多的球员是低于平均身高的，美国队有更多的球员是高于平均身高的。

由上面的分析可以知道，在2008年北京奥运会的赛场上，中国男篮队员的平均个头要比美国的高出一截，当然，其中姚巨人的拉升作用功不可没。但中国男篮队员身高的分布不如美国队的均衡。对于一场篮球赛来说，谁赢谁输，球员身高的优势显然很重要，这时不仅要看身高的平均分布，也要看身高的变异分布，同时还要看身高的形态分布。除了看球员身高，球员的心态、摸高、投篮命中率、控球能力、默契程度等，也是决定比赛结果至关重要的因素。

4.4.2 分组数据求平均数与变异数

1. 分组数据求平均数

在分组的条件下，求平均数的方法主要有3种：均值、众数和中位数。

1) 加权均值

加权均值($\overline{X}$)是指标志总量与个体总量之比。其计算公式为：

$$加权均值\overline{X}=\frac{变量值的总和}{数据项的总和}=\frac{\sum XF}{\sum F}=\sum\left(X\frac{F}{\sum F}\right)$$

式中：$\sum$——求和的符号；

X——各组的变量值或组中值；

F——各组的次数；

$\frac{F}{\sum F}$——各组的比率，即各组的次数除以总次数，是个结构相对数。

加权均值的大小，既受各组变量值大小的影响，也受各组次数多少的影响，平均数分析中，结构的变化起关键作用。

说明：组中值。组中值是指一组的中间数值，也就是当变量值变动比较均匀时，作为该组的代表值。组中值的计算分两种情况，如果是闭口组，即各组的上限和下限都有时，组中值的计算公式为：组中值=(下限+上限)/2。如果是开口组，即首组缺下限或末组缺上限时，也就是当分组中出现了“以上”或“以下”字眼时，组中值的计算公式为：首组缺下限的组中值=首组上限-邻组组距/2，末组缺上限的组中值=末组下限+邻组组距/2。

比如，在表4-2中，身高1.80～1.90米的组中值为：(1.80+1.90)/2=1.85，也就是以1.85米作为本组2名球员的平均身高。显然，这里的1.85米即组中值是一个假定值，实际上这

2 名球员(陈江华、张庆鹏)的平均身高为 1.87 米。之所以要以假定的平均值代替实际的平均值：一是因为数据需要分组，分组以后才能够看到总体的构成和关系；二是因为分组后计算的结果有一定保证，用各组的组中值替代各组实际的平均值，是在全部的个体变量值变动比较均匀的前提下进行的，因此这样算出来的分组条件下的平均值，就比较接近未分组条件下算出来的平均值。

证明：加权均值的两个公式。

$$加权均值\overline{X}=\frac{\sum XF}{\sum F}=\frac{X_1F_1+X_2F_2+\cdots+X_NF_N}{\sum F}$$

$$加权均值\overline{X}=X_1\times\frac{F_1}{\sum F}+X_2\times\frac{F_2}{\sum F}+\cdots+X_N\times\frac{F_N}{\sum F}=\sum\left(X\frac{F}{\sum F}\right)$$

例如，在表 4-2 中，将 12 名球员身高的组中值分别乘以相应的次数，加总求和得标志总量，然后再除以总次数 12，就得到平均身高约 2.03 米。计算过程如下：

$$加权均值\overline{X}=\frac{\sum XF}{\sum F}=\frac{1.85\times2+1.95\times3+2.05\times4+2.15\times2+2.25\times1}{2+3+4+2+1}=\frac{24.30}{12}=2.03(米)$$

或

$$加权均值\overline{X}=\sum\left(X\frac{F}{\sum F}\right)=1.85\times17\%+1.95\times25\%+2.05\times33\%+2.15\times17\%$$
$$+2.25\times8\%=2.03(米)$$

2) 加权众数

加权众数(M_o)是指一群变量值中，出现次数最多的那个变量值。

加权众数的计算公式，有上限公式和下限公式，两个公式算出来的结果一样。

加权众数的下限公式为：

$$M_o=X_L+\frac{\varDelta_1}{\varDelta_1+\varDelta_2}\times d$$

即

$$加权众数=众数组的下限+\left[\frac{众数组的次数-众数组上一组的次数}{(众数组的次数-众数组上一组的次数)+(众数组的次数-众数组下一组的次数)}\right]\times众数组的组距$$

加权众数的上限公式为：

$$\left(M_o=X_U-\frac{\varDelta_2}{\varDelta_1+\varDelta_2}\times d\right)$$

即

$$加权众数=众数组的上限-\left[\frac{众数组的次数-众数组下一组的次数}{(众数组的次数-众数组上一组的次数)+(众数组的次数-众数组下一组的次数)}\right]\times众数组的组距$$

式中：M_o ——加权众数；

d ——众数组的组距；

X_L ——众数组的下限；

X_U ——众数组的上限；

Δ_1 ——众数所在组的次数减去众数所在组上一组的次数；

Δ_2 ——众数所在组的次数减去众数所在组下一组的次数。

求加权众数，两步即可：第 1 步，确定众数组。众数组是指出现次数最多的组，而所求的众数就落在众数组内；第 2 步，用加权众数的公式求出众数。

例如，在表 4-2 中，要求加权众数，步骤如下：第 1 步，确定众数组。第三组是众组数，人数最多的组，也就是说次数出现最多的组在第三组，有 4 次；第 2 步，用公式法求出众数。

$$M_o = X_L + \frac{\Delta_1}{\Delta_1 + \Delta_2} \times d = 2 + \frac{4-3}{(4-3)+(4-2)} \times (2.10 - 2.00) = 2.03(\text{米})$$

或 $$M_o = X_U - \frac{\Delta_2}{\Delta_1 + \Delta_2} \times d = 2.10 - \frac{4-2}{(4-3)+(4-2)} \times (2.10 - 2.00) = 2.03(\text{米})$$

求证：加权众数的公式。

证明：作出众数组与其上邻组、下邻组的直方图，如图 4-6 所示。

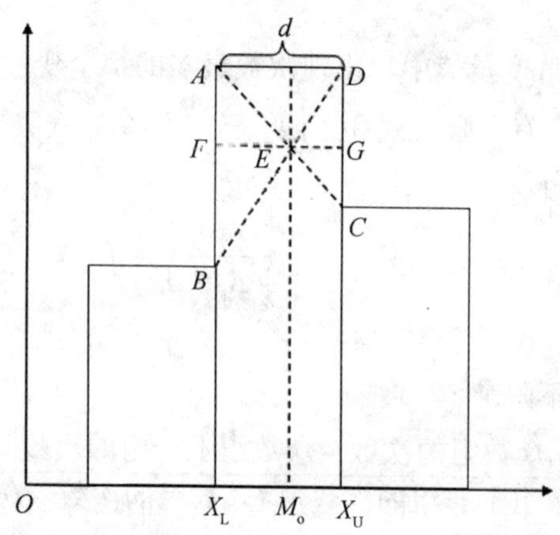

图 4-6 推导加权众数公式的示意图

连接 A、C、B、D，相交于 E 点，过 E 点向 AB、CD 作垂线，分别交于 F、G 点。

由 $\triangle AEB \backsim \triangle CED$,

有 $$\frac{EF}{AB} = \frac{EG}{CD},$$

即 $$\frac{M_o - X_L}{\Delta_1} = \frac{X_U - M_o}{\Delta_2},$$

即

$$M_o = \frac{\Delta_1 X_U + \Delta_2 X_L}{\Delta_1 + \Delta_2} \tag{4-1}$$

又　$X_U - X_L = d$，

将 $X_U = X_L + d$ 代入式(4-1)，得到加权众数的下限公式：

$$M_o = X_L + \frac{\Delta_1}{\Delta_1 + \Delta_2} \times d$$

将 $X_L = X_U - d$ 代入式(4-1)，得到加权众数的上限公式：

$$M_o = X_U - \frac{\Delta_1}{\Delta_1 + \Delta_2} \times d$$

3) 加权中位数

加权中位数(M_e)是指在一群排序的变量值中，处于中间位置的那个变量值。

加权中位数的计算公式，有上限公式和下限公式，两个公式算出来的结果一样。

加权中位数的下限公式为：

$$M_e = X_L + \frac{\frac{\sum F}{2} - S_{m-1}}{F_m} \times d$$

即　$\text{加权中位数} = \text{中位数组的下限} + \left(\frac{\frac{\text{总次数}}{2} - \text{中位数组以上各组的累计次数}}{\text{中位数组的次数}} \right) \times \text{中位数组的组距}$

加权中位数的上限公式为：

$$M_e = X_U - \frac{\frac{\sum F}{2} - S_{m+1}}{F_m} \times d$$

即　$\text{加权中位数} = \text{中位数组的上限} - \left(\frac{\frac{\text{总次数}}{2} - \text{中位数组以下各组的累计次数}}{\text{中位数组的次数}} \right) \times \text{中位数组的组距}$

式中：M_e——加权中位数；

d——中位数所在组的组距；

X_L——中位数所在组的下限；

X_U——中位数所在组的上限；

F_m——中位数所在组的次数；

$\frac{\sum F}{2}$——总次数的一半；

S_{m-1}——中位数组以上各组的累计次数；

S_{m+1}——中位数组以下各组的累计次数。

求加权中位数，两步即可：第 1 步，确定中位数组，先求总次数的一半，以此数为标准，在向上累计的次数中，看哪一组最早达标，哪一组就是中位数组；第 2 步，用加权中位数公式求出中位数。

例如，在表 4-2 中，要求加权中位数，步骤如下：第 1 步，确定中位数组，总次数为 12，总次数 12 除以 2 为 6，以 6 为标准，在向上累计的人数中，显然第三组最早达标，所以，第三组就是中位数组，所求的中位数就落在这个组内；第 2 步，用公式法求出中位数。

$$M_e = X_L + \frac{\frac{\sum F}{2} - S_{m-1}}{F_m} \times d = 2 + \frac{\frac{12}{2} - (2+3)}{4} \times (2.10 - 2.00) = 2.03(\text{米})$$

或 $$M_e = X_U - \frac{\frac{\sum F}{2} - S_{m+1}}{F_m} \times d = 2.10 - \frac{\frac{12}{2} - (2+1)}{4} \times (2.10 - 2.00) = 2.03(\text{米})$$

提示：在这一组球员的身高中，由于没有出现极高和极矮的，所以选用加权均值的方法来求平均身高比较合适。

求证：加权中位数的公式。

证明：作出中位数组与其上邻组、下邻组的示意图，如图 4-7 所示。

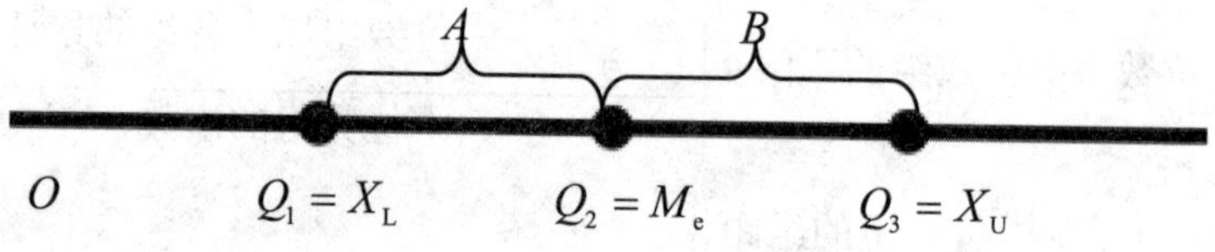

$$\text{(示意图：数轴上 } O,\ Q_1 = X_L,\ Q_2 = M_e,\ Q_3 = X_U\text{；} Q_1\text{ 至 } Q_2 \text{ 为 } A\text{，} Q_2 \text{ 至 } Q_3 \text{ 为 } B)$$

图 4-7　加权中位数公式推导的示意图

由 $$\frac{A\text{的长度}}{A\text{的长度}+B\text{的长度}} = \frac{A\text{区域的次数}}{A\text{区域的次数}+B\text{区域的次数}}$$

有

$$\frac{M_e - X_L}{X_U - X_L} = \frac{\frac{\sum F}{2} - S_{m-1}}{F_m} \tag{4-2}$$

将 $X_U - X_L = d$ 代入式(4-2)，得到加权中位数的下限公式：

$$M_e = X_L + \frac{\frac{\sum F}{2} - S_{m-1}}{F_m} \times d$$

由 $$\frac{B\text{的长度}}{A\text{的长度}+B\text{的长度}} = \frac{B\text{区域的次数}}{A\text{区域的次数}+B\text{区域的次数}}$$

有

$$\frac{X_U - M_e}{X_U - X_L} = \frac{\frac{\sum F}{2} - S_{m+1}}{F_m} \tag{4-3}$$

将 $X_U - X_L = d$ 代入式(4-3)，得到加权中位数的上限公式：

$$M_e = X_U - \frac{\frac{\sum F}{2} - S_{m+1}}{F_m} \times d$$

2. 分组数据求变异数

1) 加权全距

加权全距(R)是指一群变量值中，最大值与最小值的差。其计算公式为：

$$加权全距R = 最大组的最大值 - 最小组的最小值 = X_{max} - X_{min}$$

例如，在表 4-2 中，加权全距$R = X_{max} - X_{min} = 2.30 - 1.80 = 0.5$(米)。

2) 加权标准差

加权标准差(σ)是指各变量值围绕加权均值变动程度的指标。其计算公式为：

$$\sigma = \sqrt{\frac{\sum (X - \overline{X})^2 F}{\sum F}} = \sum \left[(X - \overline{X})^2 \frac{F}{\sum F} \right]$$

式中：X ——变量值或组中值；

$\overline{X}$ ——加权均值，$\overline{X} = \frac{\sum XF}{\sum F}$；

F ——权数的总量数形式；

$\frac{F}{\sum F}$ ——权数的相对数形式。F 为次数，$\frac{F}{\sum F}$ 为比率，两者统称为权数。

加权标准差又可以定义为：各变量值与其加权均值之差平方的加权均值的平方根。

例如，在表 4-2 中，

$$\sigma = \sqrt{\frac{\sum (X - \overline{X})^2 F}{\sum F}} = \sqrt{\frac{0.1628}{12}} = 0.1165(米)$$

式中：

$$\overline{X} = \frac{\sum XF}{\sum F} = 2.03(米)$$

$$\begin{aligned}\sum (X - \overline{X})^2 F &= (1.85 - 2.03)^2 \times 2 + (1.95 - 2.03)^2 \times 3 + (2.05 - 2.03)^2 \times 4 + \\ &\quad (2.15 - 2.03)^2 \times 2 + (2.25 - 2.03)^2 \times 1 \\ &= 0.1628\end{aligned}$$

3. 分组数据的图形特征

显然，还可以通过作图，直接感受一下表 4-2 这个分组数据的分布。

作图说明：在图 4-8 中，右边的统计图是依据左边的统计表绘制的。在原分组资料的基础上，首末各增设一组，这样可以更好地看出整个曲线的分布。这里用分组、人数和比率来作图。图表的类型，选择“自定义类型”下的“两轴线-柱图”。

北京奥运会中国男篮队员身高

身高（米）	人数（人）	比率（%）
1.7～1.8	0	0
1.8～1.9	2	17
1.9～2.0	3	25
2.0～2.1	4	33
2.1～2.2	2	17
2.2～2.3	1	8
2.3－2.4	0	0

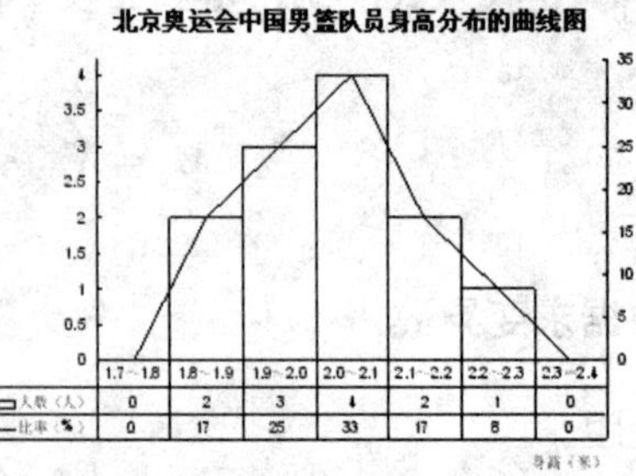

图 4-8　次数分布的统计表与统计图

读图：统计图中的曲线，是平坦还是陡峭，是左偏还是右偏，一眼望去，只能看个大概。这里，可以计算相应指标来进行量化和判断。与没有分组条件下峰度和偏度的计算原理一样，所不同的是因为分组后，出现了次数，所以计算的时候，要考虑权数的影响。

1) 峰度

峰度(K)是指变量值的集中程度，以及分布曲线的平坦或陡峭的程度。

测定峰度的最常用的方法是计算峰度系数。峰度系数是指四阶中心矩与其加权标准差的 4 次方之比，再减去 3。其计算公式如下：

$$K=\frac{m_4}{\sigma^4}-3\begin{cases}=0, & \text{正态}\\>0, & \text{尖峰}\\<0, & \text{平峰}\end{cases}$$

式中：K——峰度系数；

m_4——四阶中心矩，$m_4=\dfrac{\sum(X-\overline{X})^4F}{\sum F}$；

σ——加权标准差，$\sigma=\sqrt{\dfrac{\sum(X-\overline{X})^2F}{\sum F}}$。

2) 偏度

偏度(S_K)是指数据分布的不对称程度和偏斜程度。

测定偏度的最常用的方法是计算偏度系数。偏度系数是指三阶中心矩与其加权标准差的 3 次方之比。其计算公式如下：

$$S_K=\frac{m_3}{\sigma^3}\begin{cases}=0, & \text{对称}\\>0, & \text{右偏}\\<0, & \text{左偏}\end{cases}$$

式中：S_K——偏度系数；

m_3——三阶中心矩，$m_3=\dfrac{\sum(X-\overline{X})^3F}{\sum F}$；

σ——加权标准差，$\sigma=\sqrt{\dfrac{\sum(X-\overline{X})^2F}{\sum F}}$。

例如，利用表 4-2 的资料，可以得到以下计算结果：

平均身高：$\overline{X}=\dfrac{\sum XF}{\sum F}=\dfrac{24.3}{12}=2.03$(米)

标准差：$\sigma=\sqrt{\dfrac{\sum(X-\overline{X})^2F}{\sum F}}=\sqrt{0.013\,567}=0.1165$(米)

偏度系数：$S_K=\dfrac{m_3}{\sigma^3}=\dfrac{0.000\,078}{0.1165^3}=0.05$，结果大于0，几乎为0，为右偏分布，并且十分接近对称分布。

峰度系数：$K=\dfrac{m_4}{\sigma^4}-3=\dfrac{0.000415}{0.1165^4}-3=-0.75$，结果小于0。这说明该组球员身高的分布要比标准正态分布更平坦。

说明： 12 位中国球员的平均身高，用 3 种加权平均数方法计算出的结果如下：均值=众数=中位数=2.03 米，为标准正态分布。由于计算结果受四舍五入的影响，准确地说，身高的分布十分接近于标准正态分布，这与偏度系数的计算结果一致。

【例 4-6】 Excel 中，分组条件下，平均数与变异数的速算。

已知：表 4-2 资料，即中国男篮运动员的身高。

要求：计算集中分布指标、离中分布指标、分布形态指标。

解答：

方法一：赋值函数法(见图 4-9)。

F3　=SUMPRODUCT(B3:B7,C3:C7)/SUM(C3:C7)

2008年北京奥运会中国男篮运动员身高一览

身高（米）	组中值（米）X	人数（人）F
1.80~1.90	1.85	2
1.90~2.00	1.95	3
2.00~2.10	2.05	4
2.10~2.20	2.15	2
2.20~2.30	2.25	1

要求：
1. 集中分布：均值。
2. 离中分布：标准差。
3. 分布形态：偏度系数、峰度系数。

分组条件下：身高的计算

统计方法	统计结果	赋值函数	赋值函数的操作
1. 集中分布：均值	2.03	SUMPRODUCT(X,F)/SUM(F)	SUMPRODUCT(B3:B7,C3:C7)/SUM(C3:C7)
2. 离中分布：标准差	0.1165	SQRT(SUMPRODUCT((X-均值)^2,F)/SUM(F))	SQRT(SUMPRODUCT((B3:B7-2.03)^2,C3:C7)/SUM(C3:C7))
3. 分布形态			
三阶动差	0.000078	SUMPRODUCT((X-均值)^3,F)/SUM(F)	SUMPRODUCT((B3:B7-2.03)^3,C3:C7)/SUM(C3:C7)
四阶动差	0.000415	SUMPRODUCT((X-均值)^4,F)/SUM(F)	SUMPRODUCT((B3:B7-2.03)^4,C3:C7)/SUM(C3:C7)
(1)偏度（右偏）	0.05	三阶动差/(标准差^3)	F6/(F4^3)
(2)峰度（平峰）)	-0.75	四阶动差/(标准差^4)-3	F7/(F4^4)-3

图 4-9　赋值函数法的计算过程与结果

方法二：填充柄拖动法(见图 4-10)。

G3　=E3*F3

2008年北京奥运会中国男篮运动员身高一览

身高（米）	人数（人）
1.80~1.90	2
1.90~2.00	3
2.00~2.10	4
2.10~2.20	2
2.20~2.30	1

要求：
1. 集中分布：均值。
2. 离中分布：标准差。
3. 分布形态：偏度系数、峰度系数。

分组条件下：身高的计算

身高（米）	组中值（米）X	人数（人）F	XF	$(X-\overline{X})^2F$	$(X-\overline{X})^3F$	$(X-\overline{X})^4F$
1.80~1.90	1.85	2	3.700000	0.064800	-0.011664	0.002100
1.90~2.00	1.95	3	5.850000	0.019200	-0.001536	0.000123
2.00~2.10	2.05	4	8.200000	0.001600	0.000032	0.000001
2.10~2.20	2.15	2	4.300000	0.028800	0.003456	0.000415
2.20~2.30	2.25	1	2.250000	0.048400	0.010648	0.002343
合计	-	12	24.300000	0.162800	0.000936	0.004982

统计方法	统计结果	统计过程
1. 集中分布：均值	2.03	G8/12
2. 离中分布：标准差	0.1165	(H8/12)^(1/2)
3. 分布形态		
三阶动差	0.000078	I8/12
四阶动差	0.000415	J8/12
(1)偏度系数（右偏）	0.05	M6/(M4^3)
(2)峰度系数（平峰）	-0.75	M7/(M4^4)-3

图 4-10　填充柄拖动法的计算过程与结果

统 计 实 录

买100返200是打几折

买多少返多少这多多少少搞得人眼花缭乱
买一返二难道人世间还有这样的店铺商行
本文本着求真务实的态度把多少拨了一拨
就数论数算了一算把打了几折摊到桌面上

与“折”连在一起的字眼，给人的感觉各有不同。比如，折桂，这人人都喜欢。又如，折寿，这每一个人都讨厌。再说折叠扇，如果是实义，到了夏天人人喜欢，到了冬天没人理睬；如果是引申义，政府不希望自己的决策被说成是折叠扇，希望自己的决策具有权威性和连续性。

而打折呢，人们的爱憎可能就不那么分明了，因为这是商家与消费者之间的博弈。“挥泪大甩卖”、“全场一折起”、“清仓跳楼价”，这是商家有意或无奈的煽情招式。消费者呢，嘴里心头虽念念有词“只有买错，没有卖错”，但消费的美妙、打折的诱惑，仍像吸尘器一样，吸住走过路过不愿机会错过的大小人等。

什么是打折？返券促销与打折有什么关系？翻开第6版《现代汉语词典》，在第237页查到：“打折”为动词，又叫打折扣，是指降低商品的定价(出售)；在第1648页查到：“折扣”为名词，是指在标价的基础上按成数降价的出售方式；在第166页查到：“成数”为名词，是指一数为另一数的几成，泛指比率。

统计与数打交道，这天下人都知道。

所谓成数，是用于表示一个数是另一个数十分之几的数。例如，据中国消费网传来的消息，“2012中国3·15年度报告：5成以上购车以实用为主”。5成就是5/10，即一半以上的人购车是以实用为主。

所谓几折，不妨称为折数。折数用于表示一个数是原数十分之几的数。比如，这条裙子打3折，表示裙子的现价为原价的3/10。又如，当当网2011年第五届中国网民读书节图书全场65折封顶。

为什么市面上流行用打几折而不是降几成来表示降价？这与约定俗成有关，也与成数与折数的貌合神离有关。表面上，成数与折数都是将比值的分母抽象为10，实际上，两者对比的对象不一样，这从两者的定义就可以看出来。

为什么用打几折而不用十分之几来表示降价？这与用词简明有关。比如，“3折”就是“3/10”，一样的意思，用字却省了。再说了，商家吼一嗓子“3折”，没准会招来生意；吼一嗓子“3/10”，没准会招来什么。所以，用打几折的表示方法，广大的消费者容易接受，商家广告也乐得省墨赚钱。

打折既然是经由商家抛出，要与消费者进行博弈的营销术，那么这里头的花样就多了。诸如买100返200，就是其中之一，这是变相的打折。

买 100 返 200，即买 100 元的商品就送 200 元购物券。这模样好像在说，瞧，你只需花 100 块钱买东西，我们就奉上 200 元的购物券，这券不仅冲抵了你花掉的 100 元，还白白相送 100 元。买东西不花钱，还有钱拿，有这等好事？

呵呵，其实呀，我们不妨到返券促销的购物现场去看一看。

假设 A 顾客花了 100 元，正巧(没这么巧的!)买了标价 100 元的东西，又凭购物单换得 200 元的购物券，然后捏着这券儿满店子跑，想要找到与之相匹配的东西，正巧(没这么巧的!)买到了 200 元的东西，于是怀着中奖一般的大好心情去兑换手中的这张券。请问，这位顾客为了得到和用掉这张券花了多少时间的成本？这位顾客最后抱回家的一堆东西是不是真需要和真喜欢的？种种这些怎么折算成金钱？这里，还必须十二万分强调的就是，商品的标价没这么巧的！尤其是那些抢手货!!

下面，为了说明返券促销是变相打折，为了计算的方便，假设 A 顾客花了 100 元，买了 100 元的商品，又用换得的 200 元购物券买了 200 元的商品。也就是说，A 顾客花掉 100 元，得到 200 元赠券，最后买了总计 300 元的商品。为便于了解，下面用一个简单的算式来说明返券促销是变相的打折。

计算返券促销是打几折的公式为：

$$x = \frac{a}{(a+b)} \times 10$$

式中：x——返券促销所打的折扣；

a——买商品所花的钱；

b——返券的钱数；

10——将这个相对数的计量形式用折数来表示。比如，要将 0.5 化为百分数，就要将分母抽象为 100，即 $0.5 \times 100\% = 0.5 \times \frac{100}{100} = 50\%$；要将 0.5 化为折数，就要将分母抽象为 10，即 $0.5 \times \frac{10}{10} = 5折$。

通过图 4-11，可一览返券促销与打折之间的关系。

C3　=(A3/(A3+B3))*10

	A	B	C
1	返券促销是打几折一览		
2	花费额（元） a	返券额（元） b	折扣数（折） x
3	100	200	3.3
4	200	300	4
5	100	100	5
6	100	80	5.6
7	200	140	5.9

图 4-11　返券促销与打折的关系

直接在商品上的打折和返券促销中的打折，两者大不同。至少，从计算来看，直接标出商品折扣的话，顾客心里头的小算盘一响，划不划算就清楚了；这返券促销，明摆着买什么送多少，冷不丁给人以温情，实则是一种变相的打折，而且招法更巧。

本 章 小 结

静态分析法是用静态数列来计算静态指标，以概括地描述一群数据的特征。本章介绍了5类静态指标，以分别描述一群数据的五大特征。一是总规模的描述，用总量数来反映总体规模达到的水平；二是比较的描述，用相对数来反映数量对比的关系；三是集中趋势的描述，用平均数来反映数据向中心值靠拢的程度；四是离中趋势的描述，用变异数来反映数据远离中心值的程度；五是分布形态的描述，用峰度和偏度来反映数据的面貌。

列出表4-5和表4-6供参照。

表4-5　静态相对数的比较

内　容	计划相对数	结构相对数	比较相对数	强度相对数
含义	实际数与计划数之比	各部分值占全部值的比重	同类指标对比的比值	两个性质不同，而又有联系的不同总体的总量数之比
功能	检查计划执行情况，说明计划完成程度	表明总体中各部分的比重	表明现象的比例关系	表明现象的强度、密度、普遍程度等
表现形式	百分数	百分数、系数	百分数、系数	有名数、百分数、千分数
时间	同一时间数值之比			
内容	同类现象两个数值之比	同类现象两个数值之比	同类现象两个数值之比	不同类现象两个数值之比
计算公式	实际数÷计划数	组的总量数÷全体的总量数	某类现象水平÷同一时期另一类现象水平	某一现象的总量数÷另一有联系现象的总量数
特点	长期计划：水平法、累计法	(1) 分子、分母可以是个体总量或标志总量 (2) 各部分比重之和为100%	分子、分母可以互换	(1) 分子、分母是不同类现象 (2) 带有平均的意义 (3) 有正指标、逆指标

表4-6　平均数与变异数公式一览表

计算方法	未分组(简单)	分组(加权)
	公　式	公　式
1. 集中趋势(平均数)		
(1) 均值 $\overline{X}$	$\overline{X}=\dfrac{\sum X}{N}$	$\overline{X}=\dfrac{\sum XF}{\sum F}=\sum\left(X\dfrac{F}{\sum F}\right)$
(2) 众数 M_o	目测法	$M_o=X_L+\dfrac{\Delta_1}{\Delta_1+\Delta_2}\times d$ $M_o=X_U-\dfrac{\Delta_2}{\Delta_1+\Delta_2}\times d$

续表

计算方法	未分组(简单) 公　式	分组(加权) 公　式
(3) 中位数 M_e	奇数时：$M_e = X_{\frac{N+1}{2}}$ 偶数时：$M_e = \dfrac{X_{\frac{N}{2}} + X_{\left(\frac{N}{2}+1\right)}}{2}$	$M_e = X_L + \dfrac{\frac{\sum F}{2} - S_{m-1}}{F_m} \times d$ $M_e = X_U - \dfrac{\frac{\sum F}{2} - S_{m+1}}{F_m} \times d$
(4) 四分位数 Q	奇数时 $\begin{cases} 第1个四分位数 Q_1 = X_{\frac{N+1}{4}} \\ 第3个四分位数 Q_3 = X_{\frac{3(N+1)}{4}} \end{cases}$ 偶数时 $\begin{cases} 第1个四分位数的位置 = \dfrac{N+1}{4} \\ 第3个四分位数的位置 = \dfrac{3(N+1)}{4} \end{cases}$	$Q_1 = X_{L_1} + \dfrac{\frac{\sum F}{4} - S_{Q_1-1}}{f_{Q_1}} \times d_1$ $Q_3 = X_{L_3} + \dfrac{\frac{3\sum F}{4} - S_{Q_3-1}}{F_{Q_3}} \times d_3$
2. 离中趋势(变异数)		
(1) 全距 R	$R = X_{max} - X_{min}$	MAX(上限) −MIN(下限)
(2) 四分位差 Q_d	$Q_d = Q_3 - Q_1$	$Q_d = Q_3 - Q_1$
(3) 标准差 σ	$\sigma = \sqrt{\dfrac{\sum(X-\overline{X})^2}{N}}$	$\sigma = \sqrt{\dfrac{\sum(X-\overline{X})^2 F}{\sum F}}$
(4) 标准差系数 V_σ	$V_\sigma = \dfrac{\sigma}{\overline{X}}$	$V_\sigma = \dfrac{\sigma}{\overline{X}}$
3. 分布态势(是否正态)		
(1) 峰度系数 K	$K = \dfrac{m_4}{\sigma^4} - 3$	$K = \dfrac{m_4}{\sigma^4} - 3 \begin{cases} = 0, 正态 \\ > 0, 尖峰 \\ < 0, 平峰 \end{cases}$
(2) 偏度系数 SK	$SK = \dfrac{m_3}{\sigma^3}$	$SK = \dfrac{m_3}{\sigma^3} \begin{cases} = 0, 对称 \\ > 0, 右偏 \\ < 0, 左偏 \end{cases}$

真 题 上 市

一、单项选择题

1. 将不同地区、部门、单位之间同类指标进行对比所得的综合指标称为(　　)。

A. 动态相对指标　　B. 结构相对指标

C. 比例相对指标　　D. 比较相对指标

2. 两个总体的平均数相等，标准差不等，若比较两总体平均数的代表性，以下说法正确的是(　　)。

A. 标准差大的，代表性大　　B. 标准差小的，代表性大

C. 标准差小的，代表性小
D. 两平均数的代表性相同

3. 两个总体的标准差相等，平均数不等，若比较两总体的差异程度，以下说法正确的是( )。
A. 两总体的差异程度相同
B. 平均数大的总体差异程度大
C. 平均数小的总体差异程度大
D. 平均数小的总体差异程度小

4. 如果一批数据中有少数极端数值，则描述其集中趋势时不宜采用( )。
A. 众数
B. 中位数
C. 简单算术平均数
D. 标准差

5. 在右偏分布条件下，算术平均数、中位数和众数的关系表现为( )。
A. 均值=中位数=众数
B. 众数>中位数>均值
C. 均值>中位数>众数
D. 众数>均值>中位数

二、多项选择题

1. 总量数的意义是( )。
A. 反映事物的总规模
B. 反映事物总水平的增加或减少
C. 必须有计量单位
D. 只能用全面调查得到
E. 没有任何统计误差

2. 在相对数中，子项和母项可以互换位置的有( )。
A. 结构相对数
B. 比例相对数
C. 比较相对数
D. 动态相对数
E. 计划完成相对数

3. 平均数的作用是( )。
A. 反映总体的一般水平
B. 对不同时间、不同地点、不同部门的同质总体平均数进行对比
C. 测定总体各单位的离散程度
D. 测定总体各单位分布的集中趋势
E. 反映总体的规模

4. 在各种平均指标中，不受极端值影响的平均指标有( )。
A. 算术平均数
B. 简单算术平均数
C. 中位数
D. 加权算术平均数
E. 众数

5. 在什么条件下，加权算术平均数等于简单算术平均数( )。
A. 各组次数相等
B. 各组标志值不等
C. 变量数列为组距变量数列
D. 各组次数都为1
E. 各组次数占总次数的比重相等

三、判断题

1. 算术平均数提供的信息比中位数和众数多。　(　　)

2. 权数起作用在于次数占总次数的比重大小。权数起作用的前提之一是各组的变量值必须互相有差异。　(　　)

3. 标准差是从某一个范围反映数据的差异程度，比较粗略。　(　　)

4. 标志变异指标是反映同质总体的集中趋势。　(　　)

5. 标志变异指标数值越大，说明总体中各单位标志值的变动程度就越大，则平均指标的代表性就越小。　(　　)

四、综合题

说明：本题源于 2009 年中国国家公务员考试“行政职业能力测试”试题。

要求：所给出的图、表、文字或综合性资料均有若干个问题要你回答，你应根据资料提供的信息进行分析、比较、计算和判断处理。

根据所给图表、文字资料回答 1～3 题。

已知某市某区第一季度招收各类职业人员资料如表 4-7 所示。

表 4-7　某市某区第一季度招收各类人员的资料

职　业	男　性		女　性	
	报考人数(人)	录用率(%)	报考人数(人)	录用率(%)
技术人员	350	20	50	40
教师	200	25	150	30
医生	50	6	300	8
合计	600	—	500	—

根据表 4-7 中的资料，从下列各题备选答案中选出正确答案。

1. 男性的录用人数为(　　)人。

　A. 306　　B. 51　　C. 123　　D. 300

2. 男性的总录用率为(　　)。

　A. 20.5%　　B. 11.18%　　C. 51%　　D. 27.8%

3. 从表中的数据可知，女性每类职业人员的录用率都高于男性，但是计算出来的总录用率却是男性高于女性，其原因是(　　)。

　A. 男性报考人数多于女性

　B. 男性的录用人数多于女性

　C. 男性与女性每类职业报考人数不同

　D. 男性与女性每类职业报考人数的结构不同

五、分析题

一家集团公司对其所属的 216 家商店在过去 5 年的业绩情况进行了统计。其中，2006

年和2011年利润的汇总数据(用占总营业额的百分比表示)如表4-8所示。

表4-8 2006年和2011年216家商店业绩水平计算结果一览

单位：%

统计方法	2006年 利润占营业额的百分比	2011年 利润占营业额的百分比
均值	7.94	9.14
众数	5.63	2.30
中位数	7.17	6.86
标准差	6.45	6.98
最小值	−8.67	−8.80
最大值	14.18	19.56
全距	22.85	28.36
第1个四分位数	4.00	3.95
第3个四分位数	10.79	12.49
四分位差	3.40	4.27
峰度系数	3.56	2.47
偏度系数	0.78	1.22

请说明以上计算结果的操作方法，并对计算结果进行分析。

第 5 章　静态预测：抽样估计

【学习目标】

- 理解抽样估计的含义与特征。
- 掌握允许误差的含义与应用。
- 掌握区间估计的含义与应用。

中央人民广播电台招聘

中央人民广播电台作为中国国家电台，是中国最重要的、最具影响力的现代大众传媒之一。

诚邀有梦想、有激情的青年才俊加盟。

国家电台将为你的青春提供舞动的彩练，广播传媒将为你的人生平添精彩的画卷。

舞台宽广，成就梦想，铸就未来!

我们的发展战略：世界眼光、开放胸怀、内合外联、多元发展。

我们的组织文化：使命、创新、和谐、卓越。

我们的人才招考模式：逢进必考，公开招录，优中选优，为建设符合时代的国家级现代大型传媒提供人力支持和智力保障。

招考主要流程：发布启示→网络报名→资格初审→资格复审→统一笔试→初次面试→综合复试→体检政审→签订协议。

招聘岗位：发展研究中心、受众调研员。

招聘要求：全日制大学本科以上。广告学、统计学、经济学、社会学等相关专业。本科 24 周岁以下，研究生 30 周岁以下。有相关实习经历者优先。英语，本科 4 级以上、研究生 6 级以上或通过同等水平考试；普通话一级乙等以上或相当水平。其他要求如下：

(1) 严谨的逻辑思维能力，**熟练操作 Excel**、PPT 等办公软件及数据库(SPSS 等)软件。

(2) **熟悉统计抽样理论**，具有问卷设计与结果统计的实践经验，擅长数据分析与研究，文字表达能力强。

(3) 有高度的责任心和良好的团队合作精神。

(4) 能熟练运用市场调查公司的产品和服务。有相关媒体从业经历者优先。

(资料来源：国家公务员网)

一滴水能够折射太阳的光辉，由点及面是统计抽样的精髓。统计抽样的理论和方法魅力何在，Excel 工具如何在其中施展神功，本章自有分解。

5.1 抽样估计概述

家居生活中，煮了一锅饺子，判断熟好了没有，一般要夹一两个来尝一尝。熬了一锅鸡汤，盐味怎么样判断，一般要舀一小勺来试一试。这些，都是抽样理念的应用。

5.1.1 抽样估计的概念

抽样估计是指在遵循随机原则的条件下，用样本值估计总体值的一种非全面调查方法。即先抽取样本，再进行估计。

抽样估计的特点如下：

(1) 抽选部分单位时，要遵循随机原则。异于典型调查。

(2) 只调查总体中的一部分单位。异于全面调查。

(3) 只用一部分单位的值，去估计总体的值。异于重点调查。

(4) 抽样误差可以计算和控制。异于其他非全面调查。

抽样估计主要适用于以下几种情况：

(1) 对不可能进行全面调查，而又要了解总体情况的现象。比如，对珍稀物种的调查。

(2) 对可以进行全面调查，但抽样法可以取得事半功倍效果的现象。

(3) 对全面调查结果进行补充和订正。比如，在人口普查后，还要采用人口1%的抽样方法来抽取样本，经过登记样本资料，算出修正系数，以对普查结果进行修正。

(4) 对工业生产的过程进行质量控制。

抽样调查用途广泛。比如人口调查，就是以周期性的人口普查为基础，以经常性的抽样调查为主体，进行每年1‰的人口抽样调查，每5年1%的人口抽样调查。

又如，市场调查公司、单位的营销部、院校的科研所、个人自发组织的调查小组等，往往结合不同目的，开展抽样调查。这样的例子很多，如商家要了解消费者对产品的看法、出版社要了解一本书的销路、厂家要了解广告在大众中的效应、社区想了解本地民众对高校扩招和对“三农”问题的看法等。可以说，采用科学的抽样方法，就能随时把握所需信息，由此及彼，适时调整思路，以收到良好的效果。

太阳每天都是新的，太阳底下发生的事有新有旧，这些大事小事，新事旧事，新旧事对比，已知和未知，好奇的人或谋生者，总想要探个究竟，然后从中梳理出个一二三来，以说明或证明。至于要抢占市场先机，就必须获取市场信息，这点早已成为地球人的共识，而且经典论述也沸沸扬扬。简而言之，在这个市场化的社会里，没掌握信息，没有对信息的预见能力，就如同盲人骑瞎马一样可怜可悲。

抽取多少样本？怎么抽样？抽样误差如何控制？抽样时有哪些注意事项？但愿通过本章的阅读，能略知一二。至于要获得更多、更深关于抽样的知识，一要亲身体验，二要翻动其他详解抽样法的大部头书。

5.1.2　抽样的基本形式

抽样推断是先抽样，再推断。那么如何抽样呢？抽样的基本形式有两种：概率抽样、非概率抽样。

先看一个实例：

《互联网周刊》原总编胡延平，在《互联网周刊》上发表了一篇题为“谁是中国电子政务建设的主力军？”的文章。以下是摘录。

为什么要组织这次调查？

在此之前，有关电子政务的所有数据都是笼而统之的揣测，所谓这个领域的 IT 产业秩序也多是大而化之的泛泛之谈；在此之后，有关电子政务市场的讨论将变得更有针对性，更为“可预期”、“可分析”、“可具体化”，我们将知道这个市场“是什么”、“有谁在做”、“做得怎么样”。我们希望自己哪怕是部分地实现了最初的自我期望：“明确电子政务范畴，使中国的电子政务规划者、实施者全面了解参与和推动中国电子政务的 IT 厂商的规模、技术、产品及解决方案。充分反映政府在电子政务规划、选型、采购、实施、运营维护环节中存在的问题，为政府和 IT 企业更有效的合作提供切实的建议。”

采用了哪些调查形式？

经过了试调查、(准)普查、整群抽样，滚雪球抽样、多阶段抽样、主观抽样、偶遇抽样等多阶段、多层次的调查。

调查的结果怎么评价？

历时两个月，有 2000 多家 IT 厂商参与其中的本次调查，还存在着一些不足之处，比如：调查问卷本身不够充实；有部分企业由于财务制度的原因未能参与调查；由于难以避免的沟通和联系原因而导致有部分企业未能充分地知晓；对于数字的核实不够有效等。

以上所述让我们再次感到调查结果的来之不易。在这次调查中，采用了好几种调查形式，诸如整群抽样、滚雪球抽样、多阶段抽样等，它们是什么意思？

接着，来了解一下在调查中，常用的抽样形式的基本内容。

1. 概率抽样

概率抽样是指在抽取样本时，严格按随机原则从总体中抽取所需样本数，使总体中每个单位都有可能被抽中的抽样方式。

概率抽样包括简单随机抽样、等距抽样、分层抽样、整群抽样等，每个样本的中选概率是已知的，因此可以计算抽样误差。实地调查中，通常是把这几种抽样方法结合运用。

1) 简单随机抽样(纯随机抽样)

简单随机抽样就是对总体先编号，再随机抽样。它是指对总体的全部单位，不进行分组或排队，而是从总体的全部单位中随机地抽取样本的方式。

即：从总体 N 个单位中，任意抽取 n 个单位作为样本，使每个可能的样本被抽中的概率相等的抽样方式。按照样本抽选时每个单位是否允许被重复抽中，简单随机抽样可以分为重复抽样和不重复抽样两种。

抽样方法：总体中的每一个元素都有一个相等的被抽中的概率。简单随机抽样可以通过抽签法和随机数字表等方法来实现。先确定或搜集一个抽样框，将抽样框中的每个元素都编上号；然后把所有抽签抽中号码的元素或随机数字对应的号码的元素作为样本进行调查。

比如，对某厂生产的饮料做质量检验，调查者在生产车间从某天生产的所有饮料中，随机抽取 100 瓶进行检查，调查的结果就可以用来估计这一天生产的所有饮料的质量情况。

条件：总体单位数少，且数值之间差异小。

优点：理论上最符合随机原则，计算简单。

缺点：抽样误差大。

评价：最基本的方式。简单随机抽样是其他抽样方法的基础，因为它在理论上最容易处理，而且当总体单位数 N 不太大时，实施起来并不困难。但在实际中，若 N 相当大时，简单随机抽样就不太容易办到。首先，它要求有一个包含全部 N 个单位的抽样框；其次，用这种抽样得到的样本单位较为分散，调查不容易实施。

2) 等距抽样(系统抽样、机械抽样)

等距抽样就是对总体先排队，再每隔几个抽 1 个。它是指先将总体中各单位按一定顺序排列，根据样本容量要求确定抽选间隔，再随机确定起点，每隔一定的间隔抽取一个单位的抽样方式。

即：先将总体单位按一定顺序排队，根据 N 和 n 计算出抽选间隔 k，即 $k=N/n$；然后，按相等间隔抽选样本单位。排队依据：按无关标志，如姓氏、地名、门牌号码、出厂时间等；按有关标志，如年龄(大小)、收入(高低)等。

抽样方法：先按照某种顺序给总体中所有单元编号，然后随机地抽取一个编号作为样本的第一个单元，样本的其他单元则按照某种确定的规则抽取。抽样可以根据半距起点固定间隔取样。即将总体单位数按 n 等分之后，每一部分取中间位置的单位作为样本。

比如，从居民 1000 人中，抽取 100 人作为样本。先将 1000 人按收入大小，从低到高排队；然后，计算 N/n=1000/100=10 等分，就是每隔 10 个就抽 1 个。那么，从哪一个开始抽选呢？这里有两种方法可供选择。

方法一，中间取样。每部分 10 人，再取每部分中间位置数，即 5, 15, 25, …, 995，共 100 人作为样本。

方法二，对称等距取样。也就是从编号 1～10 中，随机抽出 1 个值。假如随机抽出的是 3 号，那么，所选样本，就是 3, 13, 23, 33, …, 993。

比如，在电脑城，按柜台号每隔 10 户抽选 1 户经销商。假定市场中每排柜台恰好是 10 户，则所抽出的样本就会表现为各排柜台中的相同位置。再假定所抽到的全部是每一排柜台中最靠门边的经销商，那么这种抽选方法实际上就是抽选出了市场中实力最强的一些经销商，从而使结果与真实情况不符。

条件：研究现象的标志变动度大，而又不能抽出更多样本单位时。

优点：样本单位分布均匀，代表性强，抽样误差少，抽样效果好。简便易行，且当对

总体结构有一定了解时，充分利用已有信息对总体单位进行排队后再抽样，则可提高抽样效率。

缺点：缺少随机性。不能抽到其他可供替换的样本。

注意：要保证样本中的数据没有规律性的变化。

另注：按规模大小成比例的概率抽样，简称为 PPS(Probability Proportionate to Size Sampling)抽样，它是一种使用辅助信息，从而使每个单位均有按其规模大小成比例的被抽中概率的一种抽样方式。PPS 抽样的主要优点是使用了辅助信息，减少抽样误差；主要缺点是对辅助信息要求较高，方差的估计较复杂等。

3) 分层抽样(分类抽样、类型抽样)

分层抽样就是先分层，再随机抽样。它是指先是将总体的 N 个单位分成互不交叉、互不重复的 k 个部分，称为层；然后在每个层内分别抽选 n_1，n_2，…，n_k 个样本，构成一个容量为 k 个样本的抽样方式。即：先将总体中所有单位按某个标志分成若干类或组，然后在各类或各组中，随机抽取样本单位。

比如，设某高校有 2000 名学生，其中男生占 60%，女生占 40%；文科学生和理科学生各占 50%；一年级学生占 40%，二年级、三年级、四年级学生分别占 30%、20%和 10%。现要用分层抽样方法，依上述 3 个变量抽取一个规模为 100 人的样本。依据总体的构成和样本规模，可得到表 5-1。

表 5-1　抽样表

学生	男生(60 人)										女生(40 人)									
科目	文科(30 人)					理科(30 人)					文科(20 人)					理科(20 人)				
年级	一	二	三	四	小计	一	二	三	四	小计	一	二	三	四	小计	一	二	三	四	小计
人数(人)	12	9	6	3	30	12	9	6	3	30	8	6	4	2	20	8	6	4	2	20

抽样方法：分层抽样的特点是先将总体按照某种特征或指标分成几个排斥的又是穷尽的子总体或层，然后在每个层内按照随机的方法抽取元素。其原则是子总体内元素间差异可能小，而不同子总体间差异大。

条件：总体情况复杂，各单位标志值很大。有进行分类的资料。

优点：代表性强，抽样误差小，是科学分组与抽样原理的有机结合。

缺点：整理抽样工作比简单随机抽样复杂。

评价：为了工作的方便和研究目的的需要，为了提高抽样的精度，为了在一定精度的要求下可减少样本单位数以节约调查费用，分层抽样是应用最为普遍的抽样技术之一。

4) 整群抽样

整群抽样就是先对总体分为若干相似的群，再随机抽样。它是指先将总体各单位归并成个互不交叉、互不重复的集合，我们称之为群；然后以群为抽样单位抽取样本的一种抽样方式。

比如，北京儿童医院于 2001 年 10 月至 2002 年 10 月间在北京地区采取分层随机整群抽样方法，按照北京地区地理地貌随机抽取 6 个区县 3227 名 2～6 岁儿童，对被抽中的儿童家长进行问卷调查。统计结果显示 2～6 岁组儿童睡眠障碍的发生率为 26.3%。其中睡眠频繁打鼾的发生率为 5.5%，磨牙为 7.6%，睡眠不安的为 6.3%，睡眠呼吸暂停的为 0.19%，张口呼吸的为 0.6%，睡眠中肢体抽动的为 1.3%，梦呓的为 4.9%，梦游的为 0.4%。有症状的儿童白天相应存在困倦、多动或烦躁等表现，表明睡眠障碍在儿童中并不少见，儿童睡眠状况研究对保证儿童生存质量十分重要。

抽样方法：整群抽样首先要将总体划成许多相互排斥的子总体或群，然后以群为初级抽样单元，按某种概率抽样技术，如简单随机抽样，从中抽取若干个群，对抽中的群内的所有单元都进行调查。

条件：特别适用于缺乏总体单位的抽样框。即在抽样调查中，常用于没有总体单位的原始记录可以利用的情况。应用整群抽样时，要求各群有较好的代表性，即群内各单位的差异要大，群间差异要小。

优点：实施方便，节省经费。

缺点：样本往往具有一定的相似性。群内差异大，群间差异小；反之，用等距抽样。不过，由于单个样本的成本较低，在预算固定的情况下，采用整群抽样往往可以调查到比简单随机抽样更多的样本，从而抵消了由于样本相似带来的误差。

5) 多级抽样(多阶段抽样)

多级抽样就是采用多种抽样的形式进行抽样。它是指在第一阶段从所有群中抽取若干群，在每个抽中的群中，再抽取若干单元进行调查。它与分层抽样的区别在于第一层是抽取部分，与整群抽样的区别在于第二阶段是抽取部分。这在实际中是常见的一种抽样方式，同时它的抽样精度比整群抽样高，操作性更强。

比如，我国进行的“2002 年第四次全国电视观众抽样调查”，采用的就是多级抽样的方式。多级抽样的做法是：将全国所有的区、县作为第一级抽样单位，并且确定了所在区县居委会、村委会的样本数量以及每个居(村)委会分配的具体样本数量，共抽中全国 31 个省、自治区、直辖市(港、澳、台除外)的 11950 个成人样本，实际回收有效问卷 11760 份，有效率为 98.41%。抽样结果：截至 2002 年 9 月，我国 4 岁以上电视观众的总数为 11.15 亿人，占 4 岁以上全国人口的 93.9%。1987 年，中央电视台联合省市电视台进行了第一次全国电视观众抽样调查，以后每隔 5 年进行一次。

优点：多阶段抽样区别于分层抽样，也区别于整群抽样，其优点在于适用于抽样调查的面特别广，没有一个包括所有总体单位的抽样框，或总体范围太大，无法直接抽取样本等情况，可以相对节省调查费用。

缺点：抽样时较为麻烦，而且从样本对总体进行估计比较复杂。

评价：一般抽样方法只适用于较小的总体，如果要在全国或者一个大城市中调查数以百万计的居民，一步到位的抽选就不太现实了，就要采用多阶段抽样，也就是将整个抽选过程分成若干阶段，每一阶段分别抽出一级单位，最终抽出被调查者。每个阶段可以采用

不同的抽样方法。例如：对城市的抽选可以是分层的，大城市和中小城市各抽选若干；在城市中抽选居委会可以采用简单随机方法；在居委会中抽选居民户则采用等距抽样方法。

2. 非概率抽样

非概率抽样是指不是按照概率均等的原则，而是根据人们的主观经验或其他条件来抽取样本。

严格的抽样是获得精确数据的基础，但过于严格的抽样有时会造成成本压力。在实践中，有时候可能要采取一些不太严格的抽样方法作为一种替代手段。非概率抽样是不能计算抽样误差的，因为它是靠调研者个人的判断来进行的抽样。

条件：调查的目的仅是用于调查的设计开发、探索性研究、分析概率抽样调查结果等，而不是由样本推断总体，采用随机抽样就不一定是必需的。

优点：操作方便、省钱省力、无须抽样框，统计上也远较概率抽样简单，而且若能对调查总体和调查对象有较好的了解，抽样也可获得相当大的成功。

常见的非概率抽样方法，包括偶遇抽样、判断抽样、配额抽样、滚雪球抽样等。

1) 偶遇抽样(方便抽样、就近抽样、自然抽样)

偶遇抽样是指调查者根据现实情况，以自己方便的形式抽取偶然遇到的人作为调查对象，或者仅仅选择那些离得最近的、最容易找到的人作为调查对象。

比如，街头随访或拦截式访问、邮寄式调查、杂志内容问卷调查等都属于偶遇抽样的方式。又如，为了调查某市的交通情况，研究者到离他们最近的公共汽车站，把当时正在那里等车的人选作调查对象。

评价：优点是方便省力；缺点是样本的代表性差，有很大的偶然性。偶遇抽样是所有抽样技术中花费最小的(包括经费和时间)。抽样单元是可以接近的、容易测量的，并且是合作的。但尽管有许多优点，这种形式的抽样还是有严重的局限性。许多可能的选择偏差都会存在，如被调查者的主观选择、抽样的主观性偏差等。这种抽样不能代表总体和推断总体。

2) 判断抽样

判断抽样是指基于调研者对总体的了解和经验，从总体中抽选“有代表性的”、“典型的”单位作为样本。

比如，从全体企业中抽选若干先进的、居中的、落后的企业作为样本，以考察全体企业的经营状况。如果判断准，这种方法有可能取得具有较好代表性的样本，但这种方法受主观因素的影响较大。

3) 配额抽样(定额抽样)

配额抽样是指调查者将调查总体分类，主观决定各类别中样本分配比例的抽样方式。它是根据总体的结构特征来分派定额，以取得一个与总体结构特征大体相似的样本。

比如，有家生产饮料的公司，想调查消费者对其产品的看法。依照过去的经验，在该产品的消费人群中，成人约占 30%，青少年约占 40%，儿童约占 30%。在调查时，就以这个不精确的比例作配额来抽选样本。

评价：即使希望样本对总体具有更好的代表性，但仍不一定能保证样本就是有代表性的。

配额抽样与分层抽样的主要区别在于：各类所占比重是否预先确定。配额抽样时，研究者事先不知道总体的分布，而是根据学识和经验来确定各部分所占的比重。分层抽样时，研究者已确知总体中各层所占的比重。

配额抽样与判断抽样的主要区别在于：判断抽样比配额抽样更主观。在配额抽样中，研究者只是估计总体的比率；在判断抽样中，研究者通过判断哪些样本比较有代表性来决定是否对其进行调查。

缺点：其一，配额的框架必须十分精确。为了做到这一点，必须掌握最新的资料，但这是十分困难的。其二，往往存在调查员的选择偏好，因而也难以避免主观因素的影响。假设一个访问员被要求与 5 位具有某些复杂特征的人面谈，他会本能地避免去访问要爬 7 层楼才能找到的受访者、破败的家庭和家养恶犬的人。

4) 滚雪球抽样

滚雪球抽样是指用第一次从总体中抽取的一定量的样本数，像滚雪球一样去扩大更多的样本数，直至达到所需调查的足够样本数为止的抽样方式。

也就是说，当无法了解总体情况时，可以先从总体中的少数成员入手，对他们进行调查，向他们询问还知道哪些符合条件的人，再去找那些人并询问他们知道的人。如同滚雪球一样，可以找到越来越多具有相同性质的群体成员。

滚雪球抽样的主要目的是估计难以找到的特殊群体的总体特征。由于后来被推荐的人可能类似于推荐他们的那些人，因此这种方式的调查也是非概率的。

比如，对无家可归者、流动劳工及非法移民等群体的调查抽样。对非法移民的调查，就要先从调查者认识和掌握的样本开始，然后再让这些人提供更多的非法移民者，以此类推，开始少，渐渐多，就像滚雪球一样越滚越大，一直达到所需访问的样本数为止。

又如，要研究退休老人的生活，你可以清晨到公园去结识几位散步老人，再通过他们结识其朋友。不用多久，你就可以交上一大批老年朋友。但这种方法的偏误也大，因为那些喜欢一个人在家里活动的老人，你就很难把雪球滚到他们那里去，而他们却代表着另外一种退休后的生活方式。

什么时候用概率抽样，什么时候用非概率抽样，应当根据相应条件来决定，比如要考虑研究的性质、对误差容忍的程度、抽样误差与非抽样误差的相对大小、总体中的变数及统计上的操作等。尽管非概率抽样不能推断总体，不能计算抽样误差，但在实际调查中仍常被应用。一方面是出于操作上的考虑，减少非抽样误差的发生；另一方面也是因为所调查的内容不需投射总体，而且一般总体的同质性较强，如概念测试、包装测试、名称测试及广告测试等。这类研究中，主要的兴趣集中在样本给出各种不同应答的比例。概率抽样用于需要对总体给出很准确的估计的情况，如要估计市场占有率、整个市场的销售量、估计某个地区的电视收视率等。还有全国性的市场跟踪研究(提供有关产品分类和品牌使用率等信息的研究)，以及用户的心理特征和人口分布的研究等，都采取概率抽样。但在概率抽样时，要特别注意控制调查过程中的非抽样误差。

5.1.3　抽样估计的符号

抽样估计是先抽样，再估计。再估计，就是由样本值估计总体值。

比如，保险公司从 1000 名投保人(总体)中，随机抽取 30 人(样本)。其中，1000 人是总体容量，30 人是样本容量。要求按 95%的把握，由这 30 名投保人的平均年龄(样本平均数)、男性所占比率(样本结构相对数)，分别来估计这 1000 名投保人的平均年龄(总体平均数)、男性所占比率(总体结构相对数)。由 30 名投保人提供的数据所计算的值是样本值，由 1000 名投保人提供的数据所计算的值是总体值，这个总体值要由样本值来估计。

下面，来看一下运用抽样方法时，常用的符号与意思。同时，结合例子来加深了解。

1. 总体、样本、估计

总体是指由具有某种共同性质的全部总体单位所组成的集合体。它是在研究范围内所要认识的研究对象全体。

样本是指从全及总体中随机抽取出来的适量总体单位所组成的集合体。它是在研究范围内所要计算的研究对象全体。

估计是指根据样本计算的结果，预测或推断总体的状态。

2. 总体值、样本值

1) 总体值

总体值，又称总体参数，是说明总体特征的指标，如总体容量、总体平均数、总体比率、总体标准差。

总体容量 N——总体中所包含的单位数。

总体平均数 $\overline{X}$——根据总体的某一数量标志计算出来的平均数。

总体比率 P——总体中某一类单位所占的比重，是结构相对数。

总体标准差 σ——总体中各变量值与其平均数离差平方的算术平均数的平方根。

2) 样本值

样本值，又称样本统计量，是说明样本特征的指标，如样本容量、样本平均数、样本比率、样本标准差。

样本容量 n——样本中所包含的单位数。

样本平均数 $\overline{x}$——根据样本总体某一数量标志计算出来的平均数。

样本比率 p——样本总体中某一类单位所占的比重，是结构相对数。

样本标准差 s——样本总体中各变量值与其平均数离差平方的算术平均数的平方根。

总体值和样本值的符号对照表如表 5-2 所示。

表 5-2 中，平均数和标准差的计算方法，要注意分清资料是否分组。由未分组的资料来求平均数和标准差，采用简单平均数和简单标准差的算法；由分组的资料来求平均数和标准差，采用加权平均数和加权标准差的算法。

表 5-2　总体值和样本值的符号对照表

项　目	总体值(总体参数)	样本值(样本统计量)
定义	描述总体特征的指标	描述样本特征的指标
符号	总体容量 N 总体平均数 $\overline{X}$ 总体比率 P 总体标准差 σ 总体方差 σ^2	样本容量 n 样本平均数 $\bar{x}$ 样本比率 p 样本标准差 s 样本方差 s^2

3. 交替标志的平均数和标准差的计算

交替标志是把全部总体单位，分为具有某种标志和不具有某种标志两组。用“是”、“否”或“有”、“无”来作为断定的标志。

如果标志表现只有是、否两种，如成绩标志表现为及格和不及格，产品质量标志表现为合格品和不合格品，性别标志表现为男性和女性，学生分为戴眼镜的和不戴眼镜的。

在交替标志的计算中，如果用“1”表示具有这一标志，用“0”表示不具有这一标志，则交替标志的平均数、标准差的计算如表 5-3 所示。

表 5-3　交替标志平均数、标准差的计算

标志表现	标志值 x	总体单位数 $n=n_1+n_0$	比率 $p+q=1$
肯定	1	n_1	$p=\frac{n_1}{n}=1-q$
否定	0	n_0	$q=\frac{n_0}{n}$

$$\bar{x}_p=\sum\left(x\frac{f}{\sum f}\right)=1\times\frac{n_1}{n}+0\times\frac{n_0}{n}=1\times p+0\times q=p$$

$$s_p^2=\sum\left[(x-\bar{x})^2\frac{f}{\sum f}\right]=(1-p)^2p+(0-p)^2q$$

$$=q^2p+p^2q=pq=p(1-p)$$

【例 5-1】保险公司从 1000 名投保人中，随机抽取了 30 人，并对这 30 人的年龄和性别进行了登记，结果如下：

36 男　42 男　46 女　43 女　31 女　33 女　42 男　53 女　45 男　54 女
47 女　24 男　34 女　23 男　39 女　36 女　44 女　40 女　39 男　49 女
38 男　34 女　48 男　50 男　34 女　39 女　45 男　48 女　45 女　32 男

要求：由 30 名投保人的情况来估计 1000 名投保人的情况，估计的把握程度为 95%。

(1) 所抽选的 30 人，其平均年龄、男性所占比率分别是多少？

(2) 试估计这 1000 人，其平均年龄、男性所占比率分别是多少？

分析：

已知：$N=1000$(人)，$n=30$(人)，$x_i(i=1,2,\cdots,30)$，$F(t)=95\%$。

求：(1) 30 名投保人的平均年龄($\bar{x}$)、男性所占的比率(p)。

(2) 试估计这 1000 名投保人，其平均年龄($\bar{X}$)、男性所占的比率(P)。

解：

(1) 30 名投保人的平均年龄 $\bar{x}=\dfrac{\sum x}{n}=\dfrac{36+42+\cdots+32}{30}=40.43$ (岁)。

30 名投保人中，男性所占的比率 $p=\dfrac{n_1}{n}=\dfrac{12}{30}=40\%$。

(2)

$$\text{抽样估计的方法}\begin{cases}\text{点估计}\begin{cases}1000\text{名投保人的总体值}=30\text{名投保人的样本值}\\ \text{即：}\\ \bar{X}=\bar{x}=40.43(\text{岁})\text{，即}1000\text{名投保人的平均年龄}=40.43(\text{岁})\\ P=p=40\%\text{，即}1000\text{名投保人中，男性所占比率}=40\%\end{cases}\\ \text{区间估计}\begin{cases}1000\text{名投保人的总体值}=30\text{名投保人的样本值}\pm\text{允许误差}\\ \text{即：}\\ \bar{X}=\bar{x}\pm\Delta_{\bar{x}}=40.43\pm\Delta_{\bar{x}}\text{，即}1000\text{名投保人的平均年龄}\\ \quad=40.43\pm\text{允许误差}\\ P=p\pm\Delta_p=40\%\pm\Delta_p\text{，即}1000\text{名投保人中，男性所占比率}\\ \quad=40\%\pm\text{允许误差}\end{cases}\end{cases}$$

简析：上面这个例子，让我们基本看到了抽样法的全貌，对理解抽样的概念大有好处。样本值是根据样本资料计算出来的；样本值的计算方法有平均数法、结构相对数法；抽样估计的目的就在于：由样本值(样本平均数、样本比率)来估计总体值(总体平均数、总体比率)。

从这个例子中，也让我们初步了解到，用样本值估计总体值的方法有点估计法、区间估计法。用样本值估计总体值时，存在估计误差。抽样法要解决的主要问题就是：计算和控制允许误差(Δ)，以提高抽样估计的准确度。

5.2　允许误差的解读

用样本值估计总体值的方法有两种：点估计法、区间估计法。

点估计是直接利用样本值对未知的总体值进行估计，得到的结果是一个具体的数据。也就是说，样本值是多少，所估计的总体值就是多少。这种方法虽然简单，但是没有考虑抽样估计时所产生的误差。显然，用样本值来估计总体值，两者之间存在一定误差，两者之间不能简单地画等号。

区间估计是在一定的把握程度下，利用样本值对未知的总体值进行估计，得到的结果是一个区间。

$$
\text{抽样估计的方法}\begin{cases}\text{点估计}\begin{cases}\overline{X}=\overline{x}\\ P=p\end{cases}\\ \text{区间估计}\begin{cases}\overline{X}=\overline{x}\pm\Delta_{\bar{x}}\text{，即 }\overline{x}+\Delta_{\bar{x}}\geqslant\overline{X}\geqslant\overline{x}-\Delta_{\bar{x}}\\ P=p\pm\Delta_{p}\text{，即 }p+\Delta_{p}\geqslant P\geqslant p-\Delta_{p}\end{cases}\end{cases}
$$

式中：Δ——允许误差；

$\Delta_{\bar{x}}$——样本平均数的允许误差；

Δ_{p}——样本比率的允许误差。

允许误差=概率度×抽样平均误差，即

$$\Delta=t\mu$$

5.2.1 抽样平均误差

抽样平均误差(μ)，又称抽样误差，是指由于抽样的随机性而产生的所有可能样本指标与总体指标之间的平均离差。

统计数据的准确性是统计调查的生命。为有效提高数据的准确性，减少数据的误差至关重要。下面列出统计误差的主要来源。

$$
\text{统计误差}\begin{cases}\text{登记性误差}\\ \text{代表性误差}\begin{cases}\text{偏差}\\ \text{随机误差}\begin{cases}\text{实际误差}\\ \text{抽样平均误差(抽样误差)}\end{cases}\end{cases}\end{cases}
$$

登记性误差：在调查过程中，由于主观或客观原因引起登记上的差错，所造成的误差。

代表性误差：在抽样调查中，由于样本各单位的结构差异，使其不足以代表总体特征。

偏差：又称系统性误差。指选样中没有遵循随机原则和抽样组织形式不当，所造成的误差。

从统计调查的误差来源来看，有的误差是人为造成的，可以通过提高责任心、提高技术水平来加以避免，比如，登记性误差、代表性误差中的偏差；有的误差是客观存在，无法避免的，比如随机误差，但抽样平均误差是可以事先进行计算并加以控制的。

在简单随机抽样条件下，抽样平均误差的计算：

$$
\text{样本平均数的抽样平均误差}\begin{cases}\text{重复抽样：}\mu_{\bar{x}}=\sqrt{\dfrac{\sigma^2}{n}}\\ \text{不重复抽样：}\mu_{\bar{x}}=\sqrt{\dfrac{\sigma^2}{n}\left(1-\dfrac{n}{N}\right)}\end{cases}
$$

样本比率的抽样平均误差 $\begin{cases} \text{重复抽样：} \mu_p = \sqrt{\dfrac{p(1-p)}{n}} \\ \text{不重复抽样：} \mu_p = \sqrt{\dfrac{p(1-p)}{n}\left(1-\dfrac{n}{N}\right)} \end{cases}$

关于抽样平均误差的 5 点解读。

第一，重复抽样与不重复抽样。

抽样方法按抽取样本的方式不同，分为重复抽样和不重复抽样。

重复抽样是指从总体中抽取一个单位进行登记后，再放回总体中，然后再抽取下一个单位的方法。它有 3 个特点：每次抽中的单位将其登记后又放回原总体，重新参加下一次抽选；每个单位在每次抽取过程中，抽中与抽不中的机会都完全一样；重复抽样的误差大于不重复抽样的误差。

不重复抽样是指从总体中抽取第一个样本单位，记录该单位数据后，这个样本单位不再放回总体中参加下一次抽选的方法。它有 3 个特点：每个单位最多只有一次被抽中的机会；随着抽中单位的不断增多，剩下的单位被抽中的机会不断增大；不重复抽样的误差小于重复抽样的误差。

抽样平均误差公式中，$1-\dfrac{n}{N}$ 叫作修正系数。由于样本单位数 $n>1$，所以这个系数小于 1。$\dfrac{n}{N}$ 叫作抽样比例，当 N 很大时，常用重复抽样的公式来求抽样平均误差。

第二，常用样本方差代替总体方差。

方差就是标准差的平方。在计算抽样平均误差时，如果不知道总体方差，一般可用样本方差来代替总体方差，也可以用历史资料，或实验性调查的资料，或过去全面调查的资料来代替总体方差。

第三，减少抽样误差的 4 条途径。

只有明确哪些因素影响抽样误差，才可以相应减少抽样误差。影响抽样误差的因素有 4 个，这可以从计算抽样平均误差的公式中看出。减少抽样误差的途径，相应地也有 4 条。

其一，增加样本单位数 n。μ 与 n 成反比。

其二，适当的抽选方法。抽选样本的方法有重复抽样和不重复抽样。抽选方法不同，误差也不同。不重复抽样的误差要小于重复抽样的误差。

其三，适当的抽样形式。抽样的形式有简单随机抽样、分层抽样、等距抽样、整群抽样等。抽样形式不同，抽样误差也不一样。

其四，缩小总体标志变动的程度 σ。

第四，抽样调查的科学性在于可以事先把它的误差范围控制在预定的限度内。

抽样误差是可以控制的。抽样误差的大小受抽样单位数、总体各单位的变异程度以及抽样方式和抽样方法的影响。其中，总体各单位的变异程度是客观存在的，无法加以控制。当选定了抽样方法之后，就可以根据预先给定的允许误差范围的要求，通过抽样误差公式计算必要的样本单位数，使得在抽取足够单位数的前提下，保证抽样误差不超过给定的范围，从这个意义上说，抽样误差是可以事先把它控制在预定的限度之内，这也是抽样调查的科学性之所在。

第五，抽样平均误差公式的来历。

抽样平均误差就是所有样本配合的样本平均数的标准差。举个例子，以资证明。

【例 5-2】有 3 位业余记者，代号分别为 A、B、C，他们每月采写的新闻稿件数分别为 2 篇、4 篇和 6 篇。现按重复抽样的方法，随机抽出 2 人作为样本进行调查。

求证：$\mu_{\bar{x}}=\sqrt{\dfrac{\sigma^2}{n}}$，即抽样平均误差 $=\sqrt{\dfrac{\text{总体标准差的平方}}{\text{样本单位数}}}$

解答：

已知：$N=3$(人)；$n=2$(人)；$X_1=2$(篇)，$X_2=4$(篇)，$X_3=6$(篇)

证明：

$$\text{总体平均数}\overline{X}=\frac{\sum X}{N}=\frac{2+4+6}{3}=4(\text{篇})$$

$$\text{总体标准差}\sigma=\sqrt{\frac{\sum(X-\overline{X})^2}{N}}=\sqrt{\frac{(2-4)^2+(4-4)^2+(6-4)^2}{3}}=\sqrt{\frac{8}{3}}(\text{篇})$$

抽样平均误差的计算如表 5-4 所示。

表 5-4　样本配合数与样本平均数

序　号	样本配合		样本元素 x		样本平均数 $\bar{x}$	$(\bar{x}-\bar{\bar{x}})^2$
1	A	A	2	2	2	4
2	A	B	2	4	3	1
3	A	C	2	6	4	0
4	B	A	4	2	3	1
5	B	B	4	4	4	0
6	B	C	4	6	5	1
7	C	A	6	2	4	0
8	C	B	6	4	5	1
9	C	C	6	6	6	4
合计	—	—	—	—	36	12

表 5-4 中，$\bar{\bar{x}}=\dfrac{\text{样本平均数之和}}{\text{所有样本配合数}}=\dfrac{\sum\bar{x}}{n'}=\dfrac{36}{9}=4(\text{篇})$

即　样本平均数的平均数=总体平均数=4(篇)

$$\text{抽样平均误差}=\sqrt{\frac{\sum(\bar{x}-\bar{\bar{x}})^2}{n'}}=\sqrt{\frac{12}{9}}=\sqrt{\frac{4}{3}}=\sqrt{\frac{\text{总体标准差的平方}}{\text{样本单位数}}}=\sqrt{\frac{\frac{8}{3}}{2}}=\sqrt{\frac{4}{3}}$$

在例 5-1 中，总体标准差(σ)不知道，则由样本标准差(s)来代替。又由于已知总体单位数(N)，可由不重复抽样的公式来求抽样平均误差。

$$s_{x}^2=\frac{\sum(x-\bar{x})^2}{n-1}=\frac{(36-40.43)^2+(42-40.43)^2+\cdots+(32-40.43)^2}{30-1}=60.25$$

则　$\mu_{\bar{x}}=\sqrt{\frac{s_{\bar{x}}^2}{n}\left(1-\frac{n}{N}\right)}=\sqrt{\frac{60.25}{30}\times\left(1-\frac{30}{1000}\right)}=1.40$

$$s_p^2=p(1-p)=40\%\times 60\%=24\%$$

则　$\mu_p=\sqrt{\frac{s_p^2}{n}\left(1-\frac{n}{N}\right)}=\sqrt{\frac{24\%}{30}\times\left(1-\frac{30}{1000}\right)}=8.81\%$

5.2.2　概率度

利用表 5-4 所列资料，将样本平均数进行分组，同时列出次数和比率，得到表 5-5。

表 5-5　样本平均数的概率分布表

按样本平均数分组 $\bar{x}$	次数 f	比率即概率 $\frac{f}{\sum f}$ (%)
2	1	11
3	2	22
4	3	33
5	2	22
6	1	11
合计	9	100

利用表 5-5 所示资料，作图 5-1。

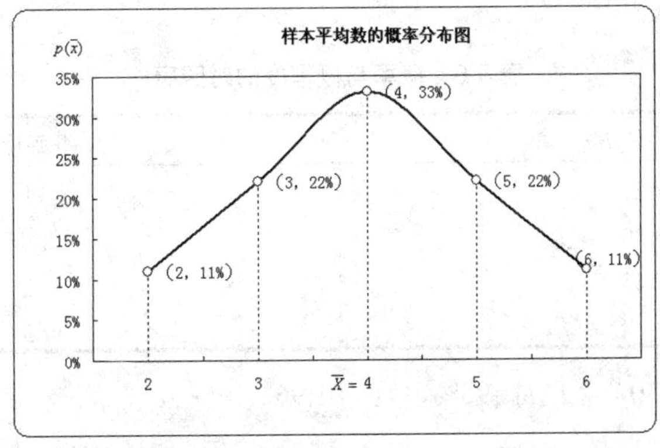

图 5-1　样本平均数的概率分布

由图 5-1 可知，从 3 个记者中随机抽选 2 个样本，有 9 个样本配合数，其样本分布呈正态分布。曲线最高的地方就是平均数。所以说正态分布是以平均数为中心的对称分布，越接近平均数的变量值出现的次数越多，越远离平均数的变量值，出现的次数越少。

概率，学名又称置信度或置信水平，俗称把握程度。概率度(t)是指抽样极限误差与抽样平均误差之比。这个比值的大小，能够反映估计区间的宽窄，标志着概率保证程度的高低。概率的值与概率度的值是一一对应的。

计算抽样误差之所以要确定概率保证程度，是因为抽样误差本身也是一种随机变量，是抽样指标的函数，而抽样指标又是随机变量的函数，所以抽样误差便是随机变量的函数，本身也是一种随机变量。由于抽样误差是随机变量，不是不变的常数，所以不能指望抽样误差在一定范围内是一个必然事件，这样就必须研究发生这一事件的可能性大小即概率保证程度，故抽样误差和概率保证程度是密切联系不能分开的。

根据表5-5所列的分布，写出样本平均数落在各种区间范围内的概率P，即

$$P(3\leqslant \bar{x}\leqslant 5)=\frac{2}{9}+\frac{3}{9}+\frac{2}{9}=\frac{7}{9}$$

$$P(2\leqslant \bar{x}\leqslant 6)=\frac{1}{9}+\frac{2}{9}+\frac{3}{9}+\frac{2}{9}+\frac{1}{9}=1$$

将上述概率形式变换成抽样误差的形式，即求得样本平均数与总体平均数误差绝对值不超过一定范围的概率，即

$$P(\left|\bar{x}-\bar{X}\right|\leqslant 1)=\frac{7}{9}$$

$$P(\left|\bar{x}-\bar{X}\right|\leqslant 2)=1$$

这说明在重复抽样中，抽样平均发稿数与总体平均发稿数，其绝对误差不超过1的概率为$\frac{7}{9}\approx 78\%$，即约有78%的概率保证，在一次抽样中使上述误差得以实现。同理，其绝对误差不超过2的概率为100%。由此可见，抽样误差范围和置信度是密不可分的，且抽样误差范围越小，则估计的置信度也越小。

将这种对应的函数关系，编成“正态分布概率表”，给定抽样误差的概率，就可以查到相应的t值，参见表5-6。

表5-6　概率与概率度的对照表

概率 $F(t)$/%	概率度 t
68.27	1
95.00	1.96
95.45	2
99.73	3

在例5-1中，$n=30$，$F(t)=95\%$，则$t=1.96$。

5.2.3　允许误差

允许误差($\varDelta$)是指以一定概率保证的，抽样指标与总体指标之间抽样误差的可能范围。

抽样误差实际上是指样本配合的标准差。有了抽样误差(用μ表示)，乘上一个临界值(t)，就可以计算出允许误差$\varDelta=t\mu$，这样也就使得用样本值来估计总体值，可以有一个估计的范围，也称为区间估计。

在例5-1中，$n=30$，$F(t)$为95%，则t为1.96。

$$\varDelta_{\bar{x}}=t\mu_{\bar{x}}=1.96\times 1.40=2.74$$

则　$\bar{X}=\bar{x}\pm\varDelta_{\bar{x}}=40.43\pm 2.74=38\sim 43$

$$\Delta_p = t\mu_p = 1.96 \times 8.81\% = 17\%$$

则　$P = p \pm \Delta_p = 40\% \pm 17\% = 23\% \sim 57\%$

故在 95%的把握程度下，从 1000 名投保人中随机抽选 30 名投保人进行抽样估计的结果是，1000 名投保人的平均年龄在 38～43 岁，男性投保人所占的比率为 23%～57%。

本节以例 5-1 和例 5-2 为向导，观览了一遍抽样估计基本原理的运用。下一节进入 Excel 中，感受快速实现区间估计和抽选样本的乐趣。

5.3　区间估计的例解

【例 5-3】为便于比较，仍选用例 5-1 的资料，以说明 Excel 在抽样中的应用。

保险公司从 1000 名投保人中，随机抽取了 30 人，这 30 人的年龄资料如下：

36　42　46　43　31　33　42　53　45　54　47　24　34　23　39

36　44　40　39　49　38　34　48　50　34　39　45　48　45　32

要求：由 30 名投保人的年龄来估计 1000 名投保人的平均年龄。估计的把握程度为 95%。

解：

在 Excel 中，“描述统计”的结果如图 5-2 所示。

	A	B	C	D	E
1	30位投保人的年龄			年龄（岁）	
2	序号	年龄（岁）			
3	1	36		平均	40.43
4	2	42		标准误差	1.42
5	3	46		中位数	41
6	4	43		众数	45
7	5	31		标准差	7.76
8	6	33		方差	60.25
9	7	42		峰度	-0.17
10	8	53		偏度	-0.39
11	9	45		区域	31
12	10	54		最小值	23
13	11	47		最大值	54
14	12	24		求和	1213
15	13	34		观测数	30
16	14	23		最大(1)	54
17	15	39		最小(1)	23
18	16	36		置信度(95.0%)	2.90
19	17	44			
20	18	40			
21	19	39			
22	20	49			
23	21	38			
24	22	34			
25	23	48			
26	24	50			
27	25	34			
28	26	39			
29	27	45			
30	28	48			
31	29	45			
32	30	32			

图 5-2　“描述统计”的结果

在图 5-2 中，A 列和 B 列为已知的资料，D 列和 E 列为“描述统计”的结果。

“描述统计”的结果显示：第一个数据，样本平均数为 40.43；最后一个数据，置信度即允许误差为 2.9。

则：$\overline{X}=\bar{x}\pm\Delta_{\bar{x}}=40.43\pm2.90=38\sim43$ 。

即：1000 名投保人的平均年龄在 38～43 岁之间。

在“描述统计”的结果中，标准误差是样本标准差与样本个数平方根的比，计算公式为$\frac{s}{\sqrt{n}}$；标准差是样本标准差，计算公式为$s=\sqrt{\frac{\sum(x-\bar{x})^2}{n-1}}$；方差是样本方差，是样本标准差的平方。

在 Excel 中，“描述统计”的步骤如下。

第 1 步，在 A1:B32 单元格区域输入数据，如图 5-2 中 A 列和 B 列所示。

第 2 步，在菜单栏中选择“工具”→“数据分析”命令。

第 3 步，在弹出的“数据分析”对话框中，选择“描述统计”选项，单击“确定”按钮。

第 4 步，在弹出的“描述统计”对话框中，在“输入区域”组合框中输入 B2:B32；选中“标志位于第一行”复选框；在“输出区域”组合框中输入 D1；概率为 95%，单击“确定”按钮。结果如图 5-2 中 D 列和 E 列所示。

“描述统计”的过程如图 5-3 所示。

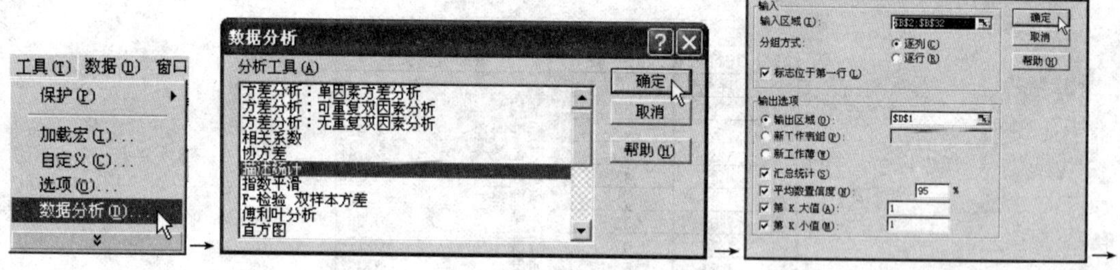

图 5-3 “描述统计”的步骤

【例 5-4】某外贸公司出口一种茶叶，规定每包规格不低于 150 克，现在用不重复抽样的方法抽取其中 1%进行检验，其结果如表 5-7 所示。

表 5-7 抽检 100 包茶叶重量的统计表

每包重量(克)	包数(包)
148～149	10
149～150	20
150～151	50
151～152	20
合计	100

要求：

(1) 以 99.73%的概率，估计这批茶叶平均每包重量的范围，以便确定平均重量是否达到规格要求。

(2) 以同样的概率保证，估计这批茶叶合格率范围。

已知：$\overline{X} \geqslant 150$ 克，$\dfrac{n}{N}=1\%$，x，f，$F(t)=99.73\%$

$\overline{X} \geqslant 150$克，$\dfrac{n}{N}=1\%$，$x$，$f$，$F(t)=99.73\%, t=3$

求：(1) $\overline{X}=\bar{x}\pm\Delta_{\bar{x}}$；(2) $P=p\pm\Delta_p$

解：

(1) 例 5-4 的计算如图 5-4 所示。

E3 = =((B3-150.3)^2)*C3

	A	B	C	D	E
1	100包茶叶重量的计算表				
2	每包重量（克）	每包重量的组中值（克）x	包数（包）f	xf	$\sum(x-\bar{x})^2 f$
3	148～149	148.5	10	1485	32.4
4	149～150	149.5	20	2990	12.8
5	150～151	150.5	50	7525	2
6	151～152	151.5	20	3030	28.8
7	合计	–	100	15030	76

图 5-4 例 5-4 的计算

茶叶的平均重量：$\bar{x}=\dfrac{\sum xf}{\sum f}=\dfrac{15030}{100}=150.30$(克)；

茶叶重量的方差：$s_{\bar{x}}^2=\dfrac{\sum(x-\bar{x})^2 f}{\sum f-1}=\dfrac{76}{100-1}=0.77$；

茶叶重量的抽样平均误差：$\mu_{\bar{x}}=\sqrt{\dfrac{\sigma^2}{n}\left(1-\dfrac{n}{N}\right)}=\sqrt{\dfrac{0.77}{100}\times(1-1\%)}=0.0873$(克)。

茶叶 100 包，为大样本，当概率为 99.73%时，概率度为 3，即每包平均重量的允许误差：

$$\Delta_{\bar{x}}=t\mu=3\times0.0873=0.26(\text{克})$$

则 $\overline{X}=\bar{x}\pm\Delta_{\bar{x}}=150.3\pm0.26=150.04\sim150.56$(克)。

(2) 由于规定每包茶叶规格不低于 150 克，而在抽检的结果中，150～151 克的有 50 包，151～152 克的有 20 包，也就是说，合格的茶叶有 70 包。而 148～149 克的有 10 包，149～150 克的有 20 包，也就是说，不合格的茶叶有 30 包。

茶叶的合格率：$p=\dfrac{n_1}{n}=\dfrac{70}{100}=70\%$；

茶叶的不合格率：$q=\dfrac{n_0}{n}=\dfrac{30}{100}=30\%$；

茶叶合格率的方差：$s_p^2=pq=70\%\times30\%=21\%$；

茶叶合格率的抽样平均误差：

$$\mu_p=\sqrt{\frac{pq}{n}\left(1-\frac{n}{N}\right)}=\sqrt{\frac{70\%\times30\%}{100}\times(1-1\%)}=0.0456$$

茶叶 100 包，为大样本，当概率为 99.73%时，概率度为 3，即每包茶叶合格率的允许误差：

$$\Delta_p = t\mu_p = 3 \times 0.0456 = 0.1368$$

则 $P = p \pm \Delta_p = 70\% \pm 13.68\% = 56\% \sim 84\%$。

答：以 99.73%的概率进行估计，这 1 万包茶叶平均每包重量的范围是 150.04～150.56 克，平均每包重量达到不低于 150 克的规格要求。同时，这批茶叶的合格率在 56%～84%范围内。

【例 5-5】一个电视节目主持人想了解观众对某个电视专题节目的喜欢情况，他选取了 500 个观众作为样本，结果发现喜欢该节目的有 175 人。试以 95%的概率估计观众喜欢这一专题节目的区间范围。

分析：

已知：n=500，$n_1 = 175$，$F(t)$=95%，t=1.96

求：$P = p \pm \Delta_p$

解：

方法一：用计算器求解。

$$p = \frac{n_1}{n} = \frac{175}{500} = 35\%$$

$$\mu_p = \sqrt{\frac{pq}{n}} = \sqrt{\frac{35\% \times (1-35\%)}{500}} = 0.0214$$

$$\Delta_p = t\mu_p = 1.96 \times 0.0214 = 0.0419$$

喜欢该节目的区间范围：$P = p \pm \Delta_p = 0.35 \pm 0.0419 = 31\% \sim 39\%$

方法二：用 Excel 求解。

第 1 步，求出 $p = \frac{n_1}{n} = \frac{175}{500} = 35\%$。

第 2 步，在任一空单元格中，输入“=TINV(0.05, 499)*SQRT((0.35*0.65)/500)”，按 Enter 键，即得出允许误差为 0.0419。

提示： 式中 TINV(0.05, 499)代替查 t 分布表，所得结果，比查表更精确。SQRT 为平方根函数。

第 3 步，计算 0.35±0.0419，就得到以 95%的概率估计观众喜欢这一专题节目的比率，是在 31%～39%的范围内。

答：以 95%的概率进行估计，观众喜欢这一专题节目的比率是 31%～39%。

【例 5-6】举例说明，当已知总体方差，或未知总体方差时，如何对总体平均数进行区间估计？

假设某零件的长度服从正态分布。现从一批产品中随机抽取 10 件，测得其平均长度为 23.1 毫米，用 95%的概率估计，即显著性水平为 5%。

(1) 当已知总体标准差为 0.18 毫米时，求这批产品平均长度的区间范围。

(2) 当已知样本标准差为 0.08 毫米时，求这批产品平均长度的区间范围。

解：

(1) 第 1 步，依次选择“粘贴函数”→“统计”→CONFIDENCE，单击“确定”按钮，在弹出的对话框中，输入相应数据。在 Alpha 组合框中，输入已设定的显著性水平 0.05；在 Standard_dev(标准差)组合框中，输入总体标准差 0.18；在 Size(容量)组合框中，输入样本单位数 10，如图 5-5 所示。

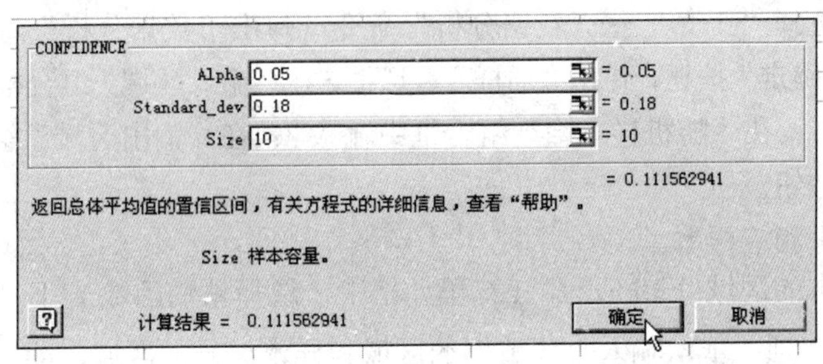

图 5-5　CONFIDENCE

第 2 步，单击“确定”按钮，就得到允许误差 0.1116。

第 3 步，计算样本平均数 23.1±允许误差 0.1116=22.99～23.21 毫米。

即这批产品平均长度在 22.99～23.21 毫米的范围内。

(2) 第 1 步，单击任一空白单元格，输入“=TINV(0.05, 9)*SQRT(0.08/10)”，按 Enter 键，即得出允许误差为 0.2023。

第 2 步，计算样本平均数 23.1±允许误差 0.2023=22.90～23.30 毫米。

即这批产品平均长度在 22.90～23.30 毫米的范围内。

【例 5-7】 2008 年北京奥运会中国 12 名男篮队员资料如下：张庆鹏(后卫)、李楠(前锋)、姚明(中锋)、易建联(中锋)、王仕鹏(后卫)、陈江华(后卫)、朱芳雨(前锋)、王治郅(中锋)、孙悦(后卫)、刘炜(后卫)、王磊(前锋)、杜锋(前锋)。

要求：

(1) 简单抽样：从 12 人中抽选 3 人。

(2) 等距抽样：从 12 人中抽选 3 人。

(3) 分层抽样：从 12 人中抽选 3 人。按场上位置分层。

解：

几种抽样的结果如图 5-6 所示。

	A	B	C	D	E	F	G	H	I	J	K	L	M	N	O	P	Q
1	北京奥运会中国男篮资料				解(1)：简单抽样			解(2)：等距抽样			解(3)：分层抽样				分层抽样（续）		
2	编号	姓名	场上位置		样本编号	样本		样本编号	样本		编号	姓名	场上位置		场上位置	样本编号	样本
3	1	张庆鹏	后卫		4	易建联		2	李　楠		1	陈江华	后卫		后卫	2	刘　炜
4	2	李　楠	前锋		2	李　楠		6	陈江华		2	刘　炜	后卫		前锋	9	朱芳雨
5	3	姚　明	中锋		7	朱芳雨		10	刘　炜		3	孙　悦	后卫		中锋	12	易建联
6	4	易建联	中锋								4	王仕鹏	后卫				
7	5	王仕鹏	后卫								5	张庆鹏	后卫				
8	6	陈江华	后卫								6	杜　锋	前锋				
9	7	朱芳雨	前锋								7	李　楠	前锋				
10	8	王治郅	中锋								8	王　磊	前锋				
11	9	孙　悦	后卫								9	朱芳雨	前锋				
12	10	刘　炜	后卫								10	王治郅	中锋				
13	11	王　磊	前锋								11	姚　明	中锋				
14	12	杜　锋	前锋								12	易建联	中锋				
15	来源：第29届奥运会官方网站																

图 5-6　例 5-7 图

上述解法说明：

在 A1:C14 单元格区域中，录入已知资料：标题、编号(个体编号)、姓名(个体数据)、场上位置(分层标志)。

(1) 简单随机抽样。从 12 人中抽选 3 人。

第 1 步，抽出样本编号。

在菜单栏中选择“工具”→“数据分析”命令，弹出“数据分析”对话框，选择“抽样”选项，单击“确定”按钮，弹出“抽样”对话框，在“输入区域”组合框中输入 A3:A14，即个体编号的区域；在“随机样本数”组合框中输入 3；在“输出区域”组合框中输入 E3，再单击“确定”按钮。

第 2 步，求出相应样本。

选择存放样本的区域 F3:F5，在 F3 单元格中，选择粘贴函数 f_x 下“全部函数”中的 INDEX，选择第 2 项，依次输入个体数据的区域和样本编号的区域，即 B3:B14、E3:E5，再按 Shift+Ctrl+Enter 组合键即可。

(2) 等距随机抽样。从 12 人中抽选 3 人。

第 1 步，确定间距和起点值。

确定间距。由：k=N/n，有：k=12/3=4，即 12 人中，每隔 4 人抽选 1 人。

确定起点值。方法一，公式法。间距的中点值为起点值。本题中，由 k/2，有 4/2=2，即起点值为 2 号。方法二，抽样法。间距的随机值为起点值。本题中，由于间距为 4，即在个体编号 1～4 中任选一个作为起点值。步骤是：在菜单栏中选择“工具”→“数据分析”命令，弹出“数据分析”对话框，选择“抽样”选项，单击“确定”按钮，弹出“抽样”对话框，在“输入区域”组合框中输入 B3:B6；在“随机样本数”组合框中输入 1；在“输出区域”组合框中输入 H3，再单击“确定”按钮，即所选起点值为 2 号。

第 2 步，确定样本编号和样本。

确定样本编号。第 1 个起点值为 2 号，因间距为 4，故第 2 个值为 6，第 3 个值为 10。本题中，也可选择 H3:H4，拖动填充柄，就得到步长为 4 的样本编号。

确定样本。选择存放样本的区域 I3:I5，在 I3 单元格中，选择粘贴函数 f_x 下“全部函数”中的 INDEX，选择第 2 项，依次输入个体数据的区域和样本编号的区域，即 B3:B14、H3:H5，再按 Shift+Ctrl+Enter 组合键即可。

(3) 分层抽样。从 12 人中抽选 3 人。

第 1 步，排序。

利用场上位置进行分类。将 A2:C14 的数据复制到 K2:M14，选择 L2:M14，在菜单栏中选择“工具”→“排序”命令，弹出“排序”对话框，在“主要关键字”下拉列表框中选择“场上位置”选项；在“次要关键字”下拉列表框中选择“姓名”选项，单击“确定”按钮。

第 2 步，确定样本编号和样本。

确定样本编号。在 5 个后卫、4 个前锋、3 个中锋这 3 个层次里，分别抽选 1 个。

在 5 个后卫中任选 1 个的方法是：在菜单栏中选择“工具”→“数据分析”命令，在弹出的对话框中选择“抽样”选项，单击“确定”按钮，弹出“抽样“对话框，在“输入区域”组合框中输入 K3:K7，即个体编号的区域；在“随机样本数”组合框中输入 1；在“输出区域”组合框中输入 P3，再单击“确定”按钮。

在 4 个前锋中任选 1 个的方法是：在菜单栏中选择“工具”→“数据分析”命令，在弹出的对话框中选择“抽样”选项，单击“确定”按钮，弹出“抽样”对话框，在“输入区域”组合框中输入 K8:K11，即个体编号的区域；在“随机样本数”框中输入 1；在“输出区域”组合框中输入 P4，再单击“确定”按钮。

在 3 个后卫中任选 1 个的方法是：在菜单栏中选择“工具”→“数据分析”命令，在弹出的对话框中选择“抽样”选项，单击“确定”按钮，弹出“抽样”对话框，在“输入区域”组合框中输入 K12:K14，即个体编号的区域；在“随机样本数”组合框中输入 1；在“输出区域”组合框中输入 P5，再单击“确定”按钮。

确定样本。选择存放样本的区域 Q3:Q5，在 Q3 单元格中，选择粘贴函数 f_x 下“全部函数”中的 INDEX，选择第 2 项，依次输入个体数据的区域和样本编号的区域，即 L3:L14、P3:P5，再按 Shift+Ctrl+Enter 组合键即可。

统 计 实 录

样本与总体的奇妙关系

抽样法是一种奇妙的方法
里面的奇妙关系令人惊讶
本文选用一个简单的例子
把它的五大关系尽收眼下

提要： 本文用一个简单的例子，来说明样本与总体的五大奇妙关系。理解了这五大关系，也就基本了解了抽样调查的主要原理。这对运用抽样调查，用样本统计量估计总体参数，进行各种分析，会更加得心应手。

资料： 有 3 位记者，代号为 A、B、C，他们每月采写的新闻稿件数分别为：2 篇、4 篇、6 篇。现随机抽出 2 人作为样本调查。

要求：

(1) 计算样本配合数。

说明第 1 个关系：从总体中抽选若干个样本单位，可以确切计算出有多少种样本配合数。

(2) 求证：样本配合的平均数的平均数=总体平均数。

说明第 2 个关系：样本平均数的平均数必定等于总体的平均数，而且都环绕总体的平均数而变动。也就是说，以样本配合的平均数来估计总体的平均数是可行的。

(3) 论证：样本配合的平均数，多数接近总体平均数。

说明第 3 个关系，在所有可能的样本配合的平均数中，接近总体平均数的占多数。

(4) 为什么说样本配合的分布趋近于正态分布?

(5) 求证:样本配合平均数的标准差<总体标准差。

$$样本配合平均数的标准差\mu=\frac{总体标准差\sigma}{\sqrt{样本单位数n}}$$

解:

已知:总体量 $N=3$,样本量 $n=2$,

总体值 X_i($X_1=2$篇,$X_2=4$篇,$X_3=6$篇)

则在总体中,3 人平均发稿数,即:

$$总体平均数\overline{X}=\frac{\sum X}{N}=\frac{2+4+6}{3}=4$$

$$总体标准差\sigma=\sqrt{\frac{\sum(X-\overline{X})^2}{N}}=\sqrt{\frac{(2-4)^2+(4-4)^2+(6-4)^2}{3}}=\sqrt{\frac{8}{3}}$$

(1) **样本配合数的计算。**

按重复抽样的方法,则样本配合数共有 $m=N^n=3^2$ 种,如表 5-8 所示。

表 5-8 样本平均数的计算表

序 号	样本配合		发稿数 x		样本配合的平均数
	(1)	(2)	(1)	(2)	(简称:样本平均数) $\overline{x}$
1	A	A	2	2	2
2	A	B	2	4	3
3	A	C	2	6	4
4	B	B	4	4	4
5	B	A	4	2	3
6	B	C	4	6	5
7	C	C	6	6	6
8	C	A	6	2	4
9	C	B	6	4	5

(2) 求证:**样本平均数的平均数=总体平均数。**

从表 5-8 所示的 9 个样本配合的平均数来看,其平均数,即样本平均数的平均数为:

$$\overline{\overline{x}}=\frac{\sum\overline{x}}{m}=\frac{\sum 样本平均数}{样本配合数}=\frac{2+3+4+4+3+5+6+4+5}{9}=\frac{36}{9}=4$$

这和总体平均数,即 3 位记者的月平均发稿数是一样的。即

$$总体平均数\overline{X}=\frac{\sum X}{N}=\frac{2+4+6}{3}=4$$

(3) 论证:**样本配合的平均数,多数接近总体平均数。**

其一,说明:样本平均数环绕总体平均数变动。

9 个样本配合的平均数,其出现的次数如表 5-9 所示。

表 5-9　样本配合的平均数的次数分布表

样本配合的平均数 $\bar{x}$	次数 f	比率 $\frac{f}{\sum f}$
2	1	1/9=11%
3	2	2/9=22%
4	3	3/9=33%
5	2	2/9=22%
6	1	1/9=11%
合计	9	1=100%

可见，样本配合的平均数中，有 3 个正好等于总体平均数，与总体平均数差距越大的，出现的次数也越少。可见，样本配合的平均数的次数分配，是环绕总体平均数而变动的。

其二，说明：在所有可能的样本配合的平均数中，接近总体平均数的占多数。

在表 5-9 中，9 个样本配合的平均数，有 7 个接近总体平均数。由于 3 名记者的平均发稿数为 4 篇即总体平均数，而平均发稿 3 篇、4 篇、5 篇，是接近总体平均数 4 篇的。从表 5-9 中可以看到：样本配合的平均发稿数，3 篇的有 2 次、4 篇的有 3 次、5 篇的有 2 次，共计 7 次，即有 7 个接近总体平均数。

(4) 说明：**样本配合的分布，趋近于正态分布。**

如果总体很大，而且服从正态分布，则样本配合的分布也服从正态分布；如果总体很大，但不呈正态分布，那么，只要样本足够大(如 30 个以上)，样本配合的平均数也趋近于正态分布。这个关系在数理统计上称为中心极限定理。我们先说它的意思，再讲它的作用。

什么叫正态分布？根据如表 5-9 所示出现次数的分布情况，画成一个直方图，连成一条曲线(折线)，就可看出正态分布的雏形，如图 5-7 所示。

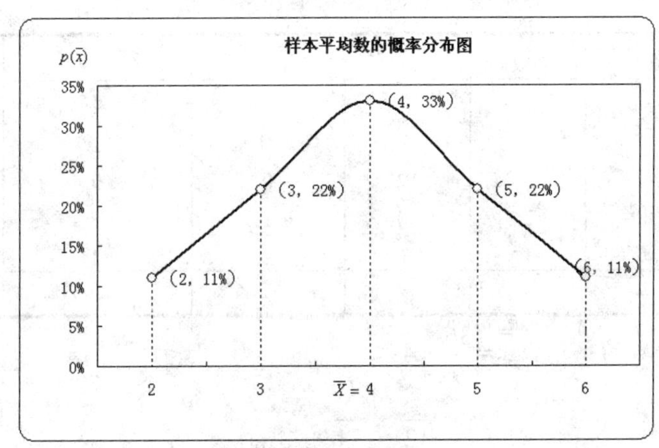

图 5-7　样本配合平均数

当样本配合数不是 9 个，而是几千个或很大时，折线就变成一条圆滑而对称的曲线，并且呈钟形，如图 5-8 所示。

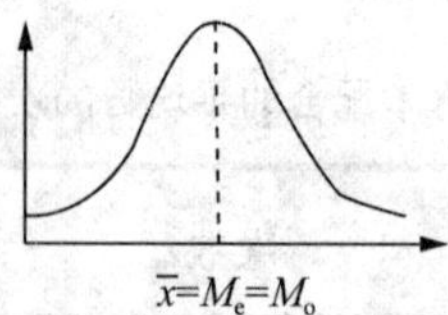

图 5-8　正态分布曲线

显然，正态分布是以平均数为中心的对称分布，越接近平均数的变量值出现的次数越多，越远离平均数的变量值，出现的次数越少。

掌握样本与总体的这个关系，可以借助正态曲线下面的面积计算概率，计算抽样的允许误差和区间估计的可能范围，说明总体数落入该范围内的概率有多大。

(5) 求证：**样本配合平均数的标准差＜总体标准差。**

$$样本配合平均数的标准差=\frac{总体标准差}{\sqrt{样本单位数}}$$

证明：

第 1 步，计算总体的标准差σ，公式为：

$$\sigma=\sqrt{\frac{\sum(X-\overline{X})^2}{N}}$$

$$=\sqrt{\frac{(2-4)^2+(4-4)^2+(6-4)^2}{3}}$$

$$=\sqrt{\frac{8}{3}}$$

第 2 步，计算样本配合的标准差，如表 5-10 所示。

表 5-10　样本平均数的标准差

样本配合的平均数$\bar{x}$	次数 f	$\bar{x}f$	$\bar{x}-\bar{\bar{x}}$	$(\bar{x}-\bar{\bar{x}})^2$	$(\bar{x}-\bar{\bar{x}})^2 f$
2	1	2	−2	4	4
3	2	6	−1	1	2
4	3	12	0	0	0
5	2	10	1	1	2
6	1	6	2	4	4
合计	9	36	—	—	12

样本配合平均数的平均数$\bar{\bar{x}}=\dfrac{36}{9}=4$

样本标准差$\mu=\sqrt{\dfrac{\sum(\bar{x}-\bar{\bar{x}})^2 f}{\sum f}}=\sqrt{\dfrac{12}{9}}=\sqrt{\dfrac{4}{3}}$＜总体标准差$\sigma=\sqrt{\dfrac{8}{3}}$

即

$$\mu=\sqrt{\frac{4}{3}}=\frac{\sqrt{\frac{8}{3}}}{\sqrt{2}}=\frac{\sigma}{\sqrt{n}}$$

这就大体上说明了样本配合的平均数和总体平均数之间误差的大小。这一关系，就是抽样误差的由来。因此，抽样误差实际上是指样本配合的标准差。有了抽样误差(用 μ 表示)，乘以一个临界值(t)，就可以计算出允许误差 $\varDelta=t\mu$，这样也就使得用样本统计量来估计总体参数，可以有一个估计的范围，也称为区间估计。

本 章 小 结

1. 抽样的图示

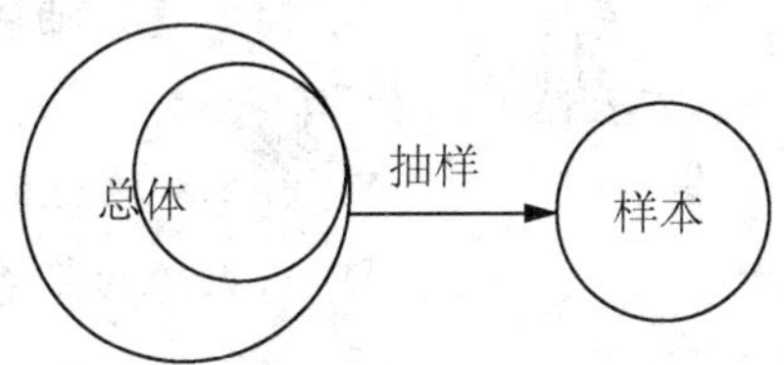

图示说明：大圆表示由 N 组成的总体。内中小圆，表示从中随机抽取的 n 组成的样本。外部小圆，是从大圆里剥离出来的小圆。

2. 抽样估计的程序

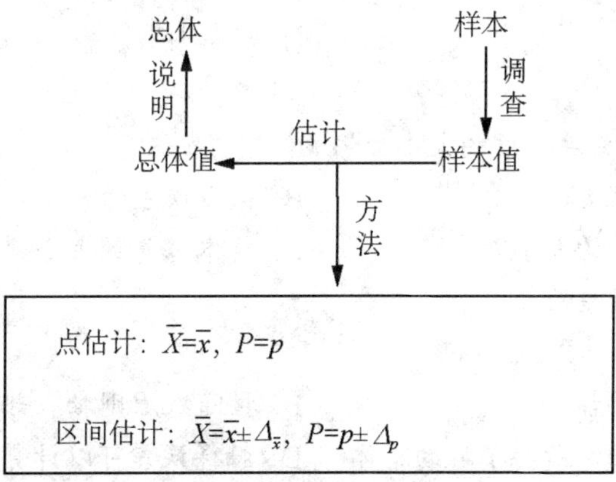

真 题 上 市

一、单项选择题

1. 在研究某城市居民的消费水平时，要通过对个别居民消费状况的了解以达到对全市居民总体消费水平的认识。这主要体现了统计学研究对象的(　　)。

A. 客观性　　B. 数量性

C. 随机性　　D. 总体性

2. 研究如何利用样本数据来推断总体特征的统计学方法是(　　)。

A. 描述统计　　B. 理论统计

C. 推断统计　　D. 应用统计

3. 下列陈述中，不属于抽样调查特点的是(　　)。

A. 样本单位按随机原则抽取

B. 能够根据样本特征对总体特征进行推断

C. 不存在抽样误差

D. 节省人力、物力和财力

4. 在抽样框中，每隔一定距离抽选样本单位的调查方式是(　　)。

A. 整理抽样　　B. 系统抽样

C. 分层抽样　　D. 简单随机抽样

5. 对于一个样本，如果样本方差越大，表明(　　)。

A. 样本观察值的分布越集中　　B. 样本观察值的分布越分散

C. 样本的趋中程度越好　　D. 观察值与平均水平的差异程度越小

二、多项选择题

1. 事先将总体各单位按某一标志排列，然后按相等的距离或间隔来抽选样本单位的抽样方式称为(　　)。

A. 简单随机抽样　　B. 分层抽样

C. 等距抽样　　D. 整群抽样

E. 机械抽样

2. 总体各单位标志变异程度的大小会影响(　　)。

A. 推断的可靠程度　　B. 极限误差的大小

C. 抽样平均误差的大小　　D. 样本容量的大小

E. 样本系统性误差的大小

3. 抽样调查的特点主要有(　　)。

A. 是一种非全面调查　　B. 按随机原则抽取部分调查单位

C. 其目的是要推断所要了解的总体　　D. 抽样误差可以计算并加以控制

E. 抽样推断的结果不一定可靠

4. 区间估计中，总体指标所在范围(　　)。

A. 是一个可能范围　　B. 是绝对可靠的范围

C. 不是绝对可靠的范围　　D. 是有一定把握程度的范围

E. 是毫无把握的范围

5. 要提高抽样推断的可靠程度，可以采取的方法有(　　)。

A. 降低概率度　　B. 提高概率度

C. 扩大估计值的误差范围　　D. 缩小估计值的误差范围

E. 增加样本容量

三、判断题

1. 统计量具有随机性。（　　）
2. 点估计可以给出估计的可靠程度。（　　）
3. 在抽样推断中，抽样误差虽然不可避免但可以控制。（　　）
4. 样本容量过大，统计量的标准误差也会增大，对总体参数的估计会不准确。（　　）
5. 在抽样推断中，作为推断对象的总体和作为观察对象的样本都是确定的、唯一的。（　　）

四、综合题

说明：本题源于 2010 年度全国统计专业技术初级资格考试“统计学和统计法基础知识”试题。

要求：以下 5 道小题，每道小题有一项或一项以上的正确答案。每小题 2 分。

表 5-11 中是 2006 年中国 31 个主要城市年平均相对湿度的数据。

表 5-11　2006 年中国 31 个主要城市年平均相对湿度

单位：%

城　市	年平均相对湿度	城　市	年平均相对湿度	城　市	年平均相对湿度
拉　萨	35	长　春	59	广　州	71
呼和浩特	47	天　津	61	合　肥	72
银　川	51	郑　州	62	福　州	72
北　京	53	西　安	67	长　沙	72
乌鲁木齐	54	沈　阳	68	重　庆	75
石家庄	55	昆　明	69	南　宁	76
兰　州	56	上　海	70	温　江	77
西　宁	56	南　京	71	海　口	78
哈尔滨	57	杭　州	71	贵　阳	79
太　原	58	南　昌	71		
济　南	58	武　汉	71		

根据表 5-11 中数据回答下列问题：

1. 根据表中数据对年平均相对湿度进行分组时，适合的组数为(　　)组。

　A. 2　　B. 6　　C. 3　　D. 16

2. 31 个城市年平均相对湿度的中位数为(　　)。

　A. 35　　B. 79　　C. 68　　D. 71

3. 31个城市年平均相对湿度的众数为(　　)。

A. 35　　B. 79

C. 68　　D. 71

4. 31个城市的年平均相对湿度可以视为从全国所有城市中抽取的随机样本。假定全国年平均相对湿度服从正态分布，且总体标准差为11，则全国年平均相对湿度95%置信度的区间估计为(　　)。

A. $\left(64.3-1.96\times\frac{11}{\sqrt{31}},\ 64.3+1.96\times\frac{11}{\sqrt{31}}\right)$

B. $\left(64.3-1.96\times\frac{11}{31},\ 64.3+1.96\times\frac{11}{31}\right)$

C. $\left(64.3-1.96\times\frac{11}{\sqrt{30}},\ 64.3+1.96\times\frac{11}{\sqrt{30}}\right)$

D. $\left(64.3-1.96\times\frac{11}{30},\ 64.3+1.96\times\frac{11}{30}\right)$

5. 如果希望估计我国所有城市中年平均相对湿度小于60%的城市所占的比例，则该比例95%置信度的区间估计为(　　)。

A. $\left(\frac{12}{31}-1.96\times\frac{12/31\times19/31}{\sqrt{31}},\ \frac{12}{31}+1.96\times\frac{12/31\times19/31}{\sqrt{31}}\right)$

B. $\left(\frac{12}{31}-1.96\times\frac{\sqrt{12/31\times19/31}}{\sqrt{31}},\ \frac{12}{31}+1.96\times\frac{\sqrt{12/31\times19/31}}{\sqrt{31}}\right)$

C. $\left(\frac{12}{31}-1.96\times\frac{12/31\times19/31}{31},\ \frac{12}{31}+1.96\times\frac{12/31\times19/31}{31}\right)$

D. $\left(\frac{12}{31}-1.96\times\frac{\sqrt{12/31\times19/31}}{31},\ \frac{12}{31}+1.96\times\frac{\sqrt{12/31\times19/31}}{31}\right)$

五、分析题

在接受《华商报》专访时，中国远华案涉嫌主犯赖昌星和记者有这么一段对话：

记者问：按照官方数字，你参与走私所瞒报的税款达到500亿元人民币，你怎么可能进行那么大金额的走私？

赖昌星答：作为商人我只想多赚钱，我钻了海关的空子。我可以给你举个例子，如香烟。当时海关对香烟采取抽查制度，抽查率是10%。如果我进150个货柜，就要抽查15个货柜。150个货柜卸到货场，我把150个货柜的清单送去报关，海关人员指定哪几个货柜要检查。不过，我一般都是在下午4点钟左右去报关，这时候海关就要下班了，来不及当天检查。我在香港成立的船务公司，做两套货柜封条，我在海关下班后将海关指定的那些货柜的封条剪开，把里面的香烟取出来，换上其他的东西调包，通常都是化学品等低关税货物，再用另一套封条把货柜封好。

要求：请根据以上数据及相关资料并结合本章内容进行分析。

第 6 章　动态分析：动态三数

【学习目标】

- 掌握动态数列与动态三数的含义与应用。
- 掌握动态总量数与相对数的含义与应用。
- 掌握动态平均数的含义与应用。

万事万物都是在时间上运行的。如果用横轴表示时间，纵轴表示数据，那么就可以勾画出一幅数据随时间变化的图形。本章将利用时间数据资料，介绍最常见的动态分析方法。

6.1　动态数列与动态三数

动态数列，又叫时间数列，或称时间序列，是指随着时间记录的数据所形成的序列。如表 6-1 就是一个动态数列。图 6-1 是由表 6-1 绘制的动态折线图。

表 6-1　奥运会中国的金牌数

年　份	金牌数(枚)
1984	15
1988	5
1992	16
1996	16
2000	28
2004	32
2008	51
2012	38

图 6-1　动态折线图

由表 6-1 或图 6-1 可见，从 1984 年中国实现奥运会金牌零的突破以来，这 8 届获得金牌的数量基本呈上升趋势。而且，动态数列或动态折线图有两个构成因素：一个是年份，即时间项目；一个是金牌数，即时间上的数据，又叫发展水平，它是计算动态三数的基础。由于金牌数是总量数，那么由总量数构成的动态数列就叫总量数动态数列。如果时间上的数据是相对数和平均数，那么由其构成的动态数列就分别是相对数动态数列和平均数动态数列。动态数列与静态数列的比较见表 6-2。

表 6-2　动态数列与静态数列的比较

<table>
<tr><th colspan="2">比较的要点</th><th>动态数列(时间数列)</th><th>静态数列(分配数列)</th></tr>
<tr><td colspan="2">共同点</td><td colspan="2">用于反映现象的数量特征</td></tr>
<tr><td rowspan="3">不同点</td><td>功能</td><td>从动态上反映现象的发展</td><td>从静态上反映现象的结构、特征等</td></tr>
<tr><td>构成</td><td>时间项目、时间上的数据(发展水平)</td><td>分组、次数</td></tr>
<tr><td>种类</td><td>总量数动态数列、相对数动态数列、平均数动态数列</td><td>品质数列、变量数列</td></tr>
</table>

动态三数是指根据动态数列的发展水平计算的数据。动态三数按其功能分为 3 种，即总量数、相对数和平均数，简称“三数”。

动态数列的构成要素有两个：时间项目和时间上的数据。从时间项目来看，按选择对比时间的不同，可以分为报告期和基期，报告期是指研究问题的时期，基期是指作为对比的时期；从时间上的数据即发展水平来看，按发展水平(y_i)在动态数列中所处的位置，可以分为最初水平(y_0)、中间水平($y_1,y_2,\cdots,y_{n-1}$)和最末水平(y_n)。即：第一个数据叫 y_0，最后一个数据叫 y_n，其余数据叫中间水平。

而报告期水平就是指报告期的发展水平，基期水平就是指基期的发展水平。比如：如果研究 2008 年的金牌数与 2004 年的对比，那么，2008 年是报告期，2004 年为基期，2008 年金牌数 51 枚就是报告期水平，2004 年金牌数 32 枚就是基期水平；如果研究 2004 年的金牌数与 2000 年的对比，那么，2004 年是报告期，2000 年为基期，2004 年金牌数 32 枚就是报告期水平，2000 年金牌数 28 枚就是基期水平。按基期水平选择的不同，可以分为上一期水平和固定期水平，上一期水平用 y_{i-1} 表示，固定期水平一般为最初水平 y_0。

如同静态总量数是静态三数中最基本的数据，总量数动态数列也是计算动态三数最基本的数列，下面以图 6-2 为例，说明动态三数的算法与用法。

【例 6-1】 动态三数的算法与用法。

D6～I6 单元格数据的计算如下：在 D6 单元格中输入“=C6-C5”；在 E6 单元格中输入“=C6-15”；在 F6 单元格中输入“=C6/C5”；在 G6 单元格中输入“=C6/15”；在 H6 单元格中输入“= F6-1”；在 I6 单元格中输入“= G6-1”。

将 D6～I6 单元格的数据计算出来后，选中单元格的数据区域 D6:I6，将鼠标指针移到 I6 的右下角，当出现填充柄，即鼠标指针变成“+”形状时，向下拖动，这样就可以自动算出下面的全部数据。如此一拖，岂不美妙，如同放了一把绚丽的焰火。

	A	B	C	D	E	F	G	H	I
1	历届奥运会中国荣获的金牌数的计算								
2	序号	年份	金牌数(枚) y_i	增长量(枚)		发展速度		增长速度	
3				逐期 $y_i - y_{i-1}$	累计 $y_i - y_0$	环比 $\frac{y_i}{y_{i-1}}$	定基 $\frac{y_i}{y_0}$	环比 $\frac{y_i}{y_{i-1}}-1$	定基 $\frac{y_i}{y_0}-1$
4	(甲)	(乙)	(1)	(2)	(3)	(4)	(5)	(6)	(7)
5	1	1984	15	-	-	-	1.00	-	-
6	2	1988	5	-10	-10	0.33	0.33	-0.67	-0.67
7	3	1992	16	11	1	3.20	1.07	2.20	0.07
8	4	1996	16	0	1	1.00	1.07	0.00	0.07
9	5	2000	28	12	13	1.75	1.87	0.75	0.87
10	6	2004	32	4	17	1.14	2.13	0.14	1.13
11	7	2008	51	19	36	1.59	3.40	0.59	2.40
12	8	2012	38	-13	23	0.75	2.53	-0.25	1.53
13	合计	-	201	23	-	-	-	-	-
14	资料来源：中国奥委会官方网站								
15	要求：								
16	(1)	动态总量数：增长量。							
17	(2)	动态相对数：发展速度、增长速度。							
18	(3)	动态平均数：平均增长量、平均速度、平均水平。							

图 6-2　动态三数的计算

6.2　动态总量数

动态总量数，又叫增长量，是指反映现象变动水平的总量数。动态总量数的计算公式为：增长量=报告期水平−基期水平。由于基期水平选择的不同，增长量又分为逐期增长量、累计增长量。

一般公式：

$$逐期增长量=报告期水平-上一期水平=y_i - y_{i-1}$$

$$累计增长量=报告期水平-固定期水平=y_i - y_0$$

式中：逐期增长量是指报告期水平与上一期水平之差，说明本期比上一期增加或减少的数量；累计增长量是指报告期水平与固定期水平之差，说明本期比某一固定时期增加或减少的数量。也就是说，二者之差为正数，表示增加；为负数，表示减少。

显然，逐期增长量与累计增长量之间存在以下关系：逐期增长量之和等于累计增长量。即

$$\sum(y_i - y_{i-1}) = y_n - y_0$$

例如，在图 6-2 中，第(2)栏为金牌数逐期增长量的计算结果，第(3)栏为金牌数累计增长量的计算结果。总体来看，我国奥运健儿的夺金之路越来越亮堂。

6.3　动态相对数

动态相对数，是指反映现象变动程度的相对数。按对比的分子与分母是否能直接相加对比，分为一般动态相对数和特殊动态相对数。一般动态相对数是指速度指标，特殊动态相对数是指统计指数。

6.3.1 一般的动态相对数

1. 发展速度和增长速度

发展速度是指报告期水平与基期水平之比。由于基期水平选择的不同，发展速度又分为环比发展速度、定基发展速度。其中：环比发展速度是指报告期水平与上一期水平之比，表示逐期发展变动的程度；定基发展速度是指报告期水平与固定期水平之比，表示总的发展变动的程度。

发展速度的一般公式：

发展速度=报告期水平/基期水平

以上公式的两种具体表现形式：

环比发展速度=报告期水平/上一期水平= y_i / y_{i-1}

定基发展速度=报告期水平/固定期水平= y_i / y_0

例如，在图6-2中，第(4)栏为金牌数逐期变动的程度，第(5)栏为金牌数总变动的程度。

为什么定基发展速度就是总速度呢？这是因为环比发展速度的连乘积等于定基发展速度。证明如下：

$$\text{环比发展速度连乘积} = \frac{y_1}{y_0} \times \frac{y_2}{y_1} \times \cdots \times \frac{y_n}{y_{n-1}} = \frac{y_n}{y_0} = \text{定基发展速度(总速度)}$$

显然，总速度不是各项环比发展速度之和，而是环比发展速度的连乘积。

增长速度是在发展速度的基础上计算的。发展速度是报告期水平发展到或发展为基期水平的若干倍或百分之几，增长速度是报告期水平比基期水平增长或增长了若干倍或百分之几。

增长速度的一般公式：

增长速度=发展速度-1(或100%)

以上公式的两种具体表现形式：

环比增长速度=环比发展速度-1(或100%)

定基增长速度=定基发展速度-1(或100%)

发展速度与增长速度虽然都是速度指标，但两者的含义不同，文字表述也不一样。发展速度常用“发展到”和“发展为”这类字眼，增长速度常用“增长”、“增长了”、“提高”、“提高了”这类字眼。

例如，在图6-2中，第(6)栏为金牌数逐期增长的程度，第(7)栏为金牌数总增长的程度。

2. 计算动态相对数的注意点

其一，不宜用速度，宜用总量数时。当发展水平中出现了0或者负数时，不适合计算速度，而要用总量数来分析。比如，某企业连续5年的利润额分别为3万元、5万元、-2万元、0万元、1万元，如果要计算速度，那么，分母为0，相除没有意义；分母为负数，相除不符合实情。

其二，速度和总量数的结合运用，计算增长 1%的总量数。比如，有甲、乙两个企业，甲企业报告期的利润额为 1200 万元，基期的为 1000 万元，增长速度为 20%，算式为：(1200−1000)/1000；乙企业报告期的利润额为 120 万元，基期的为 100 万元，增长速度为 20%，算式为：(120−100)/100。显然，甲企业的利润额，不论是报告期的还是基期的，都是乙企业的 10 倍，但两个企业的增长速度是一样的，都为 20%。看来，高速度下，可能隐含着较低的总量数；低速度下，可能隐含着较高的总量数。在这种情况下，就要计算增长 1%的总量数，其计算公式为：

$$
\begin{aligned}
\text{增长1\%的总量数} &= \frac{\text{逐期增长量}}{\text{环比增长速度} \times 100} \\
&= \frac{\text{报告期水平} - \text{上一期水平}}{\dfrac{\text{报告期水平} - \text{上一期水平}}{\text{上一期水平}} \times 100} \\
&= \frac{\text{上一期水平}}{100}
\end{aligned}
$$

显然，甲、乙两个企业虽然增长速度一样，但每增长一个百分点所增加的利润总量是不同的。经计算知，甲企业速度每增长 1%的利润额为 10 万元，而乙企业的则为 1 万元，甲企业远高于乙企业，这说明甲企业与乙企业的经营业绩相比不是一样好，而是更好。

6.3.2　特殊的动态相对数

运用一般的动态相对数，可以计算出前、后两个时期销售额的发展速度，但销售额是销售量和价格的乘积，那么，销售量和价格这两个因素对销售额的影响分别是多少呢？在这种情况下，就要运用特殊的动态相对数即指数分析的方法来解决。

1. 指数概述

统计指数，简称指数，是指现象变动的特殊的相对数。它的特殊性表现在：它是反映不能直接相加的、由多要素所构成的复杂现象其综合变动的相对数。指数这种动态分析方法的主要作用在于：综合反映复杂现象的总变动，进行因素分析。

【例 6-2】用表 6-3 为例，与指数来个亲密接触。

表 6-3　3 种早餐食品的价格和销售量统计表

食品名称	计量单位	单价 p(元)		销售量 q	
		调价前 p_0	调价后 p_1	调价前 q_0	调价后 q_1
(甲)	(乙)	(1)	(2)	(3)	(4)
米粉	碗	3	4	50	60
豆浆	杯	1	1	80	70
馒头	个	0.5	1	60	60

在表 6-3 中，有调价前和调价后的时间变动，因而为时间数列。在两个对比的时间中，常把作为对比的时期叫基期，下标用 0 表示，把作为研究问题的时期叫报告期，下标用 1 表示。比如，用 p 表示价格，则 p_0 表示基期的价格，p_1 表示报告期的价格。在表 6-3 中，调价前为基期，调价后为报告期。同时，单价和销售量存在乘积关系，两者相乘为销售额。

时间数列、乘积关系为计算指数的两个基本条件。指数计算的结果就是要说明，在 3 种商品销售额的总变动中，3 种商品销售量和价格的变动分别有多少。在这里，3 种商品销售量的变动、3 种商品价格的变动就是我们要编制的指数。

显然，要反映单个商品销售量或价格的变动，这都好办，只要把调价后的与调价前的直接进行对比就好了。但要反映 3 种商品销售量或价格的变动，就会遇到不能直接相加和对比的问题。比如，有谁会将调价后的这 3 种商品的销售量直接加起来与调价前的对比呢？将调价后的 60 碗米粉加上 70 杯豆浆，再加上 60 个馒头，谁都不知道这会等于什么。因为商品不同，压根儿就不能相加。既然调价后的 3 种商品的销售量不可加，那么硬要拿它与调价前的去比，就没有意义了，不可加也就不可比，硬性的相加再去相除，只是闹笑话而已。同理，3 种商品的价格虽然计量单位都用“元”来表示，但因为反映的是不同质地的商品价格，因此 3 种商品调价后的价格直接加起来再与调价前的相除，也毫无意义。

看来，要编制反映 3 种商品销售量变动的指数，这种特殊相对数的特殊性表现在，销售量指数是反映由 3 种商品所构成的并且销售量不能直接相加的因素变动的相对数。同样，要编制反映 3 种商品价格变动的指数，这种特殊相对数的特殊性表现在，价格指数是反映由 3 种商品所构成的并且价格不能直接相加的因素变动的相对数。

既然 3 种商品的销售量和价格不能直接相加，那又怎么综合反映它们各自的变动呢？解决这个问题，正是指数的拿手好戏。将不能直接相加的现象转化到能够相加，然后再与以前的数据相除，这就是指数的魅力和特色。

归纳一下，指数的主要特点有 3 个。其一，动态性。用来反映现象的总变动中，各因素的变动对总变动的影响。其二，比较性。指数是个特殊的相对数，它具有使不能直接对比的现象转化为可比的特征。指数有助于对两个时间数列进行比较。其三，综合性。指数有助于从若干因素中综合信息。

2. 指数的计算

先简单介绍一下指数的基本分类，再举例说明各指数的运用。

指数从研究范围上，可分为个体指数、总指数。其中：个体指数是指反映单个现象数量变动的相对数；总指数是指反映不能直接相加的、由多要素所构成的现象其综合变动的相对数。

总指数从数据的表现形式上，可分为总量数指数、平均数指数。其中：总量数指数是总量指标指数的简称，反映总量数变动的相对数；平均数指数是平均指标指数的简称，反映平均数变动的相对数。

总指数从数据的特性上，可分为数量指数、质量指数。其中：数量指数是数量指标指数的简称，反映数量指标变动的相对数；质量指数是质量指标指数的简称，反映质量指标

变动的相对数。

1) 个体指数的计算

个体指数是指反映单个现象数量变动的相对数。例如，反映某种商品销售量、价格和销售额变动的指数，分别称为个体物量指数、个体物价指数、个体销售额指数。

根据表 6-3 的资料，可以计算出相应的个体指数，如表 6-4 所示。

表 6-4　个体指数的计算表

已知栏						计算栏		
食品名称	计量单位	单价 p (元)		销售量 q		个体指数 k_p (%)		
		调价前 p_0	调价后 p_1	调价前 q_0	调价后 q_1	价格 $k_p=\frac{p_1}{p_0}$	销售量 $k_q=\frac{q_1}{q_0}$	销售额 $k_{pq}=\frac{p_1q_1}{p_0q_0}$
(甲)	(乙)	(1)	(2)	(3)	(4)	$(5)=\frac{(2)}{(1)}$	$(6)=\frac{(4)}{(3)}$	$(7)=\frac{(2)\times(4)}{(1)\times(3)}$
米粉	碗	3	4	50	60	133	120	160
豆浆	杯	1	1	80	70	100	88	88
馒头	个	0.5	1	60	60	200	100	200

求：

① 每种早餐食品的价格发展速度(个体物价指数)。

② 每种早餐食品销售量发展速度(个体物量指数)。

③ 每种早餐食品销售额发展速度(个体销售额指数)。

解：

① 每种早餐食品的价格发展速度(个体物价指数) $k_p=\frac{p_1}{p_0}$，计算结果见表中第(5)栏。

② 每种早餐食品销售量发展速度(个体物量指数) $k_q=\frac{q_1}{q_0}$，计算结果见表中第(6)栏。

③ 每种早餐食品销售额发展速度(个体销售额指数) $k_{pq}=\frac{p_1q_1}{p_0q_0}$，计算结果见表中第(7)栏。

由表 6-4 可见，调价后与调价前相比较，米粉的价格、销售量和销售额分别增长了 33%、20%和 60%。而豆浆和馒头的个体指数也是通过同样的方法直接对比得到的。

个体指数是一般动态相对数中的发展速度，不是真正含义上的指数，因为两个不同时期的数据直接对比有意义，不存在不能直接加总等问题。个体指数只反映某种商品的价格、销售量是怎样变动的，如果要知道多种商品的价格、销售量是怎样综合变动的，答案就只能在总指数中找了。

2) 总量数指数的计算

总量数指数，又叫综合指数，是指反映总量数变动的指数。总量数指数是编制总指数的基本形式。

(1) 总量数指数的计算步骤。

第 1 步，列出静态的乘积关系式，这是进行指数分析的前提。

任何静态的乘积关系式，都可分解为数量指标与质量指标。

静态上：

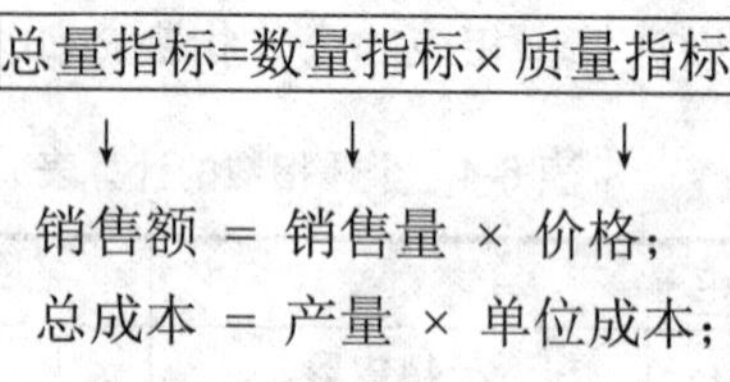

总量指标=数量指标×质量指标
销售额 = 销售量 × 价格；
总成本 = 产量 × 单位成本；
……

第 2 步，列出动态的乘积关系式和差额关系，这是进行指数分析的内容。

动态的乘积关系，又称指数体系。利用指数体系，可以相互推算和验证。

动态上：

总量数指数=数量指数×质量指数

↓　　↓　　↓

销售额指数 = 销售量指数×价格指数；

总成本指数 = 产量指数×单位成本指数；

……

动态的差额关系，就是各指数的分子减去分母。

第 3 步，计算并说明指数的结果。

下面以表 6-4 为例，用“销售额指数=销售量指数×价格指数”来说明总量数指数、数量指数与质量指数的编制。

第 1 步，写出静态关系式：销售额=销售量×价格

第 2 步，写出动态的乘积关系式和差额关系。

$$
\text{总量数指数的分析}\begin{cases}\text{指数体系(乘积关系)：销售额指数}=\text{销售量指数}\times\text{价格指数}\\ \text{即}\,\overline{k}_{pq}=\overline{k}_q\times\overline{k}_p,\ \text{即}\dfrac{\sum p_1q_1}{\sum p_0q_0}=\dfrac{\sum q_1p_0}{\sum q_0p_0}\times\dfrac{\sum p_1q_1}{\sum p_0q_1}\\ \text{差额关系：}\sum p_1q_1-\sum p_0q_0=(\sum q_1p_0-\sum q_0p_0)+(\sum p_1q_1-\sum p_0q_1)\end{cases}
$$

上式中：

销售额指数(发展速度)$=\dfrac{\text{报告期销售额}}{\text{基期销售额}}$，用公式表示为：$\overline{k}_{pq}=\dfrac{\sum p_1q_1}{\sum p_0q_0}$。

价格指数 $\overline{k}_p=\dfrac{\sum p_1q_1}{\sum p_0q_1}$。如前所述，反映多种商品价格的变动时，$\overline{k}_p\neq\dfrac{\sum p_1}{\sum p_0}$，因为分子相加无意义，相除自然没有意义。那怎么反映多种商品价格的变动呢？大家知道，价值指标具有可加性。那么能不能将价格转化为价值指标？答案是肯定的，由同度量因素可以实现这种转化。

同度量因素又叫权数，是指在指数编制中，将不能直接相加的因素转化为能够相加的因素。同度量因素起着权衡轻重和同度量的作用。由第 1 步的“销售额=销售量×价格”可

知，价格的同度量因素为销售量，因为价格与销售量相乘为销售额，销售额是一个价值指标。也就是说，在反映多种商品价格变动时，以销售量为同度量因素。但这里又出现了第二个问题，这同度量因素是固定在报告期还是基期。一般而言，选择报告期，以报告期的销售量作为价格的同度量因素。因此，价格指数表示在报告期销售数量和销售结构的基础上，反映多种商品价格的变动。

在价格指数的分析中，相对数分析的形式为 $\bar{k}_p=\frac{\sum p_1q_1}{\sum p_0q_1}$，其分子与分母的对比说明：在报告期的销售数量和销售结构的基础上，来考察各种商品价格的综合变动程度。总量数分析的形式为 $\sum p_1q_1-\sum p_0q_1$，其分子与分母的差额说明：报告期实际销售的商品，由于价格变化而增(减)了多少销售额。

销售量指数 $\bar{k}_q=\frac{\sum q_1p_0}{\sum q_0p_0}$。如前所述，反映多种商品销售量的变动时，$\bar{k}_q\neq\frac{\sum q_1}{\sum q_0}$。同理，销售量的同度量因素为价格。根据指数体系的关系式，可以推出以基期的价格作为销售量的同度量因素。因此，销售量指数表示在基期价格的基础上，反映多种商品销售量的变动。

由以上说明可得出，在总量数指数中，两个分解因素指数的编制原则：

原则 1，在编制质量指数时，以数量指标为权数，并且同时固定在报告期，即：

$$\bar{k}_p=\frac{\sum p_1q_1}{\sum p_0q_1}$$

原则 2，在编制数量指数时，以质量指标为权数，并且同时固定在基期，即：

$$\bar{k}_q=\frac{\sum q_1p_0}{\sum q_0p_0}$$

第 3 步，计算并说明指数的结果。

在总量数指数的分析中，总量数指数与各因素指数之间的数量关系表现为：从指数体系，即相对数来看，总量数指数等于各因素指数的乘积；从差额关系，即总量数来看，总量数指数的变动差额等于各因素指数变动差额之和。

计算指数的要点如下：

其一，指数的编制有 3 步。第 1 步，写出静态关系式；第 2 步，写出动态关系式；第 3 步，进行计算和文字说明。

其二，指数的分析有两个方面。一是相对数分析(指数体系)，二是总量数分析(差额关系)。

其三，编制指数的关键有一个。这就是解决同度量的问题。关于同度量因素时期的确定，拉氏学派认为都要固定在基期，而派氏学派(也称帕氏学派)认为都要固定在报告期。这要视情况而定。拉氏学派倡导的拉氏指数，于 1864 年首创，制定者是德国经济统计学家拉斯贝尔。派氏学派倡导的派氏指数，于 1874 年首创，制定者是德国经济统计学家、当时年仅 23 岁的派许(也译作帕煦)。

其四，指数的由来与运用。指数的编制最早起源于物价指数。1650 年，英国人沃汉首创物价指数，用于量度物价的变化。当时，大量金银流入欧洲，使得欧洲的物价飞涨，引起社会不安，于是产生了价格指数，用来反映物价变动的程度。但那时计算的物价指数，只是反映单个商品价格变动的。后来，指数运用的领域不断扩展。

(2) 总量数指数的举例说明。

下面，以如表6-5所示的资料来说明总量数指数中各因素指数的编制及其关系。

表6-5　总指数的计算表

已知栏						计算栏		
食品名称	计量单位	单价(元) p		销售量 q		销售额(元) pq		
		调价前 p_0	调价后 p_1	调价前 q_0	调价后 q_1	基期 p_0q_0	报告期 p_1q_1	假定 p_0q_1
(甲)	(乙)	(1)	(2)	(3)	(4)	(5)=(1)×(3)	(6)=(2)×(4)	(7)=(1)×(4)
米粉	碗	3	4	50	60	150	240	180
豆浆	杯	1	1	80	70	80	70	70
馒头	个	0.5	1	60	60	30	60	30
合计	—	—	—	—	—	260	370	280

求：

① 3种早餐食品的销售额发展速度(销售额指数)及其增长量。

② 3种早餐食品的销售量指数及其增长量。

③ 3种早餐食品的价格指数及其增长量。

④ 文字说明：3种早餐食品的销售额变动中，由于价格变动、销售量变动所影响的程度和差额。

解：

① 3种早餐食品的销售额发展速度(销售额指数)：$\bar{k}_{pq}=\dfrac{\sum p_1q_1}{\sum p_0q_0}=\dfrac{370}{260}=142\%$

其增长量：$\sum p_1q_1-\sum p_0q_0$=370−260=110(元)。

② 3种早餐食品的销售量指数：$\bar{k}_q=\dfrac{\sum q_1p_0}{\sum q_0p_0}=\dfrac{280}{260}=108\%$

其增长量：$\sum q_1p_0-\sum q_0p_0$=280−260=20(元)。

③ 3种早餐食品的价格指数：$\bar{k}_p=\dfrac{\sum p_1q_1}{\sum p_0q_1}=\dfrac{370}{280}=132\%$

其增长量：$\sum p_1q_1-\sum p_0q_1$=370−280=90(元)。

④ 文字说明：3种早餐食品的销售额变动中，由于价格变动、销售量变动影响的程度和差额。

由 { 指数体系：销售额指数=销售量指数×价格指数
　　差额关系：销售额变动的增减额=销售量变动的影响额+价格变动的影响额

即 $\begin{cases} \text{指数体系：} \dfrac{\sum p_1q_1}{\sum p_0q_0} = \dfrac{\sum q_1p_0}{\sum q_0p_0} \times \dfrac{\sum p_1q_1}{\sum p_0q_1} \\ \text{差额关系：} \sum p_1q_1 - \sum p_0q_0 = (\sum q_1p_0 - \sum q_0p_0) + (\sum p_1q_1 - \sum p_0q_1) \end{cases}$

有 $\begin{cases} \text{指数体系：} 142\% = 108\% \times 132\% \\ \text{差额关系：} 110\text{元} = 20\text{元} + 90\text{元} \end{cases}$

计算结果表明：3 种早餐食品销售量增长 8%，使销售额增加 20 元；3 种早餐食品价格上涨 32%，使销售额增加 90 元。销售量和价格这两个因素共同影响，使 3 种早餐食品的销售额，调价后与调价前相比，增长 42%，增加 110 元。

(3) 总量数指数的变形计算。

上面计算总指数时，资料都齐备，基期、报告期的数量指标和质量指标的资料都要有。但有时，只有个体资料和总指数基本公式中的分子或分母资料，这时，就要采用总指数的变形公式来计算(如表 6-6 和表 6-7 所示)。

表 6-6　总指数变形之一的计算表

食品名称	计量单位	销售量 q		基期销售额(元) p_0q_0	个体指数 $k_q=\frac{q_1}{q_0}$	个体指数和基期销售额的乘积 $k_qp_0q_0$
		调价前 q_0	调价后 q_1			
(甲)	(乙)	(1)	(2)	(3)	$(4)=\frac{(2)}{(1)}$	(5)=(4)×(3)
米粉	碗	50	60	150	1.2000	180
豆浆	杯	80	70	80	0.8750	70
馒头	个	60	60	30	1.0000	30
合计	—	—	—	260	—	280

已知：表 6-6 中第(1)、第(2)、第(3)栏的资料。

求：3 种早餐食品销售量的指数 $\bar{k}_q$ 为多少？

解：

计算见表 6-6 中第(4)、第(5)栏。

由　$\bar{k}_q = \dfrac{\sum q_1p_0}{\sum q_0p_0}$

有　$\bar{k}_q = \dfrac{\sum \frac{q_1}{q_0} q_0p_0}{\sum q_0p_0} = \dfrac{\sum k_q q_0p_0}{\sum q_0p_0} = \dfrac{280}{260} = 108\%$

即 3 种早餐食品的销售量总共增长了 8%。

说明： 本题是销售量总指数的变形计算。计算条件是已知销售量的个体指数、销售量总指数的分母资料。

表 6-7　总指数变形之二的计算表

食品名称	单价 p(元)		报告期销售额(元) p_1q_1	个体指数 $k_p=\frac{p_1}{p_0}$	报告期销售额除以个体指数 $\frac{p_1q_1}{k_p}$
	调价前 p_0	调价后 p_1			
(甲)	(1)	(2)	(3)	$(4)=\frac{(2)}{(1)}$	$(5)=\frac{(3)}{(4)}$
米粉	3	4	240	1.3333	180
豆浆	1	1	70	1.0000	70
馒头	0.5	1	60	2.0000	30
合计	—	—	370	—	280

已知：表 6-7 中第(1)、第(2)、第(3)栏的资料。

求：3 种早餐食品价格的指数 $\overline{k}_p$ 为多少？

解：

计算见表 6-7 中第(4)、第(5)栏。

由　$\overline{k}_p=\frac{\sum p_1q_1}{\sum p_0q_1}$

有　$\overline{k}_p=\frac{\sum p_1q_1}{\sum\frac{p_0}{p_1}p_1q_1}=\frac{\sum p_1q_1}{\sum\frac{p_1q_1}{k_p}}=\frac{370}{280}=132\%$

即 3 种早餐食品的价格总共上涨了 32%。

说明：本题是价格总指数的变形计算。计算条件是已知价格个体指数、价格总指数的分子资料。

3) 平均数指数的计算

平均数指数是指反映平均数变动的指数。

(1) 平均数指数的计算步骤。

第 1 步，列出静态的乘积关系式。

静态上：平均指标=数量指标×质量指标

加权算术平均数的基本公式为：

$$\overline{X}=\sum\left(X\frac{F}{\sum F}\right)$$

式中：X ——数量指标；

$\frac{F}{\sum F}$ ——质量指标。

第 2 步，列出动态的乘积关系式和差额关系。

动态上：

指数体系：平均数指数=固定指数×结构指数

差额关系：就是各指数的分子减去分母。

其中，平均数指数是平均指标指数的简称，是反映平均指标变动的特殊相对数。固定指数即数量指数，反映各组平均数的变动。结构指数即质量指数，反映各组单位数在总体总数中所占比重的变动。

第 3 步，计算并说明指数的结果。

计算时，应遵循编制总量数指数的基本原则，即：在编制数量指数时，以质量指标为权数，并固定在基期；在编制质量指数时，以数量指标为权数，并固定在报告期。

平均数指数的分析：

指数体系：$I_{XF}=I_X\times I_F$

即：
$$\frac{\sum\left(X_1\frac{F_1}{\sum F_1}\right)}{\sum\left(X_0\frac{F_0}{\sum F_0}\right)}=\frac{\sum\left(X_1\frac{F_1}{\sum F_1}\right)}{\sum\left(X_0\frac{F_1}{\sum F_1}\right)}\times\frac{\sum\left(X_0\frac{F_1}{\sum F_1}\right)}{\sum\left(X_0\frac{F_0}{\sum F_0}\right)}$$

差额关系：
$$\sum\left(X_1\frac{F_1}{\sum F_1}\right)-\sum\left(X_0\frac{F_0}{\sum F_0}\right)$$
$$=\left[\sum\left(X_1\frac{F_1}{\sum F_1}\right)-\sum\left(X_0\frac{F_1}{\sum F_1}\right)\right]+\left[\sum\left(X_0\frac{F_1}{\sum F_1}\right)-\sum\left(X_0\frac{F_0}{\sum F_0}\right)\right]$$

下面举例说明。

【例 6-3】本题源于全国统计专业技术初级资格考试“统计学和统计法基础知识”试卷。

对某企业职工的工资情况进行调查，结果如表 6-8 所示。

表 6-8　职工工资情况调查表

指　标	符　号	基　期	报告期
工资总额(万元)	XT	1500	1680
职工人数(人)	T	1000	1050
平均工资(元/人)	X	15000	16000

根据资料，分析该企业工资总额的变动及其各因素变动对它的影响，并逐项填答下列问题。

(1) 该项调查的调查单位是(　　)。

A. 该企业的全体职工　　B. 该企业全体职工的工资

C. 该企业的每个职工　　D. 该企业每个职工的工资

(2) 结合资料，指出以下正确的选项(　　)。

A. 工资总额时间数列是时期数列

B. 工资总额时间数列是时点数列

C. 平均工资时间数列是相对数时间数列

D. 平均工资时间数列是平均数时间数列

(3) 按此题要求，下面指数体系正确的是(　　)。

A. $\dfrac{X_1T_1}{X_0T_0}=\dfrac{X_1T_1}{X_0T_1}\times\dfrac{X_0T_1}{X_0T_0}$　　B. $\dfrac{\sum X_1T_1}{\sum X_0T_0}=\dfrac{\sum X_1T_1}{\sum X_0T_1}+\dfrac{\sum X_0T_1}{\sum X_0T_0}$

C. $\dfrac{X_1T_1}{X_0T_0}=\dfrac{X_1T_0}{X_0T_0}\times\dfrac{X_1T_1}{X_1T_0}$　　D. $\dfrac{\sum X_1T_1}{\sum X_0T_0}=\dfrac{\sum X_1T_0}{\sum X_0T_0}\times\dfrac{\sum X_1T_1}{\sum X_1T_0}$

(4) 在进行总量数分析时，下面算式正确的是(　　)。

A. $X_1T_1-X_0T_0=(T_1-T_0)X_0+(X_1-X_0)T_1$

B. $X_1T_1-X_0T_0=(T_1-T_0)X_1+(X_1-X_0)T_0$

C. $\sum X_1T_1+\sum X_0T_0=\sum(T_1-T_0)X_0-\sum(X_1-X_0)T_1$

D. $\sum X_1T_1-\sum X_0T_0=\sum(T_1-T_0)X_1+\sum(X_1-X_0)T_0$

(5) 对表中资料分析的结果，表明(　　)。

A. 该企业工资总额报告期比基期增长了 12%，增加 180 万元

B. 由于平均工资增长 6. 7%，使工资总额增加 105 万元

C. 由于职工人数增长 5%，使工资总额增加 75 万元

D. 由于职工人数增长 5%，使工资总额增加 80 万元

答案：(1) C　(2) AD　(3) A　(4) A　(5) ABC

3. 常见的指数

1) 居民消费价格指数(CPI)(参见图 6-3)

CPI 的编制如表 6-9 所示。

图 6-3　居民消费价格指数资料

表 6-9　CPI 的计算表

类别及品名	代表规格品	计量单位	平均价格(元)		指　数	权　数	指数×权数
			基　期	报告期			
(甲)	(乙)	(丙)	(1)	(2)	$(3)=\dfrac{(2)}{(1)}$	(4)	(5)=(3)×(4)
总指数							
一、食品类							
(一)粮食类							

续表

类别及品名	代表规格品	计量单位	平均价格(元)		指　数	权　数	指数×权数
			基　期	报告期			
(甲)	(乙)	(丙)	(1)	(2)	$(3)=\frac{(2)}{(1)}$	(4)	(5)=(3)×(4)
1.大米	早稻米						
	东北米						
	月牙米						
2.面粉	精粉						
3.粮食							
4.其他							
(二)副食品类							
(三)其他食品							
二、烟酒及用品							
三、衣着							
四、家庭设备用品及服务							
五、医疗保健及个人用品							
六、交通和通信							
七、娱乐教育文化用品及服务							
八、居住							

【例 6-4】CPI 举例。某市 CPI 的计算表如表 6-10 所示。

表 6-10　某市 CPI 的计算表

类别及品名	规格等级	计量单位	平均价格(元)		指　数	权　数(%)	指数×权数(%)
			基　期	报告期			
(甲)	(乙)	(丙)	(1)	(2)	$(3)=\frac{(2)}{(1)}$	(4)	(5)=(3)×(4)
总指数	—	—	—	—	1.0269	100	102.6900
一、食品类	—	—	—	—	1.0415	42	43.7430
二、衣着类	—	—	—	—	0.9546	15	14.3190
三、家庭设备及用品	—	—	—	—	1.0270	11	11.2970
四、医疗保健	—	—	—	—	1.1043	3	3.3129
五、交通和通信工具	—	—	—	—	0.9853	4	3.9412
1. 交通工具	—	—	—	—	1.0437	60	62.6220
摩托车	100 型	辆	8450	8580	1.0154	45	45.6930

续表

类别及品名	规格等级	计量单位	平均价格(元)		指　数	权　数	指数×权数
			基　期	报告期			
自行车	660mm	辆	336	360	1.0714	50	53.5700
三轮车	普通	辆	540	552	1.0222	5	5.1110
2. 通信工具	—	—	—	—	0.8978	40	35.9120
电话机	中档	部	198	176	0.8889	80	71.1120
BP 机	中档	部	900	840	0.9333	20	18.6660
六、文教娱乐用品	—	—	—	—	1.0126	5	5.0630
七、居住项目	—	—	—	—	1.0350	14	14.4900
八、服务项目	—	—	—	—	1.0874	6	6.5244

求：CPI。

解：

第 1 步，计算指数。见表 6-10 中的第(3)栏。

第 2 步，解读权数。CPI 计算中，八大类商品和服务项目权数的总和为 100%；在八大类下，又分中类，各中类的权数总和为 100%；在各中类下，又分代表规格品，各代表规格品的权数的总和为 100%。

比如，第五大类交通和通信工具，占八大类的权数为 4%。在第五大类下，又分交通工具和通信工具 2 个中类，两者各占 60%和 40%，权数之和为 100%。在交通工具这个中类下，又有 3 个代表规格品，摩托车、自行车和三轮车的权数各占 45%、50%和 5%，权数之和为 100%。

第 3 步，求总指数。

计算的顺序是：先由代表规格品的指数求中类的指数，再由中类的指数求八大类的指数。

计算的公式是：

$$\overline{k}_p = \frac{\sum \frac{p_1}{p_0} p_0 q_0}{\sum p_0 q_0} = \sum\left(\frac{p_1}{p_0} \times \frac{p_0 q_0}{\sum p_0 q_0}\right) = \sum k_p w$$

计算代表规格品的指数：摩托车的指数=1.0154×45%=45.693%，其余，以此类推。

计算中类的指数：交通工具的指数=1.0154×45%+1.0714×50%+1.0222×5%=1.0437。

通信工具的指数=0.8889×80%+0.9333×20%=0.8978。

计算各大类的指数：交通和通信工具的指数=1.0437×60%+0.8978×40%=0.9853。

计算八大类的指数：居民消费价格指数 CPI=43.7430%+14.3190%+11.2970%+3.3129%+3.9412%+5.0630%+14.4900%+6.5244%=102.6905%。

2) 股票价格指数

(1) 股票价格指数的概念。股票价格指数，简称股价指数，是指反映多种股票价格一般变化趋势的相对数，是表明股市行情变动的参考值。它由证券交易所、金融服务机构、咨询研究机构和新闻单位编制和发布(如图 6-4 所示)。

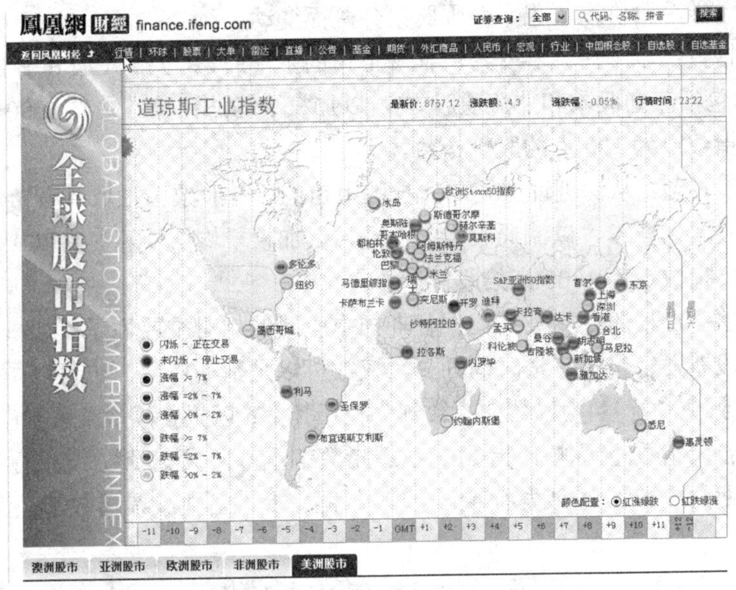

图 6-4　发布股票价格指数

(2) 股价指数的计算。计算步骤：第 1 步，选股。根据上市公司的行业分布、经济实力、资信等级等因素，选取适当数量的有代表性的股票作为编制指数的样本股票。样本股票可以随时更换或作数量上的增减，以保持良好的代表性。第 2 步，采样。按期到股票市场上采集样本股票的价格。第 3 步，计算。利用科学的方法和先进的手段计算出指数值。第 4 步，调整。通过新闻媒体向公众公布。为保持股价指数的连续性，为使各个时期计算出来的股价指数相互可比，有时还需要对指数值做相应的调整。

下面简单介绍美国的道·琼斯指数、我国的大盘指数(上证综合指数、深证成份股指数)是怎么算出来的。

道·琼斯指数。道·琼斯指数始于 1884 年，首开股价指数计算的先河。道·琼斯指数的计算，在 1928 年 10 月 1 日前采用简单算术平均法，这之后采用除数修正的平均法。

简单算术平均法求出的股价平均数，是将样本股票每日收盘价之和除以样本数得出的，即：

$$\text{简单的股价平均数}=(p_1+p_2+\cdots+p_n)/n$$

除数修正平均法求出的股价平均数，是以新股价总额除以旧股价平均数，求出新的除数，再以报告期的股价总额除以新的除数，这就得出修正的股价平均数。即：新的除数=变动后的新股价总额/旧的股价平均数；修正的股价平均数=报告期股价总额/新的除数。其目的在于修正因股票分割、增资、发放红股等因素造成的股价平均数的变化，以保持股份平均数的连续性和可比性。

举例来说，从某一股市采样的 4 种股票为 A、B、C、D，在某一交易日的收盘价分别为 10 元、16 元、24 元和 30 元，则简单的股价平均数=(10+16+24+30)/4=20(元)。

如果 D 股票发生以 1 股分割为 3 股的变动，股价势必从 30 元下调为 10 元，则新的除数=(10+16+24+10)/20=3，修正的股价平均数=(10+16+24+10)/3=20(元)，得出的平均数与未分割时计算的一样，股价水平也不会因股票分割而变动。

上证综合指数：以上海证券交易所挂牌上市的全部股票(包括 A 股和 B 股)为样本，以发行量为权数(包括流通股本和非流通股本)，以加权平均法计算。它以 1990 年 12 月 19 日为基日，基日指数定为 100 点的股价指数。

深证成份股指数：从深圳证券交易所挂牌上市的所有股票中抽取具有市场代表性的 40 家上市公司的股票为样本，以流通股本为权数，以加权平均法计算。它以 1994 年 7 月 20 日为基日，基日指数定为 1000 点的股价指数。

加权平均法：加权股票指数是根据各期样本股票的相对重要性予以加权，其权数可以是成交股数、股票发行量等。按时间划分，权数可以是基期权数，也可以是报告期权数。以基期成交股数(或发行量)为权数的指数称为拉氏指数；以报告期成交股数(或发行量)为权数的指数称为派氏指数(也称帕氏指数)。拉氏指数偏重基期成交股数(或发行量)，而派氏指数则偏重报告期的成交股数(或发行量)。目前，世界上大多数股票指数都是派氏指数。

6.4 动态平均数

动态平均数是指利用动态数列计算的平均数。按计算的不同对象，比如对增长量、速度、发展水平求平均，动态平均数又可分为 3 种：平均增长量、平均速度和平均发展水平。现分述如下。

6.4.1 平均增长量

平均增长量是指对动态数列中的增长量求平均数。

计算公式：

平均增长量=逐期增长量之和/逐期增长量的个数=累计增长量/(观察值个数−1)

例如，利用图 6-2 中第(2)栏的资料可得：平均增长量为 3 枚，算式为 23/7=3 枚。

6.4.2 平均速度

平均速度是指对动态数列中的速度求平均数。速度有发展速度和增长速度之分，平均速度也有平均发展速度和平均增长速度两种。平均增长速度等于平均发展速度减去 1 或 100%，反映现象逐期增(减)的平均速度。

平均发展速度的计算方法有两种：几何平均法和方程式法。其中，几何平均法侧重于考察期末水平，方程式法侧重于考察全期水平。

两种算法视情况而定。为说明两种算法，先列出如下式子。

设：y_i表示各期发展水平；x_i表示各期环比发展速度；$\bar{x}$表示平均发展速度。

则

$$x_1=\frac{y_1}{y_0},x_2=\frac{y_2}{y_1},\cdots,x_n=\frac{y_n}{y_{n-1}}$$

即

$$y_1=y_0x_1,y_2=y_0x_1x_2,\cdots,y_n=y_0x_1x_2\cdots x_n \tag{6-1}$$

1. 几何平均法

几何平均法是指 n 个环比发展速度的连乘积开 n 次方根。它主要考虑在长期计划中，最末一期的发展水平是否达到了预期目标，即着重解决按什么样的平均速度发展才能达到最后一年的发展水平。它通常用于计算人口、产量、产值等的速度。

在式(6-1)中，最末水平 $y_n=y_0x_1x_2\cdots x_n$

上式中，假设每期环比发展速度 x_i 都以相同的平均发展速度 $\overline{x}$ 发展，则 $y_n=y_0\overline{x}\,\overline{x}\cdots\overline{x}=y_0\overline{x}^n$，这说明现象从最初水平 y_0 出发，每期按一定的平均发展速度 $\overline{x}$ 发展，经过 n 期，所计算出的期末理论值水平应与期末实际水平相一致。

即

$$\overline{x}=\sqrt[n]{\frac{y_n}{y_0}}$$

又

总速度(定基发展速度)=环比发展速度的连乘积

即

$$\overline{x}=\sqrt[n]{\frac{y_n}{y_0}}=\sqrt[n]{x_1x_2\cdots x_n}=\sqrt[n]{\prod x}$$

式中：$\overline{x}$——平均发展速度；

n——环比发展速度的个数；

y_n——最末水平；

y_0——最初水平；

x_i——各期环比发展速度，i=1,2,…,n；

$\prod$——连乘的符号，读为“派”。

注意：几何平均法计算简单，应用很广。在分析时，要将其与环比发展速度等指标相结合。

由于几何平均法的公式只涉及最初水平、最末水平、时间项目这 3 项资料，因此它的计算结果很容易受两端数值波动的影响，而中间水平的变动对它没有影响。也就是说，它不能反映中间各期数值的波动。因此，运用几何平均法时，要注意各期数值的变动情况，要用环比发展速度、分段平均发展速度等指标来补充总平均发展速度，只有这样才能正确而完整地认识现象的发展变化过程。

【例 6-5】十八大报告提出：“在发展平衡性、协调性、可持续性明显增强的基础上，2020 年中国实现国内生产总值和城乡居民人均收入比 2010 年翻一番。”

试问：每年的平均发展速度为多少才能实现这个目标？

解：

设 y_0 表示2010年的城乡居民人均收入，y_n 表示2020年的城乡居民人均收入，n 表示环比发展速度的个数，$\bar{x}$ 表示平均发展速度。

由题意知：$\dfrac{y_n}{y_0}=2^1$，$n=2020-2010=10$

由 $\bar{x}=\sqrt[n]{\dfrac{y_n}{y_0}}$，有 $\bar{x}=\sqrt[10]{\dfrac{y_{10}}{y_0}}=\sqrt[10]{2^1}=1.07$

即：要实现中国城乡居民人均收入到2020年比2010年翻一番的目标，年均发展速度应为107%。也就是说，在这10年间，中国城乡居民人均收入和国内生产总值的年均增长速度均应达到7%。

“番”与“倍”的说明：在“翻番”中，“翻”是动词，“番”是量词。番是以2为基数，翻一番为 2^1，翻 m 番为 2^m。番和倍，都是量词。番数和倍数，都是表示分子的值比分母的值大很多的计量形式。番与倍的不同在于，“番”是按几何级数计算的，“倍”是按算术级数计算的。比如，增长一倍，就是增长100%；翻一番，也是增长100%。除了一倍与一番相当外，两倍与两番以上的数字含义就不同了。而且数字越大，差距越大。如增长两倍，就是指增长200%；翻两番，就是400%(一番是二，二番是四，三番就是八)，所以说翻两番就是增长了300%，翻三番就是增长了700%。如果以 m 表示番数，那么，计算翻番的公式为：

$$2^m=\frac{y_n}{y_0}$$

2. 方程式法

方程式法主要考虑在长期计划中，整个时期发展水平的总量是否达到了预期目标。它通常用于计算固定资产投资、新增固定资产、垦荒造林、地质勘探等的速度。

将式(6-1)中各项发展水平相加，即得全期发展水平。

即

$$y_1+y_2+\cdots+y_n=y_0x_1+y_0x_1x_2+\cdots+y_0\underbrace{x_1x_2\cdots x_n}_{n\text{个}x_i}$$

上式中，假设每期环比发展速度 x_i 都以相同的平均发展速度 $\bar{x}$ 发展，则

$$\sum y=y_0\bar{x}+y_0\bar{x}\bar{x}+\cdots+y_0\underbrace{\bar{x}\bar{x}\cdots\bar{x}}_{n\text{个}\bar{x}}$$

即

$$\bar{x}+\bar{x}^2+\cdots+\bar{x}^n=\frac{\sum y}{y_0}$$

解高次方程，即得 $\bar{x}$。方程式法由此得名。

6.4.3 平均发展水平

平均发展水平，又叫序时平均数，它是指对动态数列中不同时期的发展水平求平均数。平均发展水平用 $\overline{y}$ 表示。

1. 由总量数动态数列求序时平均数

总量数有时期数和时点数，相应地，总量数动态数列也有时期数动态数列和时点数动态数列。时期数动态数列是指由时期数构成的动态数列，简称时期数列；时点数动态数列是指由时点数构成的动态数列，简称时点数列。

那么，什么是时期数和时点数？

时期数是指现象在一段时期内累计达到的总数量。比如，毕业生人数、出生人数、出口额、战争次数及和平年数等。

时期数的特点是：其一，数值可以累计。这种现象是连续不断发生的，每个时期的累计数就表明现象在该时期整个活动过程的总成果。其二，数值大小与时期的长短有直接关系。

时点数是指现象在某一时刻上所达到的总数量。比如，在校生人数、人口数、储蓄存款余额、商品库存量等。

时点数的特点是：其一，数值不可以累计，累计无意义。其二，数值大小与时点的间隔长短没有直接的关系。

区分时期数列和时点数列，有助于正确计算平均发展水平。两者的比较如表 6-11 所示。

表 6-11　时期数列与时点数列的区别

判别标准	时期数列	时点数列
搜集数据的方式是否连续	连续登记	间断登记
各项数据是否可以相加累计	可以	不可以
各项数据的大小是否与时间长短有直接关系	有	没有

1) 由时期数列求 $\overline{y}$

$$\overline{y}=\frac{\text{各时期数值之和}}{\text{时期项数}}=\frac{\sum y}{n}\text{(简单平均法)}$$

上式说明：由于时期数具有可加性，即各期的数值加起来有意义，并且数值大小与时间长短有直接关系，故将各时期数值相加，得到这一段时期的总量，再除以时期项数，就得到这一段时期的平均数。

例如，金牌数是一个时期数，具有直接相加有意义、与时间长短有直接联系、可连续统计的特点。由表 6-2 可见，1984—2012 年，中国共参加了 8 届奥运会，每届都有傲人的金牌入账。由此可知，中国平均每届奥运会所获得金牌数为：

$$\overline{y}=\frac{\sum y}{n}=\frac{15+5+16+16+28+32+51+38}{8}=\frac{201}{8}\approx 25\text{(枚)}$$

2) 由时点数列求$\overline{y}$

时点数列有连续时点数列和间断时点数列两种，这两种时点数列按时点间隔是否相等，又各有两种计算形式。

(1) 由连续时点数列求$\overline{y}$。连续时点数列是指由每天都登记的时点数列资料所形成的动态数列。

间隔相等：

$$\overline{y}=\frac{\text{各时点数值之和}}{\text{时点项数}}=\frac{\sum y}{n}\text{(简单平均法)}$$

间隔不等：

$$\overline{y}=\frac{\sum yf}{\sum f}\text{(加权平均法)}$$

【例6-6】员工出勤情况如表6-12和表6-13所示。

表6-12　员工出勤情况

时　间	出勤人数(人) y
星期一	37
星期二	40
星期三	40
星期四	36
星期五	40

(整理前，间隔相等)

整理 ⇒

表6-13　员工出勤情况

时　间	出勤人数(人) y	间隔时间(天) f
星期一	37	1
星期二、三、五	40	3
星期四	36	1

(整理后，间隔不等)

求：一周来平均每天的员工出勤人数。

解：

整理前是未分组数据，采用简单算术平均法。

$$\overline{y}=\frac{\sum y}{n}=\frac{37+40+40+36+40}{5}=\frac{193}{5}=39\text{(人)}$$

整理后是分组的数据，采用加权算术平均法。

$$\overline{y}=\frac{\sum yf}{\sum f}=\frac{37\times1+40\times3+36\times1}{1+3+1}=\frac{193}{5}=39\text{(人)}$$

(2) 由间断时点数列求$\overline{y}$。间断时点数列是指由不是每天都登记的时点数列资料所形成的动态数列。间断时点数列的数据，是每隔一段时间登记一次。其登记的方式有两种：一种是每次登记的间隔相等；另一种是每次登记的间隔不完全相等。实际工作中，常在期初或期末登记，如月(季、年)初或月(季、年)末。

由于间断时点数列一般只有期初或期末的数据，所以计算它的动态平均数要采用两个假设条件，即上期期末数=本期期初数；现象在间隔期内的数量变化是均匀的。

① 间隔相等时。计算公式如下：

$$\bar{y}=\frac{\frac{y_0}{2}+y_1+\cdots+y_{n-1}+\frac{y_n}{2}}{n}\text{(首末折半法)}$$

顺口溜记忆“首末折半法”公式：首末项之半，加中间各项，除以 n 项。

推导公式的步骤：先平均，再平均。

第 1 步：求相邻两个时点的简单算术平均数。

这里遵循一个会计原则，即假设本期期末数为下期期初数。

第 2 步：将各简单算术平均数再加以简单平均。

【例 6-7】网民是指过去半年使用过互联网的 6 周岁及以上中国公民(如表 6-14 所示)。求：网民的平均人数。

表 6-14　2005 年年底至 2010 年年底中国网民人数

年份.月份	网民人数(亿人)
2005.12	1.11
2006.12	1.37
2007.12	2.10
2008.12	2.98
2009.12	3.84
2010.12	4.57

资料来源：中国互联网络信息中心。

解：设网民人数为 y_i。

第 1 步，求各年的简单算术平均数。

2006 年平均网民人数 $\bar{y}_1=\frac{y_0+y_1}{2}=\frac{1.11+1.37}{2}=1.24$(亿人)

2007 年平均网民人数 $\bar{y}_2=\frac{y_1+y_2}{2}=\frac{1.37+2.10}{2}=1.74$(亿人)

2008 年平均网民人数 $\bar{y}_3=\frac{y_2+y_3}{2}=\frac{2.10+2.98}{2}=2.54$(亿人)

2009 年平均网民人数 $\bar{y}_4=\frac{y_3+y_4}{2}=\frac{2.98+3.84}{2}=3.41$(亿人)

2010 年平均网民人数 $\bar{y}_5=\frac{y_4+y_5}{2}=\frac{3.84+4.57}{2}=4.21$(亿人)

说明：在每年的平均网民人数的计算中，是假设用本年年底网民人数作为下一年的年初网民人数。比如，在 2006 年平均网民人数的计算中，已知 2006 年年底的网民人数，而将 2005 年年底的网民人数作为 2006 年年初的网民人数，于是，将 2006 年年初和年底的这两个相邻时点数相加之后再求简单平均，就得到 1.24 亿人。截至 2014 年 6 月底，中国网民数量达到 6.32 亿人。

第 2 步，求各年平均数的简单算术平均数。

$$\bar{y}=\frac{\bar{y}_1+\bar{y}_1+\bar{y}_3+\bar{y}_4+\bar{y}_5}{5}$$

$$=\frac{\frac{y_0+y_1}{2}+\frac{y_1+y_2}{2}+\frac{y_2+y_3}{2}+\frac{y_3+y_4}{2}+\frac{y_4+y_5}{2}}{5}$$

$$=\frac{\frac{y_0}{2}+y_1+y_2+y_3+y_4+\frac{y_5}{2}}{5}$$

$$=\frac{\frac{1.11}{2}+1.37+2.10+2.98+3.84+\frac{4.57}{2}}{5}$$

$$=2.63(\text{亿人})$$

即：从 2005 年年底到 2010 年年底，这 5 年来，我国平均每年的网民人数为 2.63 亿人。

② 间隔不等时。

在间隔相等的时点数列中，由于各时点之间的间隔相等，权数相等，则权数的作用就没有了。而在间隔不等的时点数列中，由于各时点之间的间隔不完全相等，则要用间隔的长度为权数，对各间隔期的平均水平再进行加权平均计算，以求得动态平均水平。

$$\bar{y}=\frac{\left(\frac{y_0+y_1}{2}\right)\times f_1+\left(\frac{y_1+y_2}{2}\right)\times f_2+\cdots+\left(\frac{y_{n-1}+y_n}{2}\right)\times f_n}{f_1+f_2+\cdots+f_n}\text{(加权平均法)}$$

式中：f ——间隔长度。

求：网民的平均人数(如表 6-15 所示)。

表 6-15　2005 年年底至 2010 年年底中国网民人数

年份.月份	网民人数 y_i(亿人)	间隔长度 f
2005.12	1.11	—
2007.12	2.10	2
2010.12	4.57	3

解：

由 $$\bar{y}=\frac{\left(\frac{y_0+y_1}{2}\right)\times f_1+\left(\frac{y_1+y_2}{2}\right)\times f_2+\cdots+\left(\frac{y_{n-1}+y_n}{2}\right)\times f_n}{f_1+f_2+\cdots+f_n}$$

有 $$\frac{\left(\frac{1.11+2.10}{2}\right)\times 2+\left(\frac{2.10+4.57}{2}\right)\times 3}{2+3}=2.64(\text{亿人})$$

即从 2005 年年底到 2010 年年底，这 5 年来，我国平均每年的网民人数为 2.64 亿人。

2. 由相对数动态数列求序时平均数

计算公式为

$$\bar{c}=\frac{\bar{a}}{\bar{b}}$$

步骤如下。

第 1 步，写出相对数的公式，$c=\dfrac{a}{b}$，确定 a、b、c。

第 2 步，求 $\bar{c}=\dfrac{\bar{a}}{\bar{b}}$，即分别求 a、b 和 c 三数列的动态平均数。

以表 6-16 说明。

求男性网民的平均比重及男性网民人数。

解：本题是已知表 6-16 中的(甲)、(1)和(2)栏，求 $\bar{c}$。

第 1 步，

由　$c=\dfrac{a}{b}$，有　$a=b\times c$

又由　$男性网民的比重=\dfrac{男性网民人数}{网民人数}\times 100\%$

有　男性网民人数=网民人数×男性网民的比重，

即：$a=b\times c$。其计算结果如表 6-16 第(3)栏所示。

表 6-16　2005—2010 年中国网民人数以及网民构成

年份.月份	网民人数 b (亿人)	男性网民所占比重 c (%)	男性网民人数 a (亿人)
(甲)	(1)	(2)	(3)=[(1)×(2)]÷100
2005.12	1.11	58.7	0.65
2006.12	1.37	58.3	0.80
2007.12	2.10	57.2	1.20
2008.12	2.98	52.5	1.56
2009.12	3.84	54.2	2.08
2010.12	4.57	55.8	2.55

第 2 步，求 a、b 两数列的平均发展水平。由于 a、b 两数列都是间隔相等的间断时点数列，所以都用首末折半法来求解。

由　$\bar{c}=\dfrac{\bar{a}}{\bar{b}}$

有　$$\bar{a}=\frac{\frac{a_0}{2}+a_1+\cdots+a_{n-1}+\frac{a_n}{2}}{n}$$

$$=\frac{\frac{0.65}{2}+0.80+1.20+1.56+2.08+\frac{2.55}{2}}{5}$$

$$=1.45(亿人)$$

$$\bar{b}=\frac{\frac{b_0}{2}+b_1+\cdots+b_{n-1}+\frac{b_n}{2}}{n}$$

$$=\frac{\frac{0.11}{2}+1.37+2.10+2.98+3.84+\frac{4.57}{2}}{5}$$

$$=2.63(\text{亿人})$$

则 $\bar{c}=\frac{\bar{a}}{\bar{b}}=\frac{1.45}{2.63}\times100\%=55\%$

即：从 2005 年年底到 2010 年年底，这 5 年来，我国男性网民占全部上网用户人数的平均比重为 55%。

练一练：本例是已知 b、c，求 $\bar{c}$。如果是已知 a、b，或已知 a、c，怎么求 $\bar{c}$？

3. 由平均数动态数列求序时平均数

在已知各时段的平均数 $\bar{y}$ 时，可用简单算术平均法求序时平均数 $\bar{y}$。

$\bar{y}=\frac{\sum\overline{y_i}}{m}$，即 $\bar{y}=\frac{\text{各时段的平均数之和}}{\text{各时段的项数}}$

在例 6-7 中，将第 1 步计算的结果列成一个数列，就是平均数动态数列；第 2 步，用简单算术平均法求序时平均数(如表 6-17 所示)。

表 6-17　2006—2010 年中国网民平均人数

年　份	平均网民人数(亿人)
2006	1.24
2007	1.74
2008	2.54
2009	3.41
2010	4.21

求：网民的总平均人数。

由 $\bar{y}=\frac{\sum\overline{y_i}}{m}$

有 网民的总平均人数 $\bar{y}=\frac{1.24+1.74+2.54+3.41+4.21}{5}=2.63(\text{亿人})$

即：从 2005 年年底到 2010 年年底，这 5 年来，我国平均每年的网民人数为 2.63 亿人。

截至 2015 年 6 月底，中国网民数量达到 6.88 亿人，比上年年中增加约 5600 万人。

统 计 实 录

翻番的误用

在“百度知道”里，关于翻番有一个问与答，虽不是笑话却逗人一乐。

“提问者：一元钱翻番是两元钱，翻两番是三元钱，到底是什么意思？

回答者：用其中的一元继续翻，而另一元不动，明白？

提问者对于答案的评价：谢谢！分不多，就不给了！”

看过以上对话，没准让人笑了。有道是，翻番就是以 2 为基数往上翻啊，翻一番就是 2 的一次方，翻两番就是 2 的平方，翻 m 番就是 2 的 m 次方。假设 A 为起点数，m 为番数，B 为结果，那么翻番的公式就是：$A\times 2^m=B$。这不，1 元钱翻一番是 2 元钱，这里，A 为 1 元，m 为 1，B 为 2 元；1 元钱翻两番就是 4 元钱嘛，也就是在原有 1 元的基础上增长了 3 倍，多赚了 3 块钱。

“番”是量词，和百分数一样，也是相对数的一种计量形式。“番”的运用条件，按书上的经验之谈就是：当分子比分母大很多时才顶用；相对数和总量数要结合运用。不过，怎样才算分子比分母大很多；相对数和总量数干吗要结合？

关于翻番的知识，2012 年修订的第 6 版的《现代汉语词典》在第 356 页说得很简化：“翻番，动词，表示数量加倍：钻井速度翻番|这个县工农业总产值十年翻了两番。”从这个说明里，可以读解出数量加倍即分子比分母大很多，但看不出翻番的“翻”是动词，“番”是量词，也看不出计算翻番的公式，更看不出计算翻番的前提和注意事项。所以，也难怪，社会上有人动不动就用翻番，这词儿一出，让人顿感够分量够火爆，而且量词与有动感的词儿配在一块儿，在讲求日进斗金、超速前进的氛围中，更是大显身手。但如果不管不顾翻番的本义，只图吸引游移的眼神，就贸然把翻番推到前台，这种做法毕竟不咋地。

有一般而言，就有具体问题具体分析。比如，一开篇那 1 元钱翻来翻去的资料，翻到了 2 元，这样儿的算不算符合计算翻番的条件，能不能说作为分子的 2 元比分母 1 元大很多。想来，这要因对象而异，如果说针头线脑啥的，由 1 元涨到 2 元，用翻番也无妨，因为其涨跌的货币单位可以细划到“分”。如果现有的计量单位不必细分，对比的分子分母个头不大，那么搬出翻番就有点小题大做之嫌。这时，可直接标明由多少增加到了多少，毕竟相对数是抽象的数值，必须配上总量数才是完整版。可见，翻番用得好可增色，用得不好也会弄巧成拙。对于新闻爱好者而言，知道了翻番是怎么回事，自然也就能以不变应万变了。

以下是现搜的两个小资料，闲来不妨推敲一下。

标题 1：1 万到 18 万 三大纪律使股票翻几番(来源：东方财富网股吧 2009 年 5 月 15 日)

旁白：标题有两个问题。一是计量单位没写全，不能用万来代替万元；二是翻了几番不明确，最好不要用模糊字眼“几”来代替翻番的具体数字。其实，由翻番公式可以写出：$1\times 2^n=18$，解出番数 n，约为 4.2，即翻了 4 番多。将“4 番多”列入标题，似乎有点不顺口，改用倍数会更确切一些。建议原标题改写为：“1 万元变 18 万元 三大纪律使股票猛涨 17 倍”。

标题 2：美国亚特兰大市接邻的格温莱特县，是一个 70 万人口的“大县”。该县 20 世纪 70 年代才 7 万人，而今翻了 10 番。(来源：《南方周末》2004 年 11 月 4 日的文章《中国官员零距离 目击美国大选》)

旁白：一个县的人口，从当年的 7 万人发展到而今的 70 万人，说“翻了 10 番”显然是错的。正确的表达，用倍数来讲是这样：而今是过去的 10 倍，人口增长了 9 倍；用番数来讲是这样：而今翻了 3 番多。

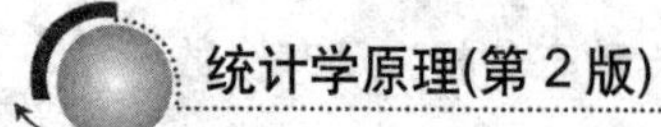

倍数和番数的正确算法:

增长的倍数=$\frac{70}{7}-1=9$(倍);

翻番的番数=$\frac{\log\left(\frac{70}{7}\right)}{\log(2)}=3.32$(番)。

倍数和番数的公式比较:

计算倍数的公式为:

$$\frac{报告期水平}{基期水平}-1$$

计算翻番的公式为:

$$\frac{报告期水平}{基期水平}=2^m,\quad m=\frac{\log\left(\frac{报告期水平}{基期水平}\right)}{\log(2)}。$$

式中:m——番数。

而如果说在 7 万人的基础上翻了“10 番”,那而今的人口就应该是 7168 万人,而不是实际上的 70 万人。7168 万人的结果是这么得来的:$7\times 2^{10}=7168$(万人)。

因此,格温莱特县的人口,由 7 万人发展到 70 万人,正确的说法是:该县的人口在增长,翻了 3 番多,是过去的 10 倍,增长了 9 倍。不正确的说法是:翻了 10 番。翻了 10 番,把原本 70 万人口的县,错算成 7168 万人,国际玩笑开大了,这种错误,应该就是传说中的大错特错了。

本 章 小 结

动态分析法是用动态数列来计算动态指标,以概括地描述一群数据变动的特征。本章介绍了 3 类动态指标,以分别描述一群数据的特征。一是总规模的动态描述,用动态总量数即增长量来反映总体规模变化的水平;二是比较的动态描述,用动态相对数来反映数量对比的关系,包括一般动态相对数(即速度)、特殊动态相对数(即指数);三是集中趋势的描述,用动态平均数来反映数据向中心值靠拢的程度。

下面列出动态三数的体系图,供参考。

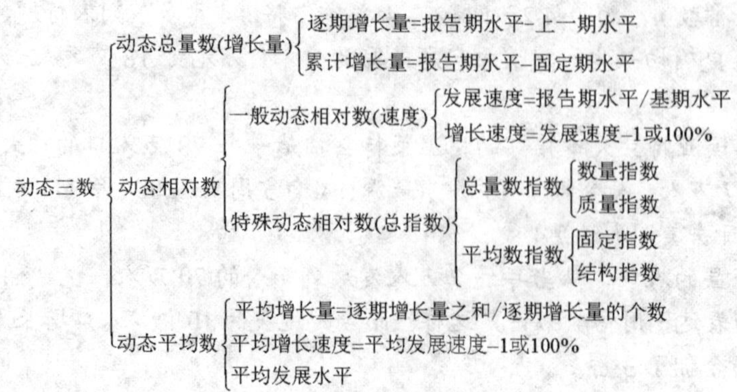

其中：

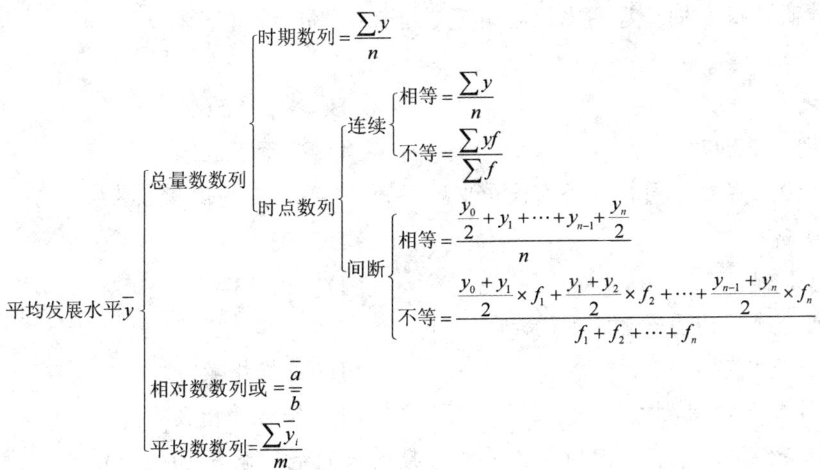

平均发展水平$\bar{y}$
总量数数列
时期数列$=\frac{\sum y}{n}$
时点数列
连续
相等$=\frac{\sum y}{n}$
不等$=\frac{\sum yf}{\sum f}$
间断
相等$=\frac{\frac{y_0}{2}+y_1+\cdots+y_{n-1}+\frac{y_n}{2}}{n}$
不等$=\frac{\frac{y_0+y_1}{2}\times f_1+\frac{y_1+y_2}{2}\times f_2+\cdots+\frac{y_{n-1}+y_n}{2}\times f_n}{f_1+f_2+\cdots+f_n}$
相对数数列或$=\frac{\bar{a}}{\bar{b}}$
平均数数列$=\frac{\sum \bar{y}_i}{m}$

真 题 上 市

一、单项选择题

1. 下述数据中，不属于时间序列的是(　　)。

A. 公司历年的利润额　　B. 股票价格的日变动

C. 某商品的日成交量　　D. 某保险公司投保人的年龄

2. 时间数列中，每项指标数值可以相加的是(　　)。

A. 相对指标时间数列　　B. 时期数列

C. 平均指标时间数列　　D. 时点数列

3. 累计增长量是指(　　)。

A. 基期水平

B. 报告期水平

C. 报告期水平与前一时期水平之差

D. 报告期水平与某一固定时期水平之差

4. 说明现象在较长时期内发展的总速度的指标是(　　)。

A. 环比发展速度

B. 平均增长速度

C. 定基发展速度

D. 定基增长速度

5. 已知环比增长速度为 6.1%、5.8%、6.0%和 5.7%，则定基增长速度为(　　)。

A. 6.1% × 5.8% × 6.0% × 5.7%

B. (6.1% × 5.8% × 6.0% × 5.7%)−100%

C. 106.1% × 105.8% × 106.0% × 105.7%

D. (106.1% × 105.8% × 106.0% × 105.7%)−100%

6. 某种商品报告期与基期比较，销售量增长 16%，价格下降 9%，则销售总额比基期(　　)。

A. 增长 105.56%　　B. 增长 5.56%

C. 增长 27.47%　　D. 下降 5.56%

7. 在物价上涨后，同样多的人民币少购买商品 3%，则物价指数为(　　)。

A. 97%　　B. 103.09%

C. 3%　　D. 109.13%

8. 下列选项中属于质量指数的是(　　)。

A. 产量指数　　B. 价格指数

C. 员工人数指数　　D. 销售量指数

9. 某社会经济现象在一定时期内平均每期增长的绝对数量是(　　)。

A. 逐期增长量　　B. 累计增长量

C. 平均增长量　　D. 增长速度

10. 用基期作为权数的指数为(　　)。

A. 拉氏指数　　B. 派氏指数

C. 综合指数　　D. 平均指数

二、多项选择题

1. 累计增长量与其相应的各个逐期增长量的关系表现为(　　)。

A. 累计增长量等于相应各个逐期增长量之和

B. 累计增长量等于相应各个逐期增长量之积

C. 累计增长量等于相应各个逐期增长量之差

D. 平均累计增长量等于相应各个逐期增长量之和与逐期增长量的个数相比

2. 定基增长速度等于(　　)。

A. 累计增长量除以基期水平

B. 环比增长速度的连乘积

C. 环比发展速度的连乘积减 1(或 100%)

D. 定基发展速度减 1(或 100%)

E. 逐期增长量分别除以基期水平

3. 反映时间序列变动程度的指标主要有(　　)。

A. 增长量　　B. 发展速度

C. 增长速度　　D. 平均增长量

E. 平均发展速度

4. 几何平均数的计算公式有(　　)。

A. $\sqrt[n]{X_1 \cdot X_2 \cdots X_{n-1} \cdot X_n}$　　B. $\dfrac{X_1 \cdot X_2 \cdots X_{n-1} \cdot X_n}{n}$

C. $\dfrac{\dfrac{X_1}{2}+X_2+\cdots+X_{n-1}+\dfrac{X_n}{2}}{n-1}$　　D. $\sqrt[\sum f]{\prod X^f}$

E. $\sqrt[n]{\prod X}$

5. 中国国家公务员考试历年报考人数统计中，最终确认参加考试的人数，2003 年为 12.5 万人，2014 年为 140.4 万人，则 2003—2014 年，参加考试的人数年均增长(　　)。

A. $\dfrac{12.5+140.4}{2}$　　B. $\sqrt[11]{\dfrac{140.4}{12.5}}-1$

C. $\sqrt[11]{\dfrac{140.4}{12.5}\times100\%}-100\%$　　D. $\sqrt[12]{\dfrac{12.5}{140.4}}-1$

6. 3 种商品的价格指数为 109%，其分子与分母之差为 500 元，则结果表明(　　)。

A. 3 种商品的价格平均上涨 9%

B. 由于价格上涨使销售额增长了 9%

C. 由于价格上涨，使居民在维持一定生活水准的情况下，多支出 500 元

D. 由于价格上涨，使商店在一定销售量条件下，多收入 500 元

7. 2011 年，中国居民消费品价格指数(CPI)为 105.4%，这一结果说明(　　)。

A. 消费品价格平均上涨了 5.4%

B. 消费品销售额上涨了 5.4%

C. 由于物价上涨使消费品销售额下降了 5.4%

D. 消费品销售量平均上涨了 5.4%

E. 在消费品销售量保持不变的条件下，由于物价上涨使销售额提高了 5.4%

8. 下面关于居民消费价格指数的说法中，正确的有(　　)。

A. 该指数可反映通货膨胀状况

B. 该指数能反映货币购买力变动

C. 该指数可反映对职工实际工资的影响

D. 该指数是采用加权平均法计算的

E. 该指数大于 100，说明报告期与基期相比综合物价水平下降

9. 下列指数中，属于质量指数的有(　　)。

A. 产量指数　　B. 销售量指数

C. 价格指数　　D. 单位成本指数

E. 劳动生产率指数

10. 下列关于拉氏指数和派氏指数的陈述中，正确的是(　　)。

A. 拉氏指数主要受基期产品结构的影响

B. 派氏指数主要受基期产品结构的影响

C. 拉氏指数要求每期更换权数资料

D. 派氏指数要求每期更换权数资料

E. 派氏物量指数的解释更符合现实意义

三、判断题

1. 累计增长量与其相应的各个逐期增长量的关系表现为累计增长量等于相应的各个逐期增长量之积。 ( )

2. 某房地产公司今年同去年比较，销售量下降了5%，但由于该房地产项目的销售价格总体上涨了5%，因此，房地产销售额没有受到丝毫影响。 ( )

3. 设p为价格，q为销售量，则总指数$\frac{\sum p_0q_1}{\sum p_0q_0}$的意义是综合地反映了商品价格和销售量的变动程度。 ( )

4. 指数体系中，总指数等于它的各因素指数之和。 ( )

5. 平均指数既适用于全面的资料，也适用于非全面的资料。 ( )

6. 道•琼斯股票价格平均指数采用加权算术平均法计算。 ( )

7. 在编制价格指数时，要以商品的销售量或使用数量作为权数。 ( )

8. 如果各种商品的销售量平均上涨5%，销售价格平均下降5%，则销售额不变。 ( )

9. 作为综合指数变形使用的加权算术平均数指数， 是加权平均指数的权数。 ( )

10. 平均指数与综合指数的区别是综合指数先综合、后对比，平均指数先对比、后综合。 ( )

四、综合题

(一)说明：本题源于2012年中国国家公务员考试“行政职业能力测试”试题。

要求：所给出的图、表、文字或综合性资料均有若干个问题要你回答，你应根据资料提供的信息进行分析、比较、计算和判断处理。

根据所给图表、文字资料回答1～5题。

2010年年底，全国高速公路里程为7.41万公里，居世界第二位，比“十一五”规划目标增加9108公里(见图6-5)，其中，国家高速公路5.77万公里，比上年年末增加0.54万公里。“五纵七横”12条国道主干线提前13年全部建成。全国有11个省份的高速公路里程超过3000公里(见图6-6)。

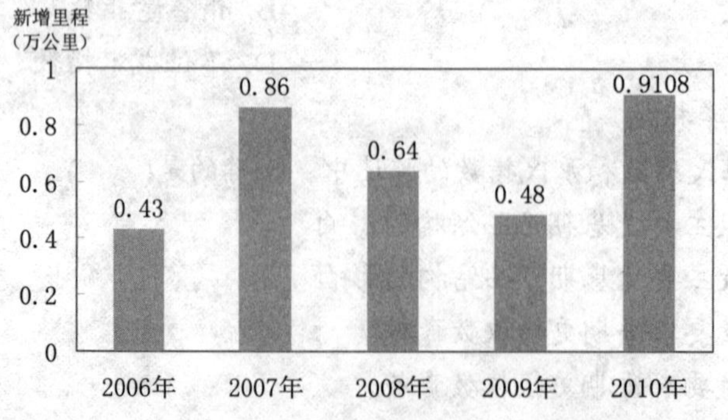

图6-5 “十一五”期间全国高速公路年新增里程

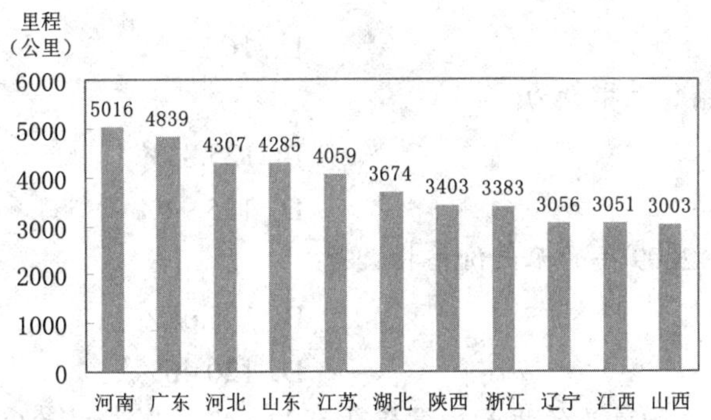

图 6-6　2010 年年底部分省份高速公路里程

1. 根据“十一五”规划，2010 年年底全国高速公路里程应达到(　　)万公里。

A. 6.5　　B. 6　　C. 5.5　　D. 5

2. 2010 年年底，高速公路里程超过全国总里程 5%的省份有(　　)个。

A. 5　　B. 6　　C. 7　　D. 8

3. 2005 年年底，全国高速公路里程为(　　)万公里。

A. 2.45　　B. 3.89　　C. 4.09　　D. 4.53

4. 2010 年年底，图 6-6 中 11 省拥有高速公路的里程约占同期全国总里程的(　　)。

A. 49%　　B. 57%　　C. 62%　　D. 70%

5. 关于我国“十一五”期间高速公路建设状况，能够从资料中推出的是(　　)。

A. 高速公路里程每年同比增长率都超过 10%

B. 沿海省份高速公路里程显著高于内陆省份

C. 2010 年年底，国家高速公路占全国高速公路里程的比重达到 90%

D. 2010 年全国高速公路新增里程中，国家高速公路的里程超过一半

(二)说明：本题源于 2010 年度全国统计专业技术中级资格考试“统计基础理论及相关知识”试题。

要求：以下 5 道小题，每道小题有一项或一项以上的正确答案。每小题 2 分。

2008—2009 年间某超市 3 种商品的价格和销售量数据如表 6-18 所示。

表 6-18　2008—2009 年某超市 3 种商品的价格和销售量

商品名称	计量单位	销售量		价格(元)	
		2008 年	2009 年	2008 年	2009 年
A	千克	1200	1500	11	13
B	千克	1500	2000	10	14
C	千克	1860	2050	32	35

以 2009 年为报告期，以 2008 年为基期。请按要求回答问题。

1. 经过计算 2008 年 3 种商品的平均销售价格为(　　)元/千克。

A. 11.4　　B. 19.2

C. 15.8　　D. 16.8

2. 2009 年的销售额指数为(　　)。

A. 87.66%　　B. 125.83%

C. 97.85%　　D. 135.94%

3. 经过计算，2009 年的派氏价格指数是(　　)。

A. 95.25%　　B. 105.68%

C. 116.8%　　D. 120.46%

4. 经过计算，3 种商品的拉氏物量指数为 116.4%，其含义为(　　)。

A. 报告期与基期相比，3 种商品的销售额综合提高了 116.4%

B. 报告期与基期相比，3 种商品的销售量综合提高了 16.4%

C. 以基期价格为准，该超市报告期销售额比基期多收入 14 380 元

D. 以报告期价格为准，该超市报告期销售额比基期多收入 14 380 元

5. 拉氏指数与派氏指数的区别在于(　　)。

A. 两者计算时采取的基期不同

B. 在编制长期连续性指数数列时用派氏指数较方便

C. 拉氏物量指数的解释更符合现实意义

D. 派氏物量指数的解释更符合现实意义

五、分析题

据中国汽车工业协会消息，2009 年，中国汽车业产量和销量分别达到 1379.10 万辆和 1364.48 万辆，同比增长 48.30%和 46.15%，这两项数据均已超过美国，使我国一举成为世界第一汽车大国。如图 6-7 所示的柱形图是我国 2008 年和 2009 年各月的汽车销售量。

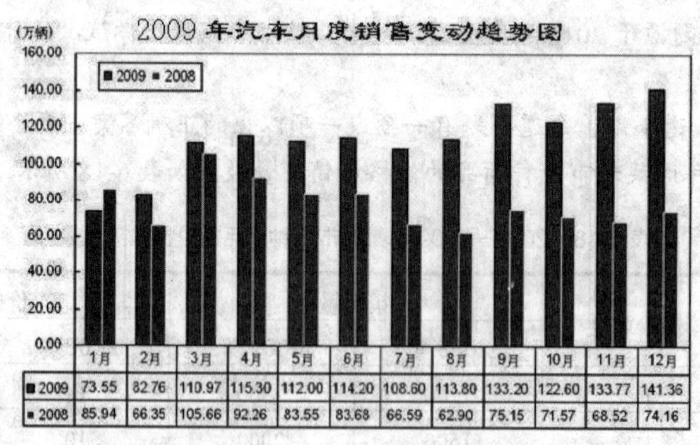

	1月	2月	3月	4月	5月	6月	7月	8月	9月	10月	11月	12月
2009	73.55	82.76	110.97	115.30	112.00	114.20	108.60	113.80	133.20	122.60	133.77	141.36
2008	85.94	66.35	105.66	92.26	83.55	83.68	66.59	62.90	75.15	71.57	68.52	74.16

图表来源：《汽车周报》

图 6-7　我国 2008 年和 2009 年各月的汽车销售量

要求：请根据以上数据及相关资料进行分析。

注：2014 年，中国汽车产销量达到 2400 万辆，连续 6 年蝉联世界第一汽车产销国。

第 7 章　动态预测：因素分析

【学习目标】

- 理解因素分析的含义和特征。
- 掌握长期趋势的测定方法。
- 掌握季节变动的测定方法。

因果相生，无所不往。动态数列中的各项指标数值，是受多种因素影响后所形成的结果。影响动态数列的主要因素有 4 个：长期趋势、季节变动、循环变动和不规则变动。本章关注的重点是：如何测定这些因素的影响，如何据此进行预测。

7.1　因素分析概述

市场风云变幻莫测，预测的方法层出不穷，没有屡试不爽的预测法。由于进行预测的资料来自过去，而过去与现在相关，这种相关性，为预测法的应用提供了一个平台。

因素分析预测法是利用动态数列的资料进行预测的方法。

7.1.1　影响动态数列的因素

动态数列中的各项指标数值，是受多种因素影响后形成的结果。了解这些因素的影响，有助于利用动态数列资料进行预测。

影响动态数列的因素有长期趋势、季节变动、循环变动和不规则变动。

1. 长期趋势

长期趋势 T (Trend) 是指在较长时期内，现象呈现出持续发展的态势。其发展的态势有持续向上趋势、持续水平延伸和持续向下趋势。

2. 季节变动

季节变动 S (Season) 是指在较短时间(1 年以下)内，现象呈现出周而复始变化的变动。其变动特点是随着季节的更换，按一定的时间间隔(一般为 1 年)，使现象呈周期性重复的变化。

3. 循环变动

循环变动 C (Cyclic) 是指在较长周期内，现象呈现出涨落起伏的、近似于规律性的周期性变动。其周期可长可短，短则数年，长则上百年，其变化周期常在一年以上。

例如，人口的生育高峰、入学率高潮等。再如，经济发展必定经历复苏、扩张、收缩、萧条等，这些阶段交替出现。

循环变动与季节变动的区别在于：循环变动的幅度和周期是很不规则的。

4. 不规则变动

不规则变动 I(Irregular) 又称随机变动，是指在一段时间内，现象受一些无法预测的偶发因素的干扰或影响所造成的波动。

如水灾、风灾、火灾、战争、地震、动乱、疫病等意外事件的侵袭带来的影响。举实例来说，美国“9・11”恐怖事件中，损失高达 136 亿美元，事件发生后，美国经济一度下滑，国际股市发生强烈震荡。

总之，动态数列中的各个指标数值(Y)，都可以看成是以上 4 种因素变动的一部分或全部影响所致。

7.1.2 因素分析预测的原理

因素分析预测法是指把影响动态数列的 4 种因素进行分解，以量度不同因素对数列影响的大小和规律的方法。动态数列预测的一个重要前提，就是明确动态数列各组成因素之间的关系。这种关系一般表现为加法模式和乘法模式。

1. 加法模式

加法模式是指动态数列的观察值是上述 4 种因素值之和，即

$$Y=T+S+C+I$$

式中：各符号表示各因素的分量，如 T 表示动态数列观察值 Y 的长期趋势分量，以此类推。

按加法模式组合的前提条件是：4 种因素的变动对 Y 所产生的影响是相互独立的。

2. 乘法模式

乘法模式是指动态数列的观察值是上述 4 种因素之积，即

$$Y=T\times S\times C\times I$$

按乘法模式组合的前提条件是：4 种因素的变动对 Y 所产生的影响是相互联系的。

说明：要选用哪一种模式来分析，需要根据现象的性质、研究目的以及所掌握的资料来定。

总之，动态数列分析预测的任务就是采用科学方法，一般采用乘法模式，将受各个因素影响的变动分别测定出来，做好预测，为决策提供依据。

本章只对长期趋势、季节变动两因素的影响值进行测定。各预测方法的运用均以例 7-1 下面的表 7-1 中的资料来说明。

7.2　长期趋势的测定

7.2.1　长期趋势概述

长期趋势是指在较长时期内，现象呈现出持续发展的态势。其发展的态势有持续向上趋势、持续水平延伸和持续向下趋势。

长期趋势是影响动态数列变化的最基本的因素，起着普遍的、决定的和持久的作用，是动态数列变动的基本形式。它使发展水平在长时期内沿着一个方向呈现逐渐向上或向下变动的趋势。保持这个趋势的时间，可长可短，短则数年，长则数十年、数百年不等。例如：人口出生率高于死亡率，则人口的变动有上升倾向；矿产越掘越少，一些矿区的繁荣呈现逐步衰减的趋势等。

长期趋势功能表现在以下 3 个方面：其一，可以测定现象在较长时间内，持续增长或持续下降的趋势，从而掌握现象发展变化的规律；其二，可以根据现象过去的发展趋势，预测其未来的情况；其三，可以把长期趋势的影响，从时间数列中分离出来，以便更好地研究其他因素。

7.2.2　长期趋势的测定方法

测定长期趋势的方法有 3 种：相关分析法(将在第 8 章中介绍)、移动平均法和指数平滑法。

移动平均法是指对动态数列中的指标数值，依次作 *N* 项的滚动平均修匀，以测定其长期趋势。其结果是环绕着原动态数列，产生一个新的数列。所谓移动平均，就是从动态数列的第一项开始，按一定项数求序时平均数，逐项移动，边移动边平均。这样就可以得出一个由移动平均数所构成的新的动态数列，这个派生的新动态数列，把原数列中的某些不规则变动加以修匀，从而使现象长期变动的基本趋势显示出来。

例如，在股票市场上，人们常用均线来做技术分析，均线又称移动平均线。这是将过去若干日(周、月、小时等(其他时间单位))的收盘价与当日(周、月、小时等)的收盘价相加，再除以日子(周、月、小时等)总数，然后把每日(周、月、小时等)得出的平均数绘于图上，便成为移动平均线。计算方法是：

$$N\text{日移动平均线}=N\text{日收盘价之和}/N$$

一般均线设置为 5 日、10 日、20 日、30 日、60 日、120 日等。

移动的项数有奇数项和偶数项之分。在奇数项条件下，移动平均数的结果可以放在中间一项，比如，第 1 次进行 3 项移动平均时，结果可以放在与第 2 项对齐的位置。而在偶数项条件下，移动平均数的结果不能直接放在中间一项，比如，第 1 次 4 项移动平均时，结果只能放在第 2 项和第 3 项之间，因此，还要做移正平均，也就是计算移正平均数。

在移动平均法中，关于移动项数的说明：移动的项数越多，对原数列的修匀作用就越大，对削弱不规则变动影响的能力就越强，但损失的信息也越多。因此，移动的时距项数要适中，要与周期长度基本一致，以消除周期波动。比如：历年资料中，如果是季度的，就要以 4 为移动的项数；如果是月度的，就要以 6 或 12 为移动的项数。

指数平滑法是指用过去动态数列的加权平均数作为预测值，它是加权移动平均法的一种特殊情形。这里只选择一个权数，即最近时期观测值的权数，其他时期数据值的权数可以自动推算出来，而且当实际值离预测值时期越久远时，权数变得越小。指数平滑模型：

$$F_{t+1} = \alpha Y_t + (1-\alpha)F_t$$

它表明：$t+1$ 期的预测值，是 t 期实际值和预测值的加权平均数。在指数平滑模型中，F_{t+1} 表示 $t+1$ 期动态数列的预测值，α 表示平滑系数(权数)，Y_t 表示 t 期动态数列的实际值，F_t 表示 t 期动态数列的预测值。在开始计算时，令 $F_1 = Y_1$，即第 1 期的预测值=第 1 期的实际值。因此，第 2 期的预测值为：$F_2 = Y_1$，推算如下：

$$F_2 = \alpha\ Y_1 + (1-\alpha)Y_1 = Y_1$$

在指数平滑法中，平滑系数的取值原则：如果时间数列具有迅速明显的变化倾向，则平滑系数应取较大的值(取 0.3～0.5)；如果时间数列变化缓慢，应选较小的值(一般为 0.1～0.4)；如果时间数列具有不规则的起伏变化，但长期趋势接近于一个稳定常数，则应选择较小的平滑系数(取 0.02～0.05)。平滑系数一般不大于 0.5。如果大于 0.5 才能接近实际值，通常则说明动态数列存在某种趋势或波动过大，这种情况一般不适合用指数平滑法进行预测。

【例 7-1】移动平均法和指数平滑法的运用(以表 7-1 所列的数据为例)。

表 7-1　北京诗雨公司的销售额

年度	第一年				第二年				第三年			
季度	一	二	三	四	一	二	三	四	一	二	三	四
销售额(万元)	292	328	322	355	305	349	352	375	320	362	370	396

(1) 用移动平均法来测定长期趋势，作移动平均图，并进行预测。

(2) 用指数平滑法来测定长期趋势，作指数平滑图，并进行预测。设平滑系数为 0.5。

解：

(1) 用移动平均法来测定长期趋势，作移动平均图，并进行预测。

步骤：

第 1 步，确定移动的项数。

本题有 3 年的资料，每年有 4 个季度的数据，时间周期为 4，适宜选择以 4 为移动的项数。

第 2 步，计算 4 项移动的简单算术平均数。

4 项移动属于偶数项移动，其移动平均数的计算，要先算 4 项移动平均数，再算 2 项移正平均数。

一般方法：第 1 次移动的平均数为(292+328+322+355)/4=324，第 2 次移动的平均数为(328+322+355+305)/4=328，以此类推。第 1 次移正的平均数为：(324+328)/2=326。

快捷方法：利用“工具”菜单中的“数据分析”命令，经调整后，结果如图 7-1 所示。

D7　　=AVERAGE(C4:C7)

	A	B	C	D	E
1	北京诗雨公司的销售额				
2	年度	季度	销售额	四项移动平均	
3			(万元)	移动	移正
4	第一年	第一季度	292		
5		第二季度	328		
6		第三季度	322		
7		第四季度	355	324	
8	第二年	第一季度	305	328	326
9		第二季度	349	333	331
10		第三季度	352	340	337
11		第四季度	375	345	343
12	第三年	第一季度	320	349	347
13		第二季度	362	352	351
14		第三季度	370	357	355
15		第四季度	396	362	360

图 7-1　用移动平均数进行预测

“数据分析”命令的操作：在菜单栏中选择“工具”→“数据分析”命令，在弹出的对话框中选择“移动平均”选项，单击“确定”按钮，弹出“移动平均”对话框，在“输入区域”组合框中输入 C4:C15，在“间隔”组合框中输入 4，在“输出区域”组合框中输入 D4，单击“确定”按钮，得到 D 列的数据。

计算移动平均数：选中 E8 单元格，先利用 AVERAGE 函数对 D7 和 D8 单元格进行两项平均，再利用填充柄拖动到 E15，得到 E 列的数据。

第 3 步，绘制移动平均图，如图 7-2 所示。

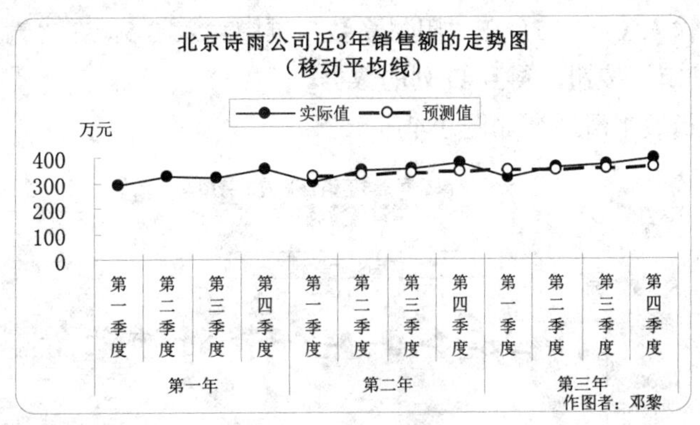

图 7-2　移动平均的趋势线

在画折线图时，数据区域要利用 Ctrl 键同时选择 A4:C15、E4:E15。

移动平均线的说明：移动平均修匀在消除了偶然因素即不规则变动因素的影响后，预测值的趋势线与实际值的相比要显得平滑，动态数列的长期趋势呈持续上升。也就是说，北京诗雨公司这 3 年的销售额呈上升态势。

第 4 步，用移动平均法进行预测。

由于 4 项移动平均的最后一项为 360 万元，即第四年第一季度预测的销售额为 360 万元。

(2) 用指数平滑法来测定长期趋势，作指数平滑图，并进行预测。设平滑系数为 0.5。

步骤：

第 1 步，用指数平滑法计算预测数。

一般方法：$\alpha = 0.5$时，第 1 项预测值为实际值的第 1 项=292，第 2 项预测值为 0.5×328+(1−0.5)×292=310，最后一项预测值为 0.5×396+(1−0.5)×361=379，其余以此类推。

快捷方法：利用“工具”→“数据分析”菜单命令，结果如图 7-3 所示。

D6 f_x =0.5*C5+(1-0.5)*D5

	A	B	C	D
1	北京诗雨公司的销售额			
2	年度	季度	销售额	指数平滑
3			（万元）	（平滑系数=0.5）
4	第一年	第一季度	292	-
5		第二季度	328	292
6		第三季度	322	310
7		第四季度	355	316
8	第二年	第一季度	305	336
9		第二季度	349	321
10		第三季度	352	335
11		第四季度	375	344
12	第三年	第一季度	320	360
13		第二季度	362	340
14		第三季度	370	351
15		第四季度	396	361
16	第四年	第一季度	-	379

图 7-3　用指数平滑法进行预测

“数据分析”命令的操作：在菜单栏中选择“工具”→“数据分析”命令，在弹出的对话框中选择“指数平滑”选项，单击“确定”按钮，弹出“指数平滑”对话框，在“输入区域”组合框中输入 C4:C15，在“阻尼系数”框中输入 0.5，在“输出区域”组合框中输入 D4，单击“确定”按钮，得到 D 列的数据。

第 2 步，绘制指数平滑图，如图 7-4 所示。

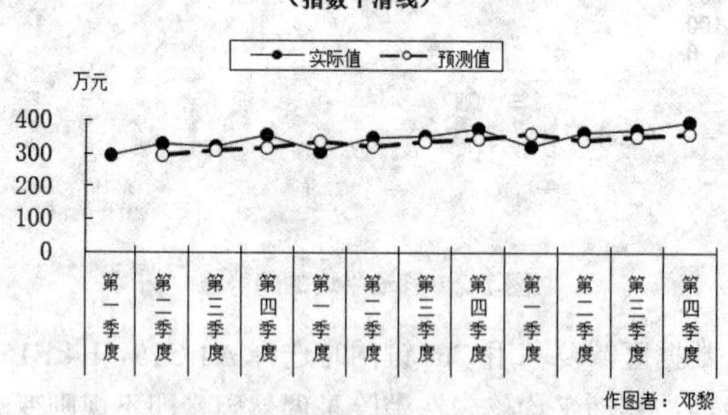

图 7-4　指数平滑的趋势线

由图 7-4 可知，北京诗雨公司这 3 年的销售额呈上升态势。

第 3 步，用指数平滑法进行预测。

由于指数平滑法的最后一项为 379 万元，即第四年第一季度预测的销售额为 379 万元。

7.3　季节变动的测定

7.3.1　季节变动概述

季节变动是指在较短时间(1 年以下)内，现象呈现出周而复始变化的变动。其变动特点是随着季节的更换，按一定的时间间隔(一般为 1 年)，使现象呈周期性重复的变化。季节变动可分为季节的自然变动和季节的人为变动。

季节的自然变动是指自然界季节的变化对现象的影响，如服装的季节性销售等。

季节的人为变动是指人们社会生活习俗对现象的影响，如每年的传统节假日、每周的双休日等对商品销售额的影响。季节的人为变动是季节的自然变动派生出来的，目前已不局限于自然气候的四季更替所造成的变动。

7.3.2　季节变动的测定方法

测定季节变动的方法主要有两种：原始资料平均法和趋势剔除法。

这两种方法的运用条件是：当动态数列没有明显的长期趋势时，用原始资料平均法测定季节变动。当动态数列存在明显的长期趋势时，用趋势剔除法测定季节变动。因为，当存在明显的长期趋势时，会使季节变动的分析不准确。比如，当存在明显的上升趋势时，即使没有明显的季节变动，年末的季节变动比率也会高于年初的季节变动比率；当存在明显的下降趋势时，年末的季节变动比率又会低于年初的季节变动比率。

下面仍以表 7-1 所列的资料来说明季节变动中两种方法的运用。

要求：

(1) 用原始资料平均法(不考虑长期趋势的影响)来测定季节变动，作季节比率图，并进行季度预测。预计第四年销售额为 1500 万元。

(2) 用趋势剔除法(考虑长期趋势的影响)来测定季节变动，作季节比率图，并进行季度预测。预计第四年销售额为 1500 万元。

解：

(1) 用原始资料平均法(不考虑长期趋势的影响)来测定季节变动，作季节比率图，并进行季度预测。

一般方法：先用“平均数=总和÷个数”来求出各季的平均数与总平均数；再用“季节比率=各季的平均数÷总平均数”来求出各季的季节比率，然后用“各季度的预测数=总预测数×各季节比率”来求出第四年各季的预测数，最后画出季节比率图。

下面以 3 年来第一季度的季节比率的算法为例来说明。

第一季度的平均数=(292+305+320)÷3=306(万元)。

各个季度的总平均数=(292+328+322+355+305+349+352+375+320+362+370+396)÷

12=344(万元)。

第一季度的季节比率=(306÷344)×100=89%。

第四年第一季度预测的销售额=1500×(89%÷4)=334(万元)。

其余第二、三、四季度的季节比率与预测数的计算，均以此类推。

快捷方法：用拖动填充柄的方法，来求平均数、季节比率、预测数，结果如图 7-5 所示。

D8　fx =(D6/344)*100

	A	B	C	D	E	F	G
1				北京诗雨公司的销售额			
2				第一季度	第二季度	第三季度	第四季度
3	已知栏		第一年	292	328	322	355
4			第二年	305	349	352	375
5			第三年	320	362	370	396
6	计算栏	计算季节比率	各季平均数（万元）	306	346	348	375
7			总平均数（万元）	344			
8			季节比率（%）	89	101	101	109
9		预测	第四年的预测数（万元）	334	379	379	409

图 7-5　用季节比率法进行预测

对图 7-5 计算栏中各项的说明。

步骤：

第 1 步，求季节比率。

由于　$季节比率=\dfrac{各月(季)平均数}{总平均数}$

于是，由已知栏的数据，可先求出 4 个季度的平均数和总平均数，然后再求季节比率。

各季平均数的求法：在 D6 单元格中，输入“=AVERAGE(D3:D5)”，按 Enter 键，得到第一季度的平均数 306，拖动 D6 单元格的填充柄到 G6 单元格，得到第二、三、四季度的平均数。这样，3 年来 4 个季度平均销售额的数据就有了。

总平均数的求法：在 D7 单元格中，输入“=AVERAGE(D3:G5)”，按 Enter 键，得到 344。

季节比率的求法：在 D8 单元格中，输入“=(D6/344)*100”，按 Enter 键，得到第一季度的季节比率 89，拖动 D8 单元格的填充柄到 G8 单元格，得到第二、三、四季度的季节比率。这样，3 年来 4 个季度季节比率的数据就有了。

第 2 步，作季节比率图，如图 7-6 所示。

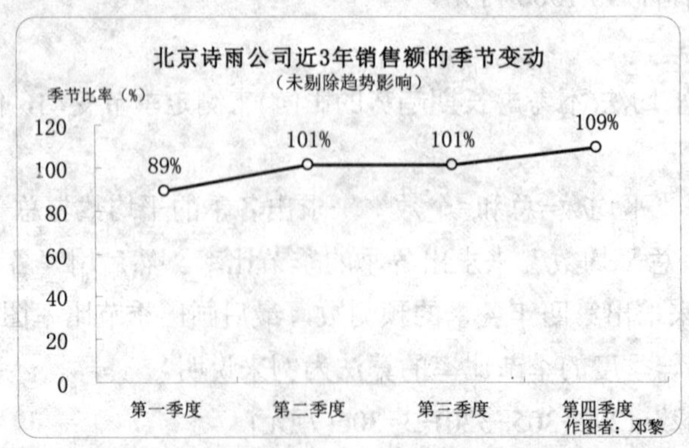

图 7-6　季节变动的图形(未剔除趋势影响)

由图 7-6 可见，该公司 3 年来，销售额的旺季在第四季度，淡季在第一季度。季节比率最大者为旺季，最小者为淡季。

第 3 步，进行季节变动预测。

当第四年的销售额预计为 1500 万元时，根据季节比率，可预测第四年各季的销售额。在 D9 单元格中输入“=1500*(D8/4)/100”，按 Enter 键，得到第四年第一季度的预测数 334，拖动 D9 单元格的填充柄到 G9 单元格，得到第二、三、四季度的预测数。这样，第四年 4 个季度销售额预测的数据就有了。

(2) 用趋势剔除法(考虑长期趋势的影响)来测定季节变动，作季节比率图，并进行季度预测。

计算结果如图 7-7、图 7-8 所示。

I7　=AVERAGE(I5:I6)

北京诗雨公司的销售额

年度	季度	销售额（万元）Y	四项移动平均的趋势值 移动	移正 T	比值 Y/T
第一年	第一季度	292			
	第二季度	328	324		
	第三季度	322	328	326	0.9877
	第四季度	355	333	331	1.0725
第二年	第一季度	305	340	337	0.9050
	第二季度	349	345	343	1.0175
	第三季度	352	349	347	1.0144
	第四季度	375	352	351	1.0684
第三年	第一季度	320	357	355	0.9014
	第二季度	362	362	360	1.0056
	第三季度	370			
	第四季度	396			

季节比率与预测数的计算表

项目	第一季度	第二季度	第三季度	第四季度
第一年	—	—	0.9877	1.0725
第二年	0.9050	1.0175	1.0144	1.0684
第三年	0.9014	1.0056	—	—
各季平均数	0.9032	1.0116	1.0011	1.0705
总平均数	0.9966			
季节比率（%）	91	101	100	107
第四年的预测数（万元）	341	379	375	401

图 7-7　用趋势剔除法计算的结果

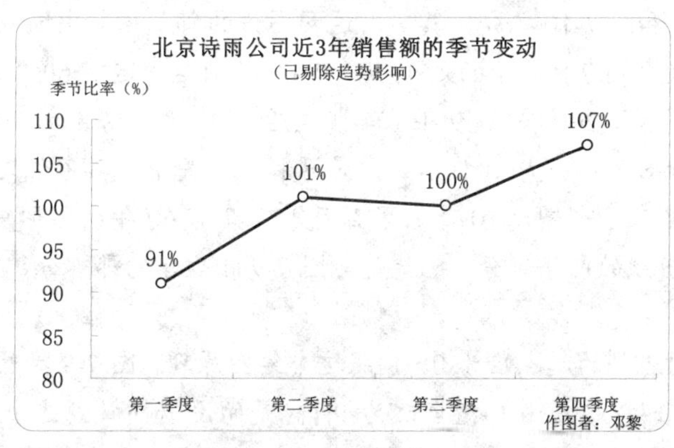

图 7-8　季节变动的图形(已剔除趋势影响)

计算步骤：

第 1 步，求 4 项移正平均的趋势值(T)，以消除不规则变动(I)、循环变动(C)的影响。

第 2 步，求销售额的实际值(Y)与 4 项移正平均的趋势值(T)之比，以消除长期趋势变动(T)的影响。

第 3 步，求季节比率。

第 4 步，进行预测。

由图 7-8 可见，该公司 3 年来，销售额的旺季在第四季度，淡季在第一季度。

注意：在制作图表时，应标明具体的时间。本例仅为简化说明之用。

统 计 实 录

指数图与预测数

实在忍不住，这回又带了两张统计图来，放在本文的后头。唉，谁让统计图显眼嘛。什么，你问这图哪来的？毋庸讳言，俺转来的，它出自《中国历年国防经费支出分析》一文，刊于知名门户网站。

两图的来历清楚了，图也明摆在这儿了，但看来看去，做来做去，想来想去的，总觉着有什么老在那叽里咕噜，明摆着让人不得安稳。于是趁着今宵，一个豪奢的暴风雨夜，再次翻捡出这两张图，再次打开保存在存储设备中为这两图所付出的劳动：亲自动手画的图和算的数，再顺溜着把玩一下。

什么，忙活这干啥？人家给出了答案，俺看自己做的到底标不标准嘛！标准答案以谁的为准？呵呵，谁有理谁就是了，也许你拿出的就是最佳答案，但你在哪儿呢？俺还是先拿出一个初稿，送呈与你，若有说得不对处，就像京剧《沙家浜》中的沙奶奶唱的："我就批评他。"

就像喊大妹子、二黑哥一样，我们也给两张图起个名字，好分清彼此。按统计图的行规，统计图的名字不讲究新潮和另类，只要简明扼要实在，分得清谁是谁就行。所以，两张图，就有了图 7-9 和图 7-10 之分。其实，这两图讲的都是咱新中国成立以来国防军费的事儿，时间跨度特大。图 7-9 展示的是 1949—2009 年咱军费这前 60 年的走势，图 7-10 是在图 7-9 的基础上预示了 2009—2049 年咱军费这后 40 年的走势。

原来，图 7-9 和图 7-10 是一脉相承的，是源和流的关系。禁不住又看了一眼两张图，这一瞧，就瞧出问题来了。图 7-10 是画了百年军费，前 60 年的图形应与图 7-9 的一样。但图 7-10 中，那根折线的前半部分，也就是与图 7-9 相吻合的那部分，居然走样了变形了，这是怎么回事？

却原来，统计图纵轴的起点应为 0，按照这个绘图原理，图 7-9 显然是忠实地表达了各位数意，而图 7-10 却将起点由 0 擅自改为 0.1。是的没错，就是这个"小动作"，使得图 7-10 的一开头就激昂拉升向上，这与图 7-9 一开头是贴着地面慢慢儿滑行完全不同。浏览两图，还会有一点小发现，图中的文字"拟核"，显然是"拟合"的误写；图中的"军费指数"最好用"军费增长率"来替换，两者意思虽一样，但指数显得专业，增长率则很通俗，在面对广大受众的时候，专业术语和通俗字眼谁出场，自然，平易近人的应优先考虑。而且纵轴的上方要加上百分号，这样才规范才能让人看明白。

有关两图的画法和算法，下面也记录一二。图 7-9 和图 7-10 都是拟合图。所谓拟合是指一组观测值与相应数值组的吻合。这样的图，自然首选散点图，然后再添加趋势线就好了。

图 7-9 的画法。亲自动手画了一图，结果与图 7-9 的有一点点出入。倒也没怎么深入侦察，就摸清了不同之所在，图 7-9 所示的是 1949—2009 年中国军费近 60 年的增长，画的却是 1949 年到 2006 年的情况，少画了 3 年，而俺是实打实画足了 60 年的，所以，与图 7-9 相比，俺画的一如图 7-9，只是收尾要翘得高一些。纵轴刻度的显示上，图 7-9 的最后一个散点是破了 60 这个值，俺那图的最后一个散点却破了 80。

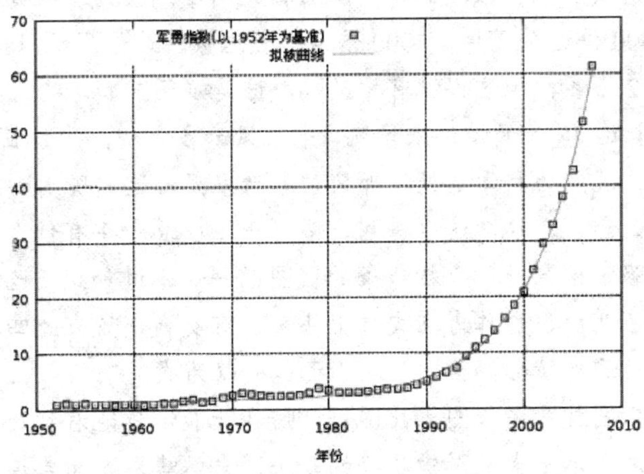

图 7-9　中国军费的增长

图 7-10 的算法。图 7-10 很雷人，那么多红色的字，那么大个红色的数，很震撼人也很鼓舞人。整体来看，图 7-10 是一张预测图。用长期资料作预测，是统计的一大绝活。但要利用前 60 年的资料预计后 40 年的情况，如果没有一点儿胆量是不行的。原文中提到，“按照现在的增幅，到新中国成立 100 周年时的军费，将增长到 1950 年的 5000 倍”，与此相呼应，原图中有文字显示，“如果按现在的军费增长率，2050 年的军费将是 1950 年的 5000 倍。”

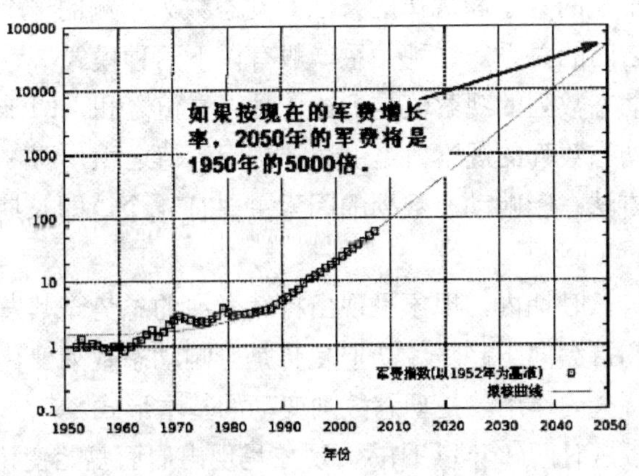

图 7-10　中国军费增长的预测

俺这就整不明白了，1949 年是新中国成立之时，百年庆典应在 2049 年，怎么一愣神就到 2050 年了！

由1949年到2049年，一下变成从1950年到2050年，这两个百年好像不是一样一样的吧。在计算中，第一个基础年怎么定，这是疑问一。

原文提供了1949年的军费，但由于1949年10月1日新中国才成立，那么这1949年的军费是怎么来的，是比照了1950年的军费，再结合当年情况由此推出来的吗？因此，第一个基础年的数据怎么来的，这是疑问二。

将信将疑，硬着头皮来作预测的话，那么按几何平均法计算年均速度的办法所得的结果，的确是上了5000倍这个天梯，5000倍是个大倍数，计量形式用翻番比较好。一合计，这5000倍是翻了12番多，但这样做有意义吗，这是疑问三。

还有，对今后长达40年的情形来预测，未来风云多变幻，什么汇率呀物价呀啥的都不需要考虑进来了吗，既然为科学起见，那又该怎么办呢，这是疑问四。

也许，面对疑云翻滚，也能这么搪塞，多算一年少算一年有什么要紧，对未来几十年的预测不要太小心眼，这只是一个粗线条的蓝图，一切不过如此而已，但这样子能行吗？以上存疑，是因为不明白，原作者在文章里头又没有交代，故有此四问。有此四问，虽问之不得其解，但面对这类情形，至少于人于己能引以为戒。

本文军费的指数图就是增长图，此图好就好在既能清楚地看到历年实际军费的变动情况，也能激动人心地预示出未来军费昂扬的劲头。当然喽，图面要谨防错字别字的捣乱，计量单位也万万少不得，在左纵轴上方要添加计量单位“倍数”。至于预测数，预测的数据画成折线时，应该用虚线来表达，以示与实际数绘制成的趋势线有不同。

本 章 小 结

因素分析预测法是利用动态数列的资料进行预测的方法。

因素分析预测的原理：因素分析预测法是指把影响动态数列的4种因素进行分解，以量度不同因素对数列影响的大小和规律的方法。动态数列预测的一个重要前提，就是明确动态数列各组成因素之间的关系。这种关系一般有以下两种模式。

加法模式，是指动态数列的观察值是上述4种因素值之和，即$Y=T+S+C+I$。

乘法模式，是指动态数列的观察值是上述4种因素值之积，即$Y=T\times S\times C\times I$。

因素分析预测的方法：影响动态数列的因素主要有4个，即长期趋势、季节变动、循环变动和不规则变动。

长期趋势是指在较长时期内，现象呈现出持续发展的态势。其发展的态势有持续向上趋势、持续水平延伸和持续向下趋势。长期趋势是影响动态数列变化的最基本的因素，起着普遍的、决定的和持久的作用，是动态数列变动的基本形式。

季节变动是指在较短时间(1年以下)内，现象呈现出周而复始变化的变动。测定季节变动的方法主要有两种：原始资料平均法和趋势剔除法。当动态数列没有明显的长期趋势时，用原始资料平均法测定季节变动；当动态数列存在明显的长期趋势时，用趋势剔除法测定季节变动。

循环变动是指在较长周期内，现象呈现出涨落起伏的、近似于规律性的周期性变动。

不规则变动又称随机变动，是指在一段时间内，现象受一些无法预测的偶发因素的干扰或影响所造成的波动。

真 题 上 市

一、单项选择题

1. 移动平均法是通过计算逐项移动的序时平均数来形成派生数列，从而达到(　　)对数列的影响。

A. 消除偶然因素引起的不规则变动

B. 消除非偶然因素引起的不规则变动

C. 消除总量数的变动

D. 消除计算误差

2. 平滑系数α的取值为(　　)。

A. 小于 0　　　B. 大于 1

C. 大于 0 小于 1　　　D. 等于 1

3. 平滑系数α数值大小的效应是：α越小，对数列的修匀效果越(　　)。

A. 差　　　B. 好

C. 一般　　　D. 无法确定

4. 时间序列中在一年之内的周期性波动为(　　)。

A. 长期趋势　　　B. 季节变动

C. 循环变动　　　D. 不规则变动

5. 某产品销售量的时间序列如图 7-11 所示，图中显示该序列存在明显的(　　)。

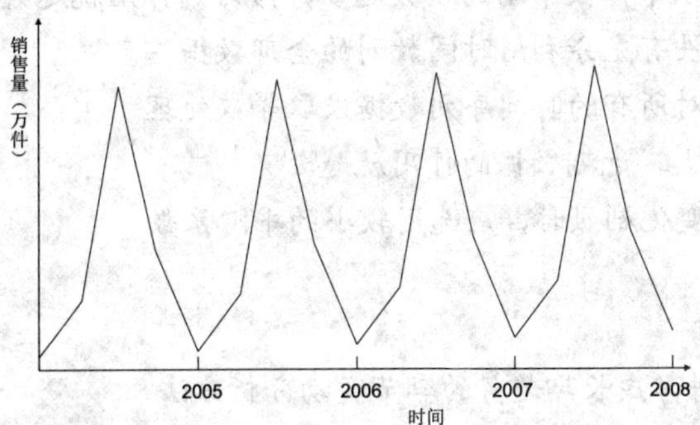

图 7-11　某产品销售量的时间序列

A. 长期趋势　　　B. 季节变动

C. 循环变动　　　D. 不规则变动

二、多项选择题

1. 测定长期趋势的方法主要有(　　)。

A. 相关分析法　　B. 指数平滑法
C. 最小平方法　　D. 移动平均法
E. 几何平均法

2. 关于季节变动的测定，下列说法正确的是(　　)。

A. 目的在于掌握事物变动的季节周期性
B. 常用的方法是按月(季)平均法
C. 需要计算季节比率
D. 按月计算的季节比率之和应等于 400%
E. 季节比率越大，说明事物的变动越处于淡季

3. 关于移动平均法，下列说法正确的是(　　)。

A. 移动平均法实质是时距扩大法的改良
B. 选择的时距越大，修匀后的指标越平稳
C. 选择的时距越小，修匀后的指标越平稳
D. 修匀后的指标项数减少
E. 修匀后的指标项数增加

4. 根据各年的月份数据计算的季节指数(　　)。

A. 其平均数为 100%
B. 其平均数为 1200%
C. 其总和为 100%
D. 其总和为 1200%
E. 其平均数为 100%，总和为 400%

5. 下列关于长期趋势分析的说法中，正确的是(　　)。

A. 在移动平均法中，被平均的项数越多，修匀的作用就越大
B. 移动平均法没有充分利用时间数列的全部数据信息
C. 指数平滑法对所有的时间序列数据采取等权处理
D. 平滑系数越大，近期数据的作用就越大
E. 当时间数列变化剧烈时，应选用较小的平滑系数

三、判断题

1. 季节比率是一种考虑长期趋势的季节变动分析方法。(　　)
2. 若时间序列存在自然周期，在对其移动平均时，应根据周期确定移动步长。(　　)
3. 对于具有季节变化的时间序列，为消除季节变动的影响，可以计算年距发展速度。(　　)

4. 从时间数列的观察值出发确定趋势线的类型，若观察值的逐期增长量大致相同可拟合线性趋势模型。（　　）

5. 时间数列的分解模型中，乘法模型是假定 4 种变动因素相互独立，时间数列各时期发展水平是各个构成因素的乘积。（　　）

四、综合题

说明：本题源于 2010 年度全国统计专业技术初级资格考试“统计学和统计法基础知识”试题。

要求：以下 5 道小题，每道小题有一项或一项以上的正确答案。每小题 2 分。

某企业生产两种产品，这两种产品的销售量及其市场价格的数据如表 7-2 所示。

表 7-2　2000—2009 年两种产品的销售量及市场价格

年　份	产品 1		产品 2	
	销售量(万件)	市场价格(元/件)	销售量(万件)	市场价格(元/件)
2000	40	2.2	25	3.2
2001	42	2.0	22	3.0
2002	41	2.0	21	3.0
2003	45	2.2	20	2.8
2004	50	2.3	22	3.0
2005	48	2.5	24	3.5
2006	48	3.0	23	4.0
2007	46	3.5	25	4.2
2008	45	3.4	24	4.5
2009	48	3.5	25	4.6

根据表 7-2 中的数据回答下列问题。

1. 产品 1 的市场价格存在比较明显的(　　)。

A. 长期趋势　　B. 季节变动

C. 循环变动　　D. 脉冲波动

2. 2000—2009 年间，产品 1 销售量的平均增长速度为(　　)。

A. $\frac{48-40}{40\times10}\times100\%=2\%$　　B. $\frac{48}{40\times10}\times100\%=12\%$

C. $\left(\sqrt[10]{\frac{48}{40}}-1\right)\times100\%=1.8\%$　　D. $\left(\sqrt[9]{\frac{48}{40}}-1\right)\times100\%=2.0\%$

3. 利用步长为 3 的简单移动平均法，计算 2006 年产品 2 市场价格的长期趋势为(　　)。

A. $\frac{2.8+3+3.5}{3}=3.1$　　B. $\frac{3+3.5+4}{3}=3.5$

C. $\frac{3.5+4+4.2}{3}=3.9$　　D. $\frac{4+4.2+4.5}{3}=4.23$

4. 以 2000 年为基期，该企业 2009 年的拉氏销售量指数为(　　)。

A. $\dfrac{48\times3.5+25\times4.6}{40\times2.2+25\times3.2}=1.68$　　B. $\dfrac{48\times3.5+25\times4.6}{40\times3.5+25\times4.6}=1.11$

C. $\dfrac{48\times2.2+25\times3.2}{40\times3.5+25\times4.6}=0.73$　　D. $\dfrac{48\times2.2+25\times3.2}{40\times2.2+25\times3.2}=1.10$

5. 以 2000 年为基期，该企业 2009 年的派氏价格指数为(　　)。

A. $\dfrac{48\times3.5+25\times4.6}{48\times2.2+25\times3.2}=1.52$　　B. $\dfrac{40\times3.5+25\times4.6}{40\times2.2+25\times3.2}=1.52$

C. $\dfrac{48\times3.5+25\times4.6}{40\times2.2+25\times3.2}=1.68$　　D. $\dfrac{40\times3.5+25\times4.6}{48\times2.2+25\times3.2}=1.37$

五、分析题

结合所学专业，自行寻找有关因素分析的文章进行阅读，对文章中的数据结果予以验证，对分析的文字细加玩味和欣赏。

第 8 章　综合预测：相关分析

【学习目标】

- 理解相关分析的含义和特征。
- 掌握回归模型的含义和应用。
- 掌握回归预测的含义和应用。

宇宙万象，息息相通。相关分析法是对有联系的、能够量化的现象，通过建立模型，从量上洞悉其变化。相关分析的方法，适合于静态数列和动态数列的资料，它神通广大。

8.1　相关分析概述

随着全球变暖的形势越来越严峻，动物和植物的灭绝将会越来越快吗？澳大利亚科学家的研究成果给出了回答。在英国《皇家学会学报 B 刊》上，澳大利亚的科学家威廉姆斯和他的同事发表了一项研究结果：气温上升 1℃将导致一个物种灭绝；而当气温上升 3.5℃时，30 个物种将从此不复存在。这是他们将在昆士兰山区 200 个气象站附近搜集的 65 种不同物种行踪的信息，通过计算机模型预测研究得出的结果。

生活在这个世界上，万事万物都是相互联系的，如气候变化与动植物数量变动、父子间的身高、家庭的收入与支出、广告费支出与销售额、汇率与利率等，它们之间客观上存在着一种联系。

对于有联系的现象，如何从量上来反映它们之间的联系很重要。量化的内容包括现象之间相互依存的程度、相互依存的方向及未来趋势。显然，对于现象之间的这种联系，如果仅仅是从文字到文字，只进行理论上的谈论，就无法回答这些问题。这一章所关注的相关和回归分析法，是进行预测的常用方法，它是根据现象间的联系，利用其数据资料，通过建立模型来进行预测的。

相关分析法就是研究现象之间相互依存关系的方法。这种方法说明如何利用现象量的联系来建立模型进行预测，以及怎样运用数据来了解现象的变动及未来趋势。

8.1.1　相关分析的研究对象

相关分析法是指研究变量之间相关关系的方法。相关分析的研究对象是相关关系。

相关关系是指现象之间相互依存的关系。即相关关系是指现象之间确实存在的，但其关系值不固定的一种依存关系。

相关关系与函数关系的区别，主要看两者的关系值是否确定。如果关系值是一一对应的确定关系，就是函数关系。如果关系值是不确定的关系，就是相关关系。也就是说，函数关系是现象间确定的依存关系，即对自变量的任何一个值，因变量都有唯一确定的值与之相对应；而相关关系一般是不确定的，对自变量的一个值，与之对应的因变量的值不是唯一的。基于两者的关系值是否确定，函数关系通常可以用数学公式确切地表示出来，相关关系则不能用数学公式准确地表示出来。

比如，圆面积 $S=\pi r^2$ 是一种函数关系，当圆半径一定，就有一个确定的值与圆面积相对应。又如，身高与体重是一种相关关系，当身高为170厘米时，体重的取值是不确定的，有60公斤、65公斤不等。

比较相关关系和函数关系，这两者的不同主要表现在看其关系值是否确定。这两者的联系可以通过下面这个关系来理解：

表达

相关关系 ⟺ 函数关系

表现

以上关系表明，第一，函数关系也表现为相关关系。比如，当圆的半径一定时，由于测量仪器的精度等原因，圆面积的数字可以无限精确，这样它的取值就不确定了。第二，相关关系要用函数关系式来表达。因为要从量上反映现象之间的关系，就必须根据模型来进行预测分析，这个模型也就是相关的函数关系表达式。

8.1.2 相关分析的基本步骤

在进行相关分析时，首先要考虑现象之间是否存在相关关系。如果它们存在相关关系，还要考虑所搜集的相关资料之间，是否存在较高的相关程度。如果它们存在较高的相关程度，就可以建立相应模型加以预测，并对预测值进行区间估计。

相关分析是一种方法，这种方法可以分4步完成，概括为16个字，即：是否相关；相关程度；建立模型；进行预测。

下面给出相关分析步骤的说明。

第1步，是否相关。

相关分析是根据相关现象的量，建立模型进行分析。显然，现象是否相关，要靠定性分析来判断。即要综合多方面的才识，考虑所研究的现象之间是否存在相互依存的关系。这一点很重要，尤其是在新问题出现时，更需要独具慧眼，予以识别和反映。比如，中国在1978年揭幕的改革开放以前，利率与汇率之间相互关联得很少，人们关注也少，随着改革的深入，利率与汇率之间存在相关关系，人们对这两者的关注日渐加强，不仅有了相关分析，也有了一系列的研究成果。

从相关变量的个数看，分为单相关、复相关。单相关是指研究两个变量的相关关系，是最基本的相关，如吸烟与肺癌、利率与汇率、收入与支出之间的关系等。复相关是指研究3个或3个以上变量的相关关系，如股价与汇率和利率、摸高与身高和年龄之间的关系等。

第 2 步，相关程度。

依据经验和才识，确定了所研究的现象相关之后，接下来就要搜集相应的数据，这些数据是为相关分析的终极目的，即建立模型进行预测服务的。如果这些数据本身相关程度不太高，那么，据此预测就会大打折扣，所进行的预测就会失去价值。因此，要建立模型进行预测，只有相关程度高的数据才能入围。

比如，凭常识就知道，摸高与身高有关系，身高对摸高有影响，但关联的程度怎么样？可以说，不同的摸高与身高的数据，得出的结果不会完全一样。如果由摸高与身高的数据算出来的关联程度低，那就没必要建立模型来进行预测，因为在这样的基础上算出来的预测值，可信度低。如果由摸高与身高的数据算出来的关联程度高，那就有必要建立模型来进行预测。

从相关的方向看，相关可分为正相关、负相关。正相关是指相关的现象呈相同方向(同升或同降)变化的关系。比如，一般而言，收入越高，支出越多，这属于正相关。负相关是指相关的现象呈相反方向，也就是此升彼降或此降彼升变化的关系。比如，一般来讲，二手车的车龄越长，车价也会越低，这属于负相关。

从相关的程度看，相关可分为低度相关、中度相关、高度相关。例如，隐瞒收入与财富高低一般呈高度正相关，即收入越高的，漏报也越多。

从相关的形式看，相关可分为线性相关、非线性相关。线性相关即直线相关，是指相关点分布在狭长的带状区域内。非线性相关即曲线相关，是指相关点显现相应的曲线形状，如对数曲线、多项式曲线、指数曲线等。在变量之间存在相关，且相关程度很高的条件下，有什么样的数据类型，就选择什么样的预测模型，即选择相应的函数表达式。

从相关的个数看，相关可分为一元相关、多元相关。在相关分析中，因变量只有一个，自变量可以有一个或多个。自变量是指起影响作用的因素，用 x_i 表示；因变量是指受影响作用的因素，用 y 表示。有几个自变量，就叫几元。如果影响因变量的只有一个自变量，就叫一元相关；如果影响因变量的有两个自变量，就叫二元相关；如果影响因变量的有多个自变量，就叫多元相关。比如，摸高受身高的影响，摸高是因变量，身高是自变量，这里，只有一个自变量，摸高与身高属于一元相关。又如，摸高受身高、体重、年龄的影响，摸高是因变量，身高、体重、年龄是自变量，这里，有 3 个自变量，摸高与身高、体重、年龄属于三元相关。

相关的方向、程度和形式，可以简单记忆为“方程式”，加上相关的个数，这些统称为相关分析的分类。

第 3 步，建立模型。

相关形式即回归模型，又叫回归方程，或称回归趋势线。回归模型是指根据实际资料配合的，表明具有相关关系的变量之间，因变量随自变量的变化而变化的一般规律性的数学方程式。配合回归模型常用的方法是最小平方法。而回归分析是指通过配合回归模型来模拟具有相关关系的变量之间一般的数量变化关系的分析方法。“回归”即相倚变化之意。

回归模型有线性和非线性两种，即直线和曲线两种。根据自变量的个数，又有一元和多元之分。由一个因变量和一个自变量建立的回归模型，就是一元回归模型；由一个因变量和多个自变量建立的回归模型，就是多元回归模型。简单地说，在回归模型中，有几个自变量，就是几元回归模型。

回归模型是直线还是曲线，可以由计算法或图示法来判断。

所谓计算法，是指根据计算结果来判断。一般是根据时间数列的特征，来判断趋势类型，主要有以下 3 种情形。

其一，如果时间数列的逐期增长量大致相等，通常可配合直线，即 $\hat{y}=a+bt$ 。

其二，如果时间数列的环比发展速度大致相同，通常可配合指数曲线，即 $\hat{y}=ab^t$ 。

其三，如果时间数列的二次差(二级增长量)大致相同，通常可配合二次曲线，即 $\hat{y}=a+bt+ct^2$ 。

符号的读法：

$\hat{y}$ 上的“ˆ”，可读成“hat”，也读“尖”。符号头上顶着“^”，表示预测数。

$\bar{y}$ 上的“¯”，可读成“bar”，也读“杠”。符号头上顶着“¯”，表示平均数。

所谓图示法，是指根据散点图，即相关点分布的图形来判断。在一元回归模型中，Excel 列出了 5 种回归趋势线的示意图。这 5 种趋势线的类型为线性、对数、多项式、乘幂、指数，如图 8-1 所示。

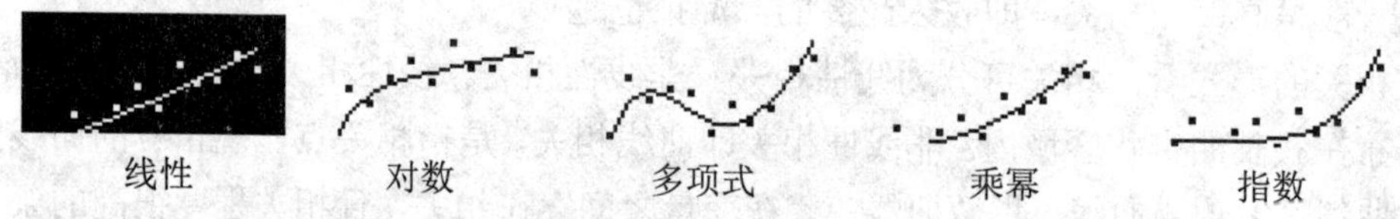

图 8-1 一元回归的模型

由图 8-1 可知，在各散点相关程度较高的条件下，根据散点分布的相关形式，就可以选择相应的趋势线即回归模型进行预测。

线性趋势线适合于增长或降低幅度比较稳定的数据组，数据点的组成在散点图上表现为一条直线。一元线性回归模型为 $\hat{y}=a+bx$ 。

非线性趋势线列出了 4 种，其散点的分布各有特色：①对数趋势线适合于数据的增长或降低的幅度一开始比较快、后来慢慢地趋于平缓的数据组。对数曲线的回归模型为 $\hat{y}=a+b\ln x$ 。②多项式趋势线适合于数据增长或降低的波动较多的数据组，数据在图表上表现为包含一个或多个波峰和波谷的曲线。二项式曲线的回归模型为 $\hat{y}=a+bx+cx^2$ 。③乘幂趋势线适合于增长或降低的速度持续增加，且增加幅度比较恒定的数据组。乘幂曲线的回归模型为 $\hat{y}=ax^b$ 。④指数趋势线适合于增长或降低的速度持续增加，且增加幅度越来越大的数据组。指数曲线的回归模型为 $\hat{y}=ae^{bx}$ 。

第 4 步，进行预测。

要利用回归模型进行预测，关键在于确定模型中的参数 a 和 b 。如果参数 a 和 b 确定了，那么，给定自变量一个值，就可以计算出因变量的预测值 $\hat{y}$ 。预测的方法有点估计和区间估计两种。

从广义上看，相关分析包括上面的 4 步；从狭义上看，相关分析仅指前面两步，回归分析指后面两步。表 8-1 是相关分析和回归分析的一个比较。

表 8-1　相关分析和回归分析的联系与区别

联　系	区　别	
	相关分析	回归分析
• 理论和方法具有一致性 • 无相关就无回归 • 相关程度越高，回归效果越好 • 相关系数和回归系数的方向一致，可以互相推算	• x 与 y 对应 • x 与 y 均为随机变量 • 用相关系数来测定相关程度和方向	• x 与 y 要确定自变量和因变量 • 只有 y 为随机变量 • 用回归模型来进行预测和控制

8.2　回归模型的解读

回归模型的大致分类如下：

- 回归模型
  - 线性
    - 一元
    - 多元
  - 非线性
    - 一元
    - 多元

在回归模型中，一元线性回归模型是基础。一元线性回归模型，又叫一元直线回归模型，是用直线回归方程来表示两个变量之间依存关系的统计分析方法。

一元线性回归预测的概念为：对含一个自变量的线性形式，通过建立回归模型来预测。

一元线性回归预测的步骤为是否相关、相关程度、建立模型、进行预测。下面以表 8-2 所列的资料为例，逐一说明这 4 步的内容。

表 8-2　5 名中国男篮运动员身高与摸高一览

序　号	姓　名	身高(米)	摸高(米)
1	张庆鹏	1.87	3.48
2	陈江华	1.87	3.50
3	朱芳雨	2.00	3.58
4	易建联	2.11	3.67
5	王治郅	2.14	3.70

资料来源：2008 年北京奥运会官方网站。

8.2.1　是否相关——依据定性分析来确定

凭借定性分析来判断现象之间是否存在相关关系，这是进行相关分析使出的第一招。比如，凭着常识，我们知道，摸高与身高是有关系的。一般而言，长得越高，摸得也越高，摸高随着身高的变化而变化。那么，身高是怎样影响摸高的呢？自变量是指起影响作用的因素，显然，身高是自变量，用 x 表示；因变量是指受影响作用的因素，显然，摸高是因变量，用 y 表示。

8.2.2 相关程度——依据相关分析的方法来确定

具有相关关系的现象，其数据的相关程度是高还是低，这需要用相关分析的方法来测定。相关分析的方法有两种：相关图表法和相关系数法。这两种方法，共同点在于目的一样，都是为着了解相关的方向、程度和形式；不同点在于对相关程度等的说明，相关图表法是直观而粗略的说明，而相关系数法是量化而准确的说明。

1. 相关图表法

相关图表法是指利用相关表和相关图，对相关变量的相关方向、程度和形式进行粗略和直观的判断。

相关表是指反映变量之间相关关系的统计表，它是进行相关分析的原始数据。

相关图又叫散点图，是指根据相关表的资料绘制的图形。在散点图上，横轴显示自变量的值，纵轴显示因变量的值。两个变量的每一对实际值，在散点图中都显示为一个点，即一个相关点。很多个相关点分布在图中，就成为相关图即散点图。散点图容易制作和理解，不仅没有丢失相关表中的信息，而且简化了数据。

例如，表 8-2 就是一个相关表，表中有 5 位运动员的身高和摸高的 5 对数据。从这张相关表中，可以粗略地看出，个子越高，摸得也越高，身高与摸高为正相关。将相关表转化为散点图很简单。在散点图上，横轴显示身高(自变量)的值，纵轴显示摸高(因变量)的值，身高和摸高的每一对值，在散点图中都显示为一个点，即一个相关点，有 5 对值，就有 5 个相关点，如图 8-2 所示。

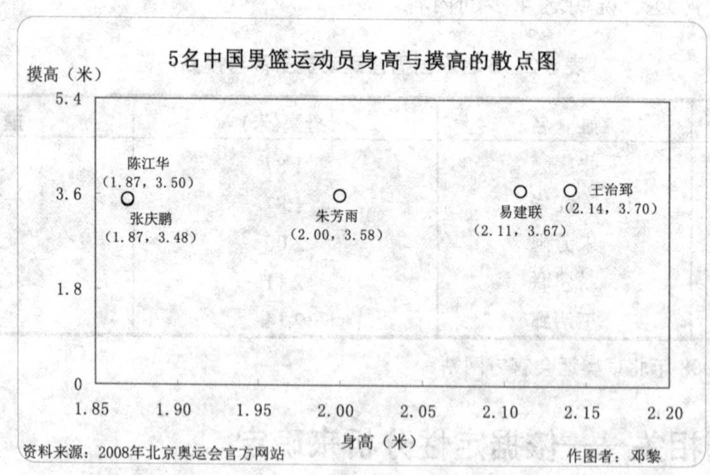

图 8-2 5 名中国男篮运动员身高与摸高的散点图

从上面的散点图，可以粗略地看出身高与摸高相关的方向、程度和形式。首先，相关的方向为正相关，这可以从散点的分布来看，即随着自变量(身高)的提高，因变量(摸高)也相应提高，5 个散点是从左下往右上分布的，两变量是正相关关系；其次，相关的程度为高度相关，因为 5 个散点靠得比较近。同时，相关的形式为直线，即预测模型为直线，因为这 5 个数据点基本分布在一条直线上，表现为直线趋势。

对散点图的评价：散点图能直观地显示散点的分布，能粗略地反映相关的方向、程度和形式。而要更准确地显示出相关的方向、程度和形式，自然要靠量化的指标。直线趋势中，能够反映出相关方向和程度的指标，就是相关系数。

2. 相关系数法

相关系数法是指在线性相关的条件下，说明两变量相关方向和程度的量化指标。相关系数的符号，表示相关方向，即正号表示正相关，负号表示负相关；相关系数的大小，表示相关的程度。相关系数的绝对值越接近于 1，则表示两变量相关的程度越高；当相关系数等于 1 时，表示两变量完全相关，这意味着所有散点都落在拟合的趋势线上。

相关图表法和相关系数法，往往结合着用。先要作散点图，了解数据点的分布，看清相关的形式。这一点，量化指标不及散点图来得直观、明白。但要明确指出相关程度高低的档次，又非量化指标相关系数莫属。

1) 相关系数的计算

相关系数用符号 r 表示。当 $|r|<0.3$ 时，两变量为微弱相关；当 $0.3\leqslant|r|<0.5$ 时，为低度相关；当 $0.5\leqslant|r|<0.8$ 时，为中度相关；当 $0.8\leqslant|r|<1$ 时，为高度相关。相关系数的计算公式为

$$相关系数=\frac{自变量与因变量的协方差}{自变量的标准差\times因变量的标准差}$$

即

$$r=\frac{\sigma_{xy}^2}{\sigma_x\sigma_y}$$

其中：$\sigma_{xy}^2=\frac{\sum(x-\bar{x})\sum(y-\bar{y})}{n}$；$\sigma_x=\sqrt{\frac{\sum(x-\bar{x})^2}{n}}$；$\sigma_y=\sqrt{\frac{\sum(y-\bar{y})^2}{n}}$。

式中：x 为自变量的实际值；$\bar{x}$ 为 x 的平均值；y 为因变量的实际值；$\bar{y}$ 为 y 的平均值；n 为变量的个数。

例如，根据表 8-2 中的资料，就得到如图 8-3 所示的计算结果。

D4　=B4-2

	A	B	C	D	E	F	G	H
1	相关系数的计算							
2	姓名	身高(米) x	摸高(米) y	$x-\bar{x}$	$y-\bar{y}$	$(x-\bar{x})(y-\bar{y})$	$(x-\bar{x})^2$	$(y-\bar{y})^2$
3	(甲)	(1)	(2)	(3)=(1)-2	(4)=(2)-3.59	(5)=(3)×(4)	(6)=(3)×(3)	(7)=(4)×(4)
4	张庆鹏	1.87	3.48	-0.1300	-0.1100	0.0143	0.0169	0.0121
5	陈江华	1.87	3.50	-0.1300	-0.0900	0.0117	0.0169	0.0081
6	朱芳雨	2.00	3.58	0.0000	-0.0100	0.0000	0.0000	0.0001
7	易建联	2.11	3.67	0.1100	0.0800	0.0088	0.0121	0.0064
8	王治郅	2.14	3.70	0.1400	0.1100	0.0154	0.0196	0.0121
9	总和	9.99	17.93	–	–	0.0502	0.0655	0.0388
10	平均	2.00	3.59					

图 8-3　相关系数的计算

在图 8-3 中：

$$\bar{x}=\frac{\sum x}{n}=\frac{9.99}{5}=2，\bar{y}=\frac{\sum y}{n}=\frac{17.93}{5}=3.59$$

由 $$r=\frac{\sigma_{xy}^2}{\sigma_x\sigma_y}=\frac{\frac{\sum(x-\overline{x})(y-\overline{y})}{n}}{\sqrt{\frac{\sum(x-\overline{x})^2}{n}}\times\sqrt{\frac{\sum(y-\overline{y})^2}{n}}}$$

有 $$r=\frac{\frac{0.0502}{5}}{\sqrt{\frac{0.0655}{5}}\times\sqrt{\frac{0.0388}{5}}}=\frac{0.0502}{\sqrt{0.0655\times0.0388}}=0.9958$$

相关系数为 0.9958，大于 0.8，这说明身高与摸高之间呈高度正相关。

2) 相关系数的说明

说明 1：相关系数的计算公式中，分子为协方差σ_{xy}^2，作用在于说明相关的方向和程度。

协方差说明相关的方向，就是说协方差能显示x与y相关的方向是正相关，还是负相关。在平面坐标系上，以两个变量的平均值为原点，划分为 4 个象限。当相关点分布在第一象限时，$(x-\overline{x})$为正数，$(y-\overline{y})$也为正数，所以积差$(x-\overline{x})(y-\overline{y})$为正数；当相关点分布在第二象限时，则$(x-\overline{x})$为负数，$(y-\overline{y})$为正数，所以积差$(x-\overline{x})(y-\overline{y})$为负数；当相关点分布在第三象限时，$(x-\overline{x})$为负数，$(y-\overline{y})$也为负数，所以积差$(x-\overline{x})(y-\overline{y})$为正数；当相关点分布在第四象限时，$(x-\overline{x})$为正数，$(y-\overline{y})$为负数，所以积差$(x-\overline{x})(y-\overline{y})$为负数。以上分析表明，当相关点分布在第一、三象限时，协方差为正数，是正相关。当相关点分布在第二、四象限时，协方差为负数，是负相关。相关系数的正负号，完全取决于协方差的正负号，如图 8-4 所示。

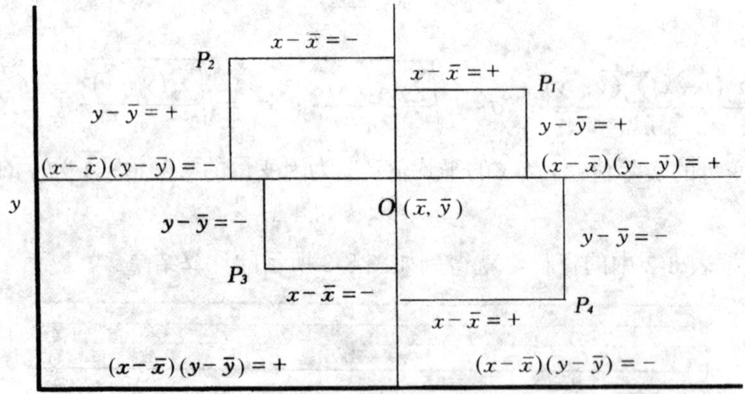

图 8-4 相关系数中的协方差

协方差说明x与y相关的程度。当相关点在 4 个象限内呈散乱的分布，表示x与y相关程度很低，这时的$\sum(x-\overline{x})(y-\overline{y})$，因正负项相互抵消，所得绝对值很小，即协方差的绝对值很小，从而相关系数的绝对值很小，表示相关程度很低。当相关点分布在$y=\overline{y}$线上，表示y与x的变化无关；或相关点分布在$x=\overline{x}$线上，表示x与y变化无关，这时$\sum(x-\overline{x})(y-\overline{y})$都等于 0，即协方差为 0，从而相关系数等于 0，表示x与y不相关。若相关点分布十分靠近于一条直线上，表示x与y相关关系密切，这时$\sum(x-\overline{x})(y-\overline{y})$有少数正负项抵消或不存在正负项抵消，则绝对值比较大，表示 x 与 y 的相关关系密切。当相关点全部落在直线上，直线的斜率即回归系数不为 0，则表示 x 与 y 完全相关。

说明 2：相关系数的计算公式中，分母为标准差 σ_x 和 σ_y，其作用在于能将有名数转化为无名数，能将相关系数标准化。

σ_x 和 σ_y 能将有名数转化成无名数。协方差是有名数，由于不同现象的变异情况不同，相关程度不能直接以协方差的大小来比较。但如果对协方差分别除以各自的标准差，化为无名数，以求得相关系数，就可以说明其相关程度。

σ_x 和 σ_y 能将相关系数 r 标准化。x、y 协方差的数值可以无限增多或减少，将变量离差标准化的结果，使相关系数的绝对值不超过 1，即 $|r|\leqslant 1$。

说明 3：相关系数 $|r|\leqslant 1$ 的证明。

求证：$|r|\leqslant 1$。

证明：

因为
$$2r=\frac{2\sum\left(\frac{x-\bar{x}}{\sigma_x}\right)\left(\frac{y-\bar{y}}{\sigma_y}\right)}{n}$$
$$=\frac{1}{n}\sum\left(\frac{x-\bar{x}}{\sigma_x}+\frac{y-\bar{y}}{\sigma_y}\right)^2-\frac{1}{n}\sum\left(\frac{x-\bar{x}}{\sigma_x}\right)^2-\frac{1}{n}\sum\left(\frac{y-\bar{y}}{\sigma_y}\right)^2$$

且
$$\frac{1}{n}\sum\left(\frac{x-\bar{x}}{\sigma_x}+\frac{y-\bar{y}}{\sigma_y}\right)^2\geqslant 0$$
$$\frac{1}{n}\sum\left(\frac{x-\bar{x}}{\sigma_x}\right)^2=\frac{\sigma_x^2}{\sigma_x^2}=1,\quad \frac{1}{n}\sum\left(\frac{y-\bar{y}}{\sigma_y}\right)^2=\frac{\sigma_y^2}{\sigma_y^2}=1$$

所以　$2r+2\geqslant 0,\ r\geqslant -1$；

又因为
$$-2r=\frac{-2\sum\left(\frac{x-\bar{x}}{\sigma_x}\right)\left(\frac{y-\bar{y}}{\sigma_y}\right)}{n}$$
$$=\frac{1}{n}\sum\left(\frac{x-\bar{x}}{\sigma_x}-\frac{y-\bar{y}}{\sigma_y}\right)^2-\frac{1}{n}\sum\left(\frac{x-\bar{x}}{\sigma_x}\right)^2-\frac{1}{n}\sum\left(\frac{y-\bar{y}}{\sigma_y}\right)^2$$

所以　$-2r+2\geqslant 0$，$r\leqslant +1$。

即　$-1\leqslant r\leqslant +1$，或 $|r|\leqslant 1$。　(证毕)

3) 相关系数的检验

相关系数检验的目的：判断变量之间线性关系是否成立？样本相关系数是否具有代表性，是否能够用来估计总体的相关系数？要回答这些问题，需要对相关系数进行检验。

相关系数检验的方法——t 检验法。

如果 t 统计量的绝对值不小于其临界值 t，用符号表示为：统计量 $|t|\geqslant$ 临界值 t，则表明自变量与因变量呈显著线性相关；否则，两者线性相关关系不显著。

本题中：

统计量$|t|=\left|\frac{r\sqrt{n-2}}{1-r^2}\right|=\left|\frac{0.9958\times\sqrt{5-2}}{\sqrt{1-0.9958^2}}\right|=18.8386$。

临界值t=3.1824，算法为：在Excel任意一个空白单元格中输入“=TINV(0.05,5-2)”。

由于统计量$|t|=18.8386>$临界值t=3.1824，通过相关系数检验，表明国家男篮运动员的身高与摸高的相关系数是显著的。

8.2.3 建立模型——依据最小平方法来确定参数

最小平方法是指在配合直线于各实际值中，使因变量的实际值与因变量的预测值之间，离差的平方和为最小的数学方法。用式子表示为：

$$\sum(y-\hat{y})^2 = Q_{最小值}$$

在散点图上，如果变量的数据类型为线性趋势，而且计算所得相关系数在 0.8 以上，两变量呈高度相关，那么，穿过散点，就可以作无数条这类趋势线。那么，其中的哪一条才是最优的？对于线性模型$\hat{y}=a+bx$，只有确定了参数a和b，才能通过给定的自变量x值，来计算因变量的预测值$\hat{y}$。下面，了解一下确定参数a和b的方法，并且在确定了参数a和b之后，怎样对回归模型进行检验。

一元线性回归模型又称简单线性回归模型，或直线回归模型，该模型中有一个自变量。一般而言，有几个自变量，就称为几元线性回归模型。

写出一元线性回归模型：

$$\hat{y}=a+bx，\ b\neq 0$$

式中：$\hat{y}$——因变量的预测值；

a——直线的起点值、纵轴截距；

b——直线的斜率、回归系数。

回归系数的经济含义为：自变量x每增加一个单位，因变量y平均增减的数量。回归系数的符号，显示两变量相关的方向。b为正号，为正相关；b为负号，为负相关。回归系数与相关系数同号。

1. 未知参数 *a* 和 *b* 的确定

确定一元线性回归模型中的参数a和b，有两种方法，即求导法、记忆法。

方法一：求导法。

由 $\hat{y}=a+bx$，有 $\sum(y-\hat{y})^2=\sum[y-(a+bx)]^2$

由所学微积分可知，要使$\sum(y-\hat{y})^2=\sum[y-(a+bx)]^2=Q_{最小值}$，即要满足：

$$\begin{cases}\dfrac{\partial Q}{\partial a}=0\\[2mm]\dfrac{\partial Q}{\partial b}=0\end{cases} \quad 即 \quad \begin{cases}2\sum[y-(a+bx)](-1)=0\\2\sum[y-(a+bx)](-x)=0\end{cases}$$

整理得 $\begin{cases}\sum y = na + b\sum x & (1)\\ \sum xy = a\sum x + b\sum x^2 & (2)\end{cases}$

解之得 $$\begin{cases}b = \dfrac{n\sum xy - \sum x\sum y}{n\sum x^2 - (\sum x)^2} = \dfrac{\sum xy - n\overline{x}\overline{y}}{\sum x^2 - n\overline{x}^2} = r\dfrac{\sigma_y}{\sigma_x}\\ a = \overline{y} - b\overline{x}\end{cases}$$

上式中：$\overline{x} = \dfrac{\sum x}{n}, \overline{y} = \dfrac{\sum y}{n}$

方法二：记忆法。

$$y = a + bx \qquad (3)$$

第 1 步，将 a 的系数 1，分别乘(3)式各项，再求和。即

$$\begin{cases}y_1 = a + bx_1\\ y_2 = a + bx_2\\ \quad\vdots\\ y_n = a + bx_n\end{cases}$$
$$+)\ \sum y = na + b\sum x \qquad (4)$$

第 2 步，将 b 的系数即 x_i，分别乘(3)式各项，再求和。即

$$\begin{cases}x_1 y_1 = ax_1 + bx_1^2\\ x_2 y_2 = ax_2 + bx_2^2\\ \quad\vdots\\ x_n y_n = ax_n + bx_n^2\end{cases}$$
$$+)\ \sum xy = a\sum x + b\sum x^2 \qquad (5)$$

解(4)式、(5)式，可得 a、b。

例如，根据表 8-2，就得到以下计算结果，如图 8-5 所示。

D4 fx =B4*C4

	A	B	C	D	E
1	参数的计算				
2	姓名	身高(米) x	摸高(米) y	xy	x^2
3	(甲)	(1)	(2)	(3)=(1)×(2)	(4)=(1)×(1)
4	张庆鹏	1.87	3.48	6.5076	3.4969
5	陈江华	1.87	3.50	6.5450	3.4969
6	朱芳雨	2.00	3.58	7.1600	4.0000
7	易建联	2.11	3.67	7.7437	4.4521
8	王治郅	2.14	3.70	7.9180	4.5796
9	总和	9.99	17.93	35.8743	20.0255

图 8-5 参数的计算

由 $\begin{cases}\sum y = na + b\sum x\\ \sum xy = a\sum x + b\sum x^2\end{cases}$

有 $\begin{cases}17.93 = 5a + 9.99b\\ 35.8743 = 9.99a + 20.0255b\end{cases}$

解之得　$a = 2.06$，$b = 0.77$。

则　$\hat{y} = 2.06 + 0.77x$

其中，回归系数 b 为 0.77，这表明身高每增加 1 厘米，摸高则平均增加 0.77 厘米。

2. 总离差的分解

确定了 a 和 b 参数，就确定了线性回归模型。通过这个线性回归模型，就可以进行预测。但是有预测就有离差，那么究竟有多少预测误差可以由回归模型来解释？

因变量的总离差与估计离差、回归离差之间的关系，如图 8-6 所示。

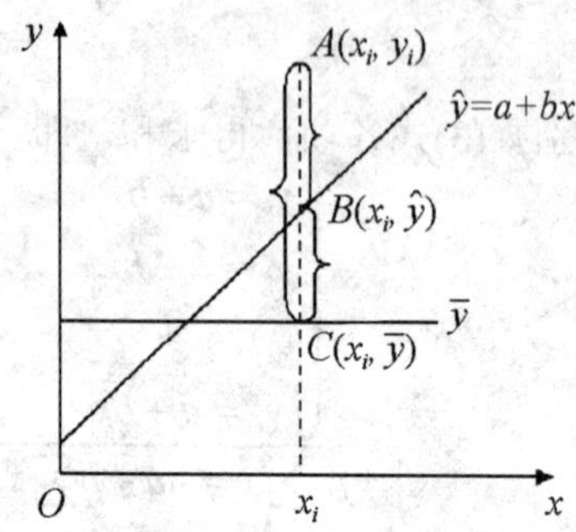

图 8-6　因变量总离差的分解

对图 8-6 的说明：在散点图中，过任意一个散点 A 向横轴作垂线，分别交线性趋势线（$\hat{y} = a + bx$）于 B 点，交平均线 $\left(\bar{y} = \frac{\sum y}{n}\right)$ 于 C 点。A、B、C 这 3 个坐标点，可以表示为：$A(x_i, y_i)$，$B(x_i, \hat{y}_i)$，$C(x_i, \bar{y})$。

由于　$AC = AB + BC$，即

$$y_i - \bar{y} = (y_i - \hat{y}_i) + (\hat{y}_i - \bar{y})$$

简记为

$$y - \bar{y} = (y - \hat{y}) + (\hat{y} - \bar{y})$$

即

总离差=估计离差+回归离差

式中：$(y - \bar{y})$——总离差。它是每个因变量的实际值 y 与其平均值 $\bar{y}$ 之间的离差。

$(y - \hat{y})$——估计离差，也叫残差。它是每个因变量的实际值 y 与因变量的预测值 $\hat{y}$ 之间的离差，是由自变量 x 以外的许多不能控制或不能掌握的内外因素而引起的偶然性差异。它是配合回归直线后残留的离差量，所以属于不被解释的离差，也称剩余离差，是回归线没能作出解释的离差。

$(\hat{y} - \bar{y})$——回归离差。它是每个因变量的预测值 $\hat{y}$ 与其平均值之间的离差。它表明这一部分的离差和自变量 x 有关，是可以由 x 得到解释和说明的。它是扣除了回归直线配合于观察值时产生的离差量，所以属于能被解释的离差，也称可解释离差，是由回归线作出了解释的离差。

求证：总离差的平方和=估计离差的平方和+回归离差的平方和，即

$$\sum(y-\overline{y})^2=\sum(y-\hat{y})^2+\sum(\hat{y}-\overline{y})^2$$

证明：

由　$y-\overline{y}=(y-\hat{y})+(\hat{y}-\overline{y})$

有　$\sum(y-\overline{y})^2=\sum[(y-\hat{y})+(\hat{y}-\overline{y})]^2$

$$=\sum(y-\hat{y})^2+\sum(\hat{y}-\overline{y})^2+2\sum(y-\hat{y})(\hat{y}-\overline{y})$$

即要求证　$2\sum(y-\hat{y})(\hat{y}-\overline{y})=0$

证明　$2\sum(y-\hat{y})(\hat{y}-\overline{y})$

$$\begin{aligned}
&=2\sum(y-a-bx)(a+bx-a-b\overline{x})\\
&=2\sum[y-(\overline{y}-b\overline{x})-bx](bx-b\overline{x})\\
&=2b\sum[(y-\overline{y})-b(x-\overline{x})](x-\overline{x})\\
&=2b\sum[(y-\overline{y})(x-\overline{x})-b(x-\overline{x})^2]\\
&=2b[\sum(y-\overline{y})(x-\overline{x})-b\sum(x-\overline{x})^2]\\
&=2b\left[\sum(y-\overline{y})(x-\overline{x})-\frac{\sum(x-\overline{x})(y-\overline{y})}{\sum(x-\overline{x})^2}\sum(x-\overline{x})^2\right]\\
&=0
\end{aligned}$$

故　$\sum(y-\overline{y})^2=\sum(y-\hat{y})^2+\sum(\hat{y}-\overline{y})^2$。　(证毕)

例如，根据表 8-2，就得到以下计算结果，如图 8-7 所示。

D4　=2.06+0.77*B4

	A	B	C	D	E	F	G
1	总离差的计算						
2	姓名	身高(米) x	摸高(米) y	$\hat{y}$	$(y-\hat{y})^2$	$(\hat{y}-\overline{y})^2$	$(y-\overline{y})^2$
3	(甲)	(1)	(2)	(3)	(4)	(5)	(6)
4	张庆鹏	1.87	3.48	3.50	0.0004	0.0081	0.0121
5	陈江华	1.87	3.50	3.50	0.0000	0.0081	0.0081
6	朱芳雨	2.00	3.58	3.60	0.0004	0.0001	0.0001
7	易建联	2.11	3.67	3.68	0.0001	0.0081	0.0064
8	王治郅	2.14	3.70	3.71	0.0001	0.0144	0.0121
9	总和	9.99	17.93	17.99	0.0010	0.0388	0.0388
10	平均	2.00	3.59				

图 8-7　总离差的计算

在总离差分解的计算表中，y 为因变量的实际值，$\overline{y}$ 为因变量 y 的平均值，$\hat{y}$ 为因变量 y 的预测值。

$\overline{y}$ 的求法是：$\overline{y}=\dfrac{\sum y}{n}=\dfrac{17.93}{5}\approx 3.59$。

$\hat{y}$ 的求法是：将 x_i 的值依次代入 $\hat{y}=2.06+0.77x$ 中得到。比如，将张庆鹏的身高 1.87 米代入这个方程式，就有：$\hat{y}=2.06+0.77x=2.06+0.77\times 1.87\approx 3.50$。

由　$\sum(y-\overline{y})^2=\sum(y-\hat{y})^2+\sum(\hat{y}-\overline{y})^2$，

有　0.0388≈0.0010+0.0388=0.0398。

3. 决定系数的功用

决定系数是指因变量的预测值与对应的实际值之间的拟合程度，用 R^2 表示。当 R^2 等于 1 时，表示各散点都落在拟合的趋势线上。因此，R^2 等于 1 或接近于 1 时，趋势线对于实际值的拟合程度最高，这时的趋势线最可靠，通过这条趋势线得到的预测数据也最准确。

众所周知，因变量的每个实际值之间存在着差异，这是由于自变量的变化和其他因素的变化造成的。举例来讲，身高和摸高这一对变量，身高影响摸高，身高是自变量，摸高是因变量。人与人之间的摸高存在差异，原因有两个，一是由于身高(自变量)不同所引起的差异，二是由于身高(自变量)相同但因生活条件等不同所引起的差异。

决定系数这个指标，就是要衡量在因变量(摸高)的差异中，能被自变量(身高)解释的比重究竟有多大，也就是说，能被线性回归模型所解释的比重究竟有多大。如果这个比重低，表明数据点比较松散地分布在回归直线的周围；如果这个比重高，表明数据点比较密集地分布在回归直线的周围。

一般来讲，因变量总的离差，可分解为由于自变量变动造成的离差，以及由于其他因素变动造成的离差。即

因变量总离差的平方和=自变量变动引起的因变量离差的平方和+除自变量变动以外的其他随机因素引起的因变量离差的平方和

亦即

总离差的平方和=回归离差的平方和+估计离差的平方和

用符号表示为

$$\sum(y-\overline{y})^2=\sum(\hat{y}-\overline{y})^2+\sum(y-\hat{y})^2$$

等式两边同时除以总离差平方和 $\sum(y-\overline{y})^2$，有

$$1=\frac{\sum(\hat{y}-\overline{y})^2}{\sum(y-\overline{y})^2}+\frac{\sum(y-\hat{y})^2}{\sum(y-\overline{y})^2}$$

在等式右边，第一项说明回归离差的平方和占总离差的平方和的百分比，第二项说明估计离差的平方和占总离差的平方和的百分比。显然，如果估计离差平方和占总离差平方和的比重越小，那么，回归离差平方和占总离差平方和的比重就越大，总离差平方和中，由回归方程来解释的部分也就越大，这一比重称为决定系数，用符号 R^2 来表示，即

$$R^2=\frac{\sum(\hat{y}-\overline{y})^2}{\sum(y-\overline{y})^2}=1-\frac{\sum(y-\hat{y})^2}{\sum(y-\overline{y})^2}$$

例如，根据图 8-7，就得到身高与摸高的决定系数为

$$R^2=\frac{\sum(\hat{y}-\overline{y})^2}{\sum(y-\overline{y})^2}=1-\frac{\sum(y-\hat{y})^2}{\sum(y-\overline{y})^2}=1-\frac{0.0010}{0.0388}=0.9742$$

决定系数 R^2 为 0.9742，表示在摸高(因变量)的变动中，有 97.42%的离差可以由回归模型中身高(自变量)的变动来解释，这说明回归方程对数据点的拟合程度很高，回归方程的拟合效果很好。

8.2.4 进行预测——依据拟合的一元线性回归模型

1. 对回归系数和回归模型进行检验

1) 回归系数的检验

检验回归系数的目的：判断回归系数是否显著为零？样本回归系数是否具有代表性，是否能够用来估计总体的回归系数？要回答这些问题，需要对回归系数进行检验。

回归系数的检验有两种方法，即 t 检验法、p 检验法。

方法一：*t* 检验法。

如果统计量 $|t| \geqslant$ 临界值 t，则表明回归系数 b 在统计上是显著的。

统计量 t，在图 8-12(见 197 页)中查得，$|t|$=19.7454。

临界值 t，在 Excel 单元格中输入"=TINV(0.05,5-2)"，可得临界值 t=3.1824。

由于统计量 $|t|$=19.7454>临界值 t=3.1824，通过回归系数检验，这表明国家男篮运动员的身高与摸高的回归系数是显著的。

方法二：*p* 检验法。

在图 8-12 中查得，P-value=0.0003< α =0.05，通过回归系数检验，这表明国家男篮运动员的身高与摸高的回归系数是显著的。

2) 回归模型的检验

在一元线性回归模型中，因为只有一个自变量，回归系数的检验与回归模型的检验是等价的。举例来说，t 检验表明身高与摸高的回归系数不会等于 0，这也就意味着身高与摸高之间有显著的线性关系。因此，回归系数通过了检验，回归模型必然也通过检验。

2. 用点估计法和区间估计法来预测

1) 点估计法

点估计法是指利用已确定参数的线性模型，直接用因变量的预测值作为因变量的实际值的预测方法。

公式为 $y=\hat{y}$，即　因变量的实际值=因变量的预测值。

式中，因变量的预测值 $\hat{y}$ 的求法是：当解出 a、b 参数后，就可以利用 $\hat{y}=a+bx$ 来进行预测，即给定自变量 x 一个值，因变量的实际值 y 就有一个预测值 $\hat{y}$ 与它对应。

例如，根据图 8-10(见 196 页)，就有：$\hat{y}=2.06+0.77x$。

用点估计预测法：

当身高为 1.96 米时，摸高的预测值为：$\hat{y}=2.06+0.77\times1.96=3.57$ (米)。

对点估计预测法的评价：因变量的预测值 $\hat{y}$ 与因变量的实际值 y 之间，必然存在一定的离差，其平均离差的大小，直接影响到回归模型预测的有效性和代表性。所以，在进行预测时，要对其平均离差进行计算和控制，要考虑以多大的把握程度来保证因变量的实际值落在怎样的区间范围内。因此，还需要了解区间估计的方法。

2) 区间估计法

区间估计法是指在点估计预测法的基础上，进一步考虑并控制预测误差影响的方法。公式为$y=\hat{y}\pm\Delta$，即 因变量的实际值=因变量的预测值±允许误差。

式中，允许误差Δ的计算，根据实际值n是否大于30，有不同的算法。

$$\begin{cases}\text{当} n\geqslant 30 \text{时，} \Delta=ts_{yx} \\ \text{当} n<30 \text{时，} \Delta=ts_{yx}\sqrt{1+\frac{1}{n}+\frac{(x_0-\bar{x})^2}{\sum(x-\bar{x})^2}}\end{cases}$$

式中：t——临界值，或称概率度，其计算方法是在Excel中利用函数TINV(α ,$n-2$)来求得。t的计算与相关系数检验中t临界值的算法一样；

s_{yx}——标准误差，$s_{yx}=\sqrt{\frac{\sum(y-\hat{y})^2}{n-2}}$；

x_0——设定的自变量的值。

例如，在身高与摸高这个例子中，$n=5<30$，$x_0=1.96$米，$\alpha=0.05$。

由图8-3，有$\sum(x-\bar{x})^2=0.0655$，$\bar{x}=2$；由图8-7，有$\sum(y-\hat{y})^2=0.0010$。

在$\Delta=ts_{yx}\sqrt{1+\frac{1}{n}+\frac{(x_0-\bar{x})}{\sum(x-\bar{x})^2}}$中：

t=3.1824，$s_{yx}=\sqrt{\frac{\sum(y-\hat{y})^2}{n-2}}=\sqrt{\frac{0.0010}{5-2}}=0.0183$；

$$\sqrt{1+\frac{1}{n}+\frac{(x_0-\bar{x})^2}{\sum(x-\bar{x})^2}}=\sqrt{1+\frac{1}{5}+\frac{(1.96-2)^2}{0.0655}}=0.7677$$

则 允许误差$\Delta=ts_{yx}\sqrt{1+\frac{1}{n}+\frac{(x_0-\bar{x})^2}{\sum(x-\bar{x})^2}}=3.1824\times0.0183\times0.7677=0.0447$

由点估计的方法知：

点估计的预测值$\hat{y}=2.06+0.77x$，即$\hat{y}=2.06+0.77\times1.96=3.57$(米)；

由区间估计的方法知：

区间估计的预测值$Y=\hat{y}\pm\Delta$，即$Y=3.57\pm0.0447=3.53\sim3.61$(米)。

区间估计的结果表明，当身高为1.96米时，摸高的可能取值区间为3.53～3.61米，这一结论的把握程度为95%。

> **注意**：由于在允许误差Δ的公式中，$\sqrt{1+\frac{1}{n}+\frac{(x_0-\bar{x})^2}{\sum(x-\bar{x})^2}}$的值很小。为了简便，可用$\Delta=ts_{yx}$代替$\Delta=ts_{yx}\sqrt{1+\frac{1}{n}+\frac{(x_0-\bar{x})^2}{\sum(x-\bar{x})^2}}$。

演算如下：

当身高为1.96米时，摸高的预测值$Y=3.57\pm3.1824\times0.0183=3.51\sim3.63$(米)。

8.3　回归预测的例解

【例 8-1】一元线性回归预测的简解(参见图 8-8)。

	A	B	C
1	5名中国男篮运动员身高与摸高一览		
2	姓名	身高(米) x	摸高(米) y
3	(甲)	(1)	(2)
4	张庆鹏	1.87	3.48
5	陈江华	1.87	3.50
6	朱芳雨	2.00	3.58
7	易建联	2.11	3.67
8	王治郅	2.14	3.70

图 8-8　例 8-1 用图

要求：

(1) 作散点图，并说明含义。

(2) 在散点图中，作趋势线。

(3) 在趋势图中，说明决定系数的含义。

(4) 在趋势图中，说明回归系数的含义。

(5) 用拟合的回归模型，进行回归预测。设身高为 1.96 米。

解答：

(1) 作散点图。说明散点图的含义。

作散点图的步骤：第 1 步，选择数据区域 B4:C8；第 2 步，打开“图表向导”对话框，在“图表类型”列表框中选择“XY 散点图”，在“子图表类型”选项组中选择“平滑线散点图”；第 3 步，根据提示作图，单击“完成”按钮后，稍作润色即可。结果如图 8-9 所示。

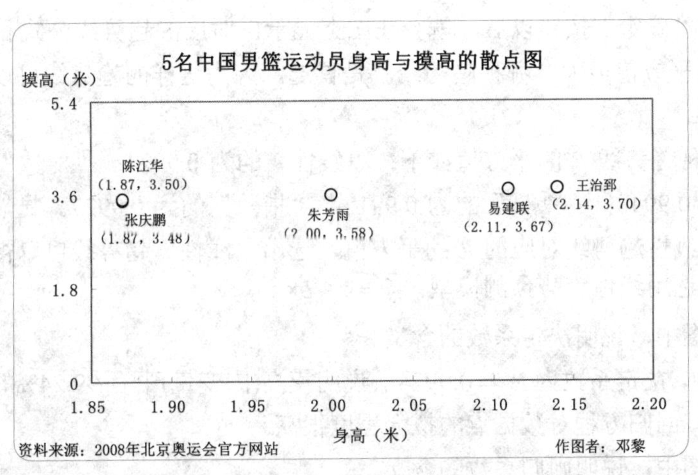

图 8-9　身高与摸高的散点图

作散点图的含义：由散点图 8-9 可见，身高与摸高这两个变量，相关的方向为正相关，程度为紧密，形式为直线。

(2) 在散点图中，作趋势线。

作趋势图的条件：在散点图的基础上制作。

作趋势图的步骤：第1步，在图8-9所示散点图中，右击任意一个数据点，在弹出的快捷菜单中选择“添加趋势线”命令；第2步，在“添加趋势线”对话框，先选择“类型”选项卡下的“线性”趋势线，再选择“选项”选项卡，选中其中的“显示公式”和“显示 R 平方值”复选框；第3步，单击“确定”按钮，结果显示了新添加的趋势线，以及这条趋势线的公式和 R 的平方值。结果如图8-10所示。

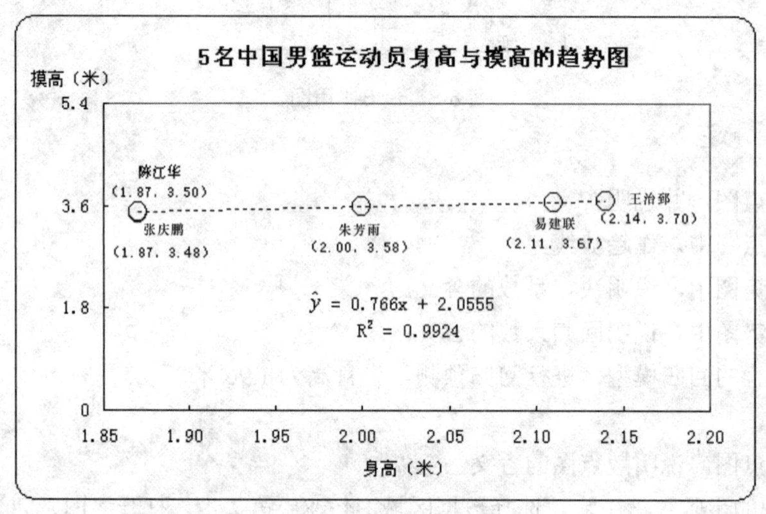

图8-10　身高与摸高的趋势图

在作以上趋势图时，为什么要选择线性的趋势线？可以这样来判断：在6种趋势线类型中，除了“移动平均”外，都可以作为回归模型进行趋势分析。只要选择其中的一种趋势线类型，单击“确定”按钮以后，就会在图上显示出对应的趋势线公式和 R 的平方值。哪种趋势线 R 的平方值最大，哪种趋势线就是首选，因为这样的趋势线可以得到最接近于实际数据的拟合。

本例中，5种趋势线 R 的平方值如下：“线性”的为0.9924；“对数”的为0.9907；“多项式”的为0.9948；“乘幂”的为0.9912；“指数”的为0.9927。显然，结合散点分布的特点，以及线性趋势线对应的 R 的平方值，选用“线性”趋势线可以得到最接近实际数据的拟合，即选用线性趋势预测模型：$\hat{y}=a+bx$。

(3) 在趋势图中，说明决定系数的含义。

在图8-10中，决定系数为 $R^2=0.9924$，说明摸高(因变量)中有99.24%的离差可以被身高(自变量)解释，回归方程对数据点的拟合程度很高。

(4) 在趋势图中，说明回归系数的含义。

在图 8-10 中，回归模型为 $\hat{y}=0.77x+2.06$。回归系数为 $b=0.77$，说明身高(自变量)每增加1厘米，摸高(因变量)则平均增加0.77厘米。

(5) 用拟合的回归模型，进行回归预测。

当身高为 1.96 米时，摸高的预测值：$\hat{y}=0.77\times1.96+2.06\approx3.57(\text{米})$。说明摸高的点估计法的预测值为 3.57 米。

【例 8-2】一元线性回归预测的详解(数据参见图 8-11)。

	A	B	C
1	5名中国男篮运动员身高与摸高一览		
2	姓名	身高(米) x	摸高(米) y
3	(甲)	(1)	(2)
4	张庆鹏	1.87	3.48
5	陈江华	1.87	3.50
6	朱芳雨	2.00	3.58
7	易建联	2.11	3.67
8	王治郅	2.14	3.70

图 8-11　例 8-2 用图

要求：在 Excel 中运算。

(1) 利用“回归”工具，说明“回归”模块的输出结果：回归统计、方差分析、参数估计。

(2) 利用统计函数，当身高(自变量)为 1.96 米时，计算摸高的区间预测值。

解：

(1) 利用“回归”工具，说明“回归”模块的输出结果：回归统计、方差分析、参数估计。

利用“回归”工具进行预测的步骤：第 1 步，选择“工具”菜单下的“数据分析”命令；第 2 步，打开“数据分析”对话框，选择“回归”，单击“确定”按钮；第 3 步，进入“回归”对话框，在“Y 值输入区域”栏中输入因变量的数据区域 C4:C8，在“X 值输入区域”栏中输入自变量的数据区域 B4:B8，在“输出区域”栏中输入 E2，然后单击“确定”按钮。结果如图 8-12 所示。

	A	B	C	D	E	F	G	H	I	J	K
1	5名中国男篮运动员身高与摸高一览				“工具-数据分析”命令下“回归”输出的结果						
2	姓名	身高(米) x	摸高(米) y		SUMMARY OUTPUT						
3	(甲)	(1)	(2)								
4	张庆鹏	1.87	3.48		回归统计						
5	陈江华	1.87	3.50		Multiple R	0.9962					
6	朱芳雨	2.00	3.58		R Square	0.9924					
7	易建联	2.11	3.67		Adjusted R Square	0.9898					
8	王治郅	2.14	3.70		标准误差	0.0099					
9	在回归预测的输出结果中：				观测值	5					
10	(1)说明“回归统计”各项的含义。										
11	(2)说明“方差分析”各项的含义。				方差分析						
12	(3)说明“参数估计”各项的含义。					df	SS	MS	F	Significance F	
13					回归分析	1	0.0384	0.0384	389.88	0.0003	
14					残差	3	0.0003	0.0001			
15					总计	4	0.0387				
16											
17					参数估计						
18						Coefficients	标准误差	t Stat	P-value	下限 95.0%	上限 95.0%
19					Intercept	2.0555	0.0776	26.4740	0.0001	1.8084	2.3025
20					X Variable 1	0.7660	0.0388	19.7454	0.0003	0.6426	0.8895

图 8-12　一元线性“回归”输出的结果

下面对图 8-12 中的三大块“回归统计”、“方差分析”、“参数估计”，分别用 A、B、C 表示，并逐一进行说明。

A．“回归统计”结果的说明(见表 8-3)。

表 8-3　一元线性回归输出的结果之一：回归统计

回归统计	
Multiple R	0.9962
R Square	0.9924
Adjusted R Square	0.9898
标准误差	0.0099
观测值	5

↓对照说明

指标名称	指标名称的叫法	计算公式
Multiple R	相关系数 r	$r=\dfrac{\sigma_{xy}{}^2}{\sigma_x\sigma_y}$
R Square	决定系数 R^2	$R^2=1-\dfrac{\sum(y-\hat{y})^2}{\sum(y-\overline{y})^2}$
Adjusted R Square	调整的决定系数 $R^2_{调}$	—
标准误差	估计值的标准差 S_{yx}	$S_{yx}=\sqrt{\dfrac{\sum(y-\hat{y})^2}{n-2}}$
观测值	样本个数 n	—

① Multiple R 是指相关系数 r，计算公式为：$r=\dfrac{\sigma_{xy}^2}{\sigma_x\sigma_y}$。本题中，$r$=0.9962>0.8，表明摸高与身高这两个变量呈高度线性相关，摸高与身高的相关程度很高。

② R Square 为决定系数 R^2，计算公式为：$R^2=1-\dfrac{\sum(y-\hat{y})^2}{\sum(y-\overline{y})^2}$。

本题中，R^2=0.9924>0.8，表明因变量(摸高)的离差中，约有 99.24%的可以由回归方程来解释，回归方程对样本数据点的拟合程度很高。

③ Adjusted R Square 为调整的决定系数 $R^2_{调}$。$R^2_{调}$ 是在一个因变量、多个自变量条件下使用的，在一元回归分析中不作参考，在多元回归分析中作参考。

④ 标准误差是指估计值的标准差 S_{yx}，计算公式为 $S_{yx}=\sqrt{\dfrac{\sum(y-\hat{y})^2}{n-2}}$。$S_{yx}$=0.0099，表明回归方程中，因变量的实际值与预测值的标准差。

⑤ 观测值是指实际值的个数 n。n=5，说明据以拟合回归预测模型的实际值有 5 个。

B.“方差分析”结果的说明(见表 8-4)。

表 8-4　一元线性回归输出的结果之二：方差分析

方差分析					
	df	SS	MS	F	Significance F
回归分析	1	0.0384	0.0384	389.88	**0.0003**
残差	3	0.0003	0.0001		
总计	4	0.0387			

↓对照说明

离差的来源	df 自由度	SS 平方和	MS 方差	F F统计量	Significance F 概率 P 值
回归离差	1	$\text{RSS}=\sum(\hat{y}-\overline{y})^2$	$\text{MSR}=\text{RSS}/1$	$F=\text{MSR}/\text{MSE}$	
残差	n-2	$\text{ESS}=\sum(y-\hat{y})^2$	$\text{MSE}=\text{ESS}/(n-2)$		
总计	n-1	$\text{TSS}=\sum(y-\overline{y})^2$	$\text{MST}=\text{TSS}/(n-1)$		

在方差分析表中，第一列表示方差的来源，其中：“回归分析”表示回归离差；“残差”表示剩余离差；“总计”表示总离差。

① df 表示“自由度”。其中：回归离差的自由度为k，k为自变量的个数，k=1，本题中，自变量为身高，只有一个自变量；残差的自由度为$n-2$，n为实际值的个数，2 为参数的个数。本题中，参数的个数只有 a 和 b 两个，n=5，5-2=3；总离差的自由度为n-1，因为一元线性回归中，k=1，故$k+(n-2)=1+(n-2)=n-1$。

② SS 表示因变量离差的“平方和”。其中：RSS 表示回归离差的平方和，即 RSS=$\sum(\hat{y}-\overline{y})^2$=0.0384；ESS 表示残差的平方和，即 ESS=$\sum(y-\hat{y})^2$=0.0003；TSS 表示总离差的平方和，即 TSS=$\sum(y-\overline{y})^2$=0.0387。

总离差的平方和=回归离差的平方和+残差的平方和，用符号表示为 TSS=RSS+ESS，即$\sum(y-\overline{y})^2=\sum(\hat{y}-\overline{y})^2+\sum(y-\hat{y})^2$=0.0384+0.0003=0.0387。

式中：TSS 的英文全称为 Total Sum of Squares；RSS 的英文全称为 Regression Sum of Squares；ESS 的英文全称为 Error Sum of Squares。

③ MS 表示“方差”。

公式：方差=平方和/自由度，即 MS= SS/df。

其中：

回归离差的方差=回归离差的平方和/回归离差的自由度，

即 $\text{MSR}=\text{RSS}/1$=0.0384/1=0.0384；

残差的方差=残差的平方和/残差的自由度，

即 $\text{MSE}=\text{ESS}/(n-2)$=0.0003/(5-2)=0.0001。

④ F 表示回归方程显著性检验中 F 统计量的值。计算公式为：F 统计量的值=回归离差的方差/残差的方差，即 F=MSR/MSE。本题中，F=0.0384/0.0001=384。

⑤ Significance F 表示 F 统计量的值在原假设成立时发生的概率，用于检验回归方程，检验因变量与自变量的线性关系是否显著。

本题中，Significance F=0.0003，表示当概率(把握程度)为 95%时，由于 Significance F=0.0003<(1-95%)，所以，应拒绝回归方程显著性检验的原假设，即应拒绝摸高(因变量)与身高(自变量)的线性关系不显著的原假设，认可两者的线性关系是显著的，可以建立线性回归模型。

C.“参数估计”结果的说明(数据参见表 8-5)。

表 8-5 一元线性回归输出的结果之三：参数估计

参数估计

	Coefficients	标准误差	t Stat	P-value	下限 95.0%	上限 95.0%
Intercept	2.0555	0.0776	26.4740	0.0001	1.8084	2.3025
X Variable 1	0.7660	0.0388	19.7454	**0.0003**	0.6426	0.8895

↓对照说明

指标名称	系数及参数	标准误差	t统计量	P-value	下限 95%	上限 95%
截距	a					
自变量(x)	b					
相互关系	$\hat{y}=a+bx$					

进一步说明如下：

① 在 $\hat{y}=a+bx$ 中，有两个参数 a 和 b。a 表示截距的系数；b 表示自变量(x)的系数。b 又称斜率、回归系数。回归系数(b)的意思是：自变量(x)每增加 1 个单位，因变量(y)平均增减的数量。

本题中：a=2.0555，b=0.7660。由 $\hat{y}=a+bx$，有 $\hat{y}=2.0555+0.766x$。回归系数 b 说明：身高(自变量)每增加 1 厘米，摸高(因变量)则平均增加 0.766 厘米。

② t Stat 表示回归系数显著性检验中 t 统计量的值。

③ P-value 表示 t 统计量的值在原假设成立时发生的概率，用于检验回归系数，检验回归系数是否显著为 0。

本题中，P-value=0.0003。当概率(把握程度)为 95%时，由于 P-value=0.0003<(1−95%)，所以，应拒绝回归系数显著性检验的原假设，即应拒绝回归系数显著为 0 的原假设，认可回归系数显著不为 0，自变量对因变量的线性解释有贡献，应保留在回归方程中。

(2) 利用统计函数，当身高(自变量)为 1.96 米时，计算摸高的区间预测值。

区间估计的公式：因变量的区间预测值 $Y=\hat{y}\pm\varDelta$。

式中：

$\hat{y}$ 为因变量的点预测值，公式为：$\hat{y}=a+bx$。本题，在图 8-12 中查得：$a=2.0555$，$b=0.766$。当身高为 1.96 米时，则：$\hat{y}=a+bx=2.0555+0.766\times1.96=3.56$(米)。

$\varDelta=ts_{yx}$。其中：t 为概率度、临界值，用函数 TINV(α，$n-2$)来求得。本题，即在空白单元格中输入“=TINV(0.05, 5−2)”，可得概率度 t=3.1824。

s_{yx} 为标准误差，在回归输出中的“回归统计”中查得。本题，在图 8-12 中，查得标准误差 s_{yx}=0.0099。

当身高为 1.96 米时，摸高的预测值 $Y=\hat{y}\pm\varDelta=\hat{y}\pm ts_{yx}=3.56\pm3.1824\times0.0099=$ 3.53~3.59(米)。

区间估计的结果表明，当身高为 1.96 米时，摸高的可能取值区间为 3.53～3.59 米。

据查，国家篮球运动员王仕鹏身高 1.96 米，实际摸高为 3.58 米。

【例 8-3】多元线性回归预测(数据参见表 8-6)。

表 8-6　5 名国家男篮运动员摸高与身高、体重、年龄一览

姓　名	摸高(米)	身高(米)	体重(公斤)	年龄(岁)
	y	x_1	x_2	x_3
张庆鹏	3.48	1.87	85	23
陈江华	3.50	1.87	73	19
朱芳雨	3.58	2.00	100	25
易建联	3.67	2.11	108	20
王治郅	3.70	2.14	130	29

要求：

(1) 写出多元线性回归模型，并对模型中的参数予以说明。

(2) 利用“回归”工具，输出多元线性回归预测的结果。

根据输出的结果，回答下列问题：

① 建立多元线性回归模型，各回归系数说明了什么？

② 调整后的多重决定系数说明了什么？

③ 多重共线性是指什么？

④ 线性关系怎么检验？

⑤ 回归系数怎么检验？

⑥ 怎样来进行预测？

解答：

(1) 写出多元线性回归模型，并对模型中的参数予以说明。

一个因变量与一个自变量的线性回归，叫一元线性回归。一个因变量与两个或两个以上自变量的线性回归，叫多元线性回归。

多元线性回归模型：

$$\hat{y} = a + b_1x_1 + \cdots + b_kx_k$$

式中：$\hat{y}$——因变量的预测值；

a——直线的起点值、纵轴截距；

b_i——直线的斜率、偏回归系数。i 的取值为 1～k。b_i 的经济含义为：当其他自变量不变时，某个自变量 x 每增加一个单位，因变量 y 平均增减的数量。偏回归系数的符号，显示两变量相关的方向。若 b 为正号，为正相关；若 b 为负号，为负相关。

多元线性回归模型中，参数 a 和 b_i 的确定与一元线性回归的原理相同，依然是根据最小平方法求得，也就是要让残差的平方和为最小。即

$$\sum(y-\hat{y})^2 = \sum\left[y-(a+b_1x_1+\cdots+b_kx_k)\right]^2 = Q_{\text{最小值}}$$

分别对参数 a 和 b_i 求偏导数，由此可得到求解 a 和 b_i 的方程组：

$$\begin{cases} \dfrac{\partial Q}{\partial a} = 0, \\ \dfrac{\partial Q}{\partial b_i} = 0 \ \ (i = 1, 2, \cdots, k)。 \end{cases}$$

要求得 a 和 b_i 的解，不妨借助于 Excel，一览所输出的回归结果。

(2) 利用“回归”工具，输出多元线性回归预测的结果。

利用“回归”工具进行预测的步骤：选择“工具”菜单中的“数据分析”命令，在弹出的对话框中选择“回归”选项，单击“确定”按钮；在“回归”对话框中，输入因变量的数据区域 B3:B7，输入自变量的数据区域 C3:E7，选择存放输出结果的单元格 G2，单击“确定”按钮即可，如图 8-13 所示。

Microsoft Excel - 3 回归分析的运用：实例.xls

5名中国男篮运动员信息一览

姓名	摸高(米) y	身高(米) x_1	体重(公斤) x_2	年龄(岁) x_3
张庆鹏	3.48	1.87	85	23
陈江华	3.50	1.87	73	19
朱芳雨	3.58	2.00	100	25
易建联	3.67	2.11	108	20
王治郅	3.70	2.14	130	29

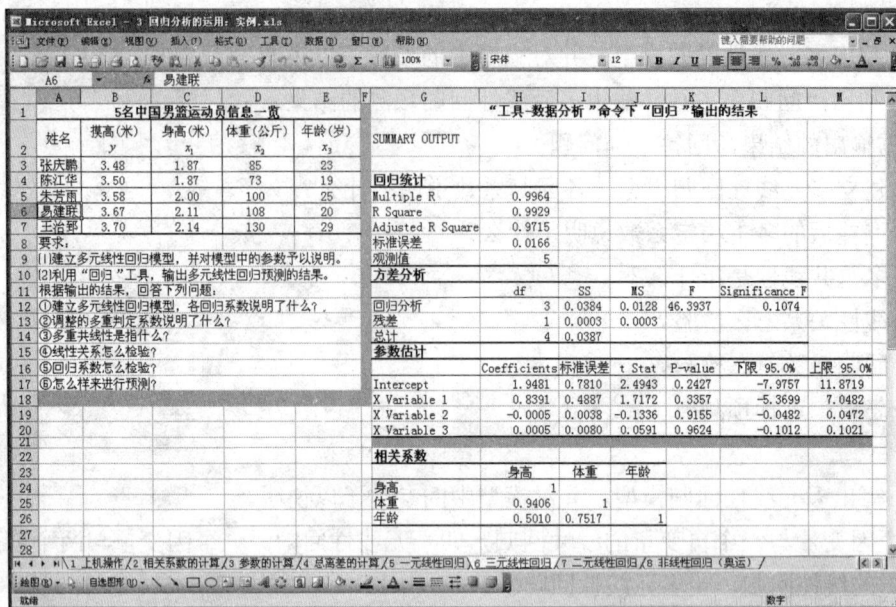

要求：
(1)建立多元线性回归模型，并对模型中的参数予以说明。
(2)利用“回归”工具，输出多元线性回归预测的结果。
根据输出的结果，回答下列问题：
①建立多元线性回归模型，各回归系数说明了什么？
②调整的多重判定系数说明了什么？
③多重共线性是指什么？
④线性关系怎么检验？
⑤回归系数怎么检验？
⑥怎么样来进行预测？

“工具-数据分析”命令下“回归”输出的结果

SUMMARY OUTPUT

回归统计	
Multiple R	0.9964
R Square	0.9929
Adjusted R Square	0.9715
标准误差	0.0166
观测值	5

方差分析

	df	SS	MS	F	Significance F
回归分析	3	0.0384	0.0128	46.3937	0.1074
残差	1	0.0003	0.0003		
总计	4	0.0387			

参数估计

	Coefficients	标准误差	t Stat	P-value	下限 95.0%	上限 95.0%
Intercept	1.9481	0.7810	2.4943	0.2427	-7.9757	11.8719
X Variable 1	0.8391	0.4887	1.7172	0.3357	-5.3699	7.0482
X Variable 2	-0.0005	0.0038	-0.1336	0.9155	-0.0482	0.0472
X Variable 3	0.0005	0.0080	0.0591	0.9624	-0.1012	0.1021

相关系数

	身高	体重	年龄
身高	1		
体重	0.9406	1	
年龄	0.5010	0.7517	1

图 8-13　三元线性“回归”输出的结果

根据输出的结果，回答下列问题：

① 建立多元线性回归模型，各回归系数说明了什么？

多元线性回归模型为：$\hat{y}=a+b_1x_1+\cdots+b_kx_k$

即　$\hat{y}=1.9481+0.8391x_1-0.0005x_2+0.0005x_3$

各回归系数的实际含义为：

b_1=0.8391，表示在体重和年龄不变的条件下，身高每增加 1 厘米，摸高平均增加 0.8391 厘米；b_2=−0.0005，表示在身高和年龄不变的条件下，体重每增加 1 公斤，摸高平均减少 0.05 厘米；b_3=0.0005，表示在身高和体重不变的条件下，年龄每增加 1 岁，摸高平均增加 0.05 厘米。

② 调整后的多重决定系数说明了什么？

对一元线性回归方程，只需要用决定系数来评价其拟合程度。对多元线性回归方程，则需要用多重决定系数来评价其拟合程度。

与一元线性回归方程一样，对多元线性回归方程，也有因变量总离差平方和的分解，TSS=RSS+ESS，即：总离差平方和=回归离差平方和+残差平方和。

多重决定系数是指回归离差平方和占总离差平方和的比重，表明在因变量的变差中，有多少可以被回归方程来解释，用 R^2 表示。计算公式为：

$$R^2=\frac{\text{RSS}}{\text{TSS}}=1-\frac{\sum(y-\hat{y})^2}{\sum(y-\bar{y})^2}$$

由于自变量个数的增加，会影响到因变量中被估计的回归方程所解释的变差数量。当增加自变量时，会使预测误差变得比较小，从而减少残差平方和。当残差平方和减少时，回归离差平方和就会变大，从而使 R^2 变大。因此，为避免增加自变量而高估 R^2，统计学

家提出用观察值的个数 n 和自变量的个数 k 来调整 R^2 。

调整的多重决定系数，是指在模型中，用自变量的个数和样本容量进行调整的多重决定系数，用 $R_{调}^2$ 表示。计算公式为：

$$R_{调}^2 = 1-(1-R^2)\times\frac{n-1}{n-k}$$

R^2 与 $R_{调}^2$ 含义相近，两者所不同的是，$R_{调}^2$ 考虑了 n 和 k 的影响，则 $R_{调}^2$ 比 R^2 小。而且 $R_{调}^2$ 不会由于模型中自变量个数的增加而越来越接近 1。因此，在多元线性回归分析中，常用调整的多重决定系数。

由如图 8-13 所示的输出结果可知，调整的多重决定系数(Adjusted R Square)，即 $R_{调}^2$=0.9715=97.15%，意思为：在用观察值个数和自变量个数进行调整后，在因变量(摸高)的变差中，能被因变量(摸高)和自变量(身高、体重、年龄)的多元回归方程所解释的部分占 97.15%。

③ 多重共线性是指什么？

多重共线性是指在多元线性回归模型中，有两个或两个以上的自变量彼此高度相关。当自变量之间存在高度相关时，就会提供重复和多余的信息。这时，就要剔除相应的自变量。

判断多重共线性的存在，方法之一是计算相关系数的矩阵。计算相关系数矩阵的步骤是：选择“工具”→“数据分析”菜单命令，在弹出的“数据分析”对话框中选择“相关系数”选项，单击“确定”按钮；在“相关系数”对话框中，输入区域为 C3:E7，输出区域为 G23，单击“确定”按钮即可。结果如图 8-13 和表 8-7 所示。

表 8-7　身高、体重、年龄之间的相关系数的矩阵

	身　高	体　重	年　龄
身高	1		
体重	0.9406	1	
年龄	0.5010	0.7517	1

在表 8-7 所示的相关矩阵中，身高和体重的相关系数最高，年龄和体重的相关系数次之。因此，可以将体重这个自变量剔除，建立摸高与身高和年龄的多元线性回归模型。

利用“回归”工具进行预测：选择“工具”→“数据分析”菜单命令，在弹出的对话框中选择“回归”选项，单击“确定”按钮；在“回归”对话框中，输入因变量的数据区域 B3:B7，输入自变量的数据区域 C3:D7，选择存放输出结果的单元格 F2，单击“确定”按钮即可，如图 8-14 所示。

④ 线性关系怎么检验？

在图 8-14 所示的方差分析中，由于 Significance F=0.0073<显著性水平 α=0.05。因此，F 检验表明：摸高与身高和年龄之间的线性关系显著。但这并不意味着摸高与每个自变量之间的关系都显著，因为 F 检验说明的是总体的显著性。要判断每个自变量对因变量摸高的影响是否显著，还需要对每个回归系数分别进行检验。

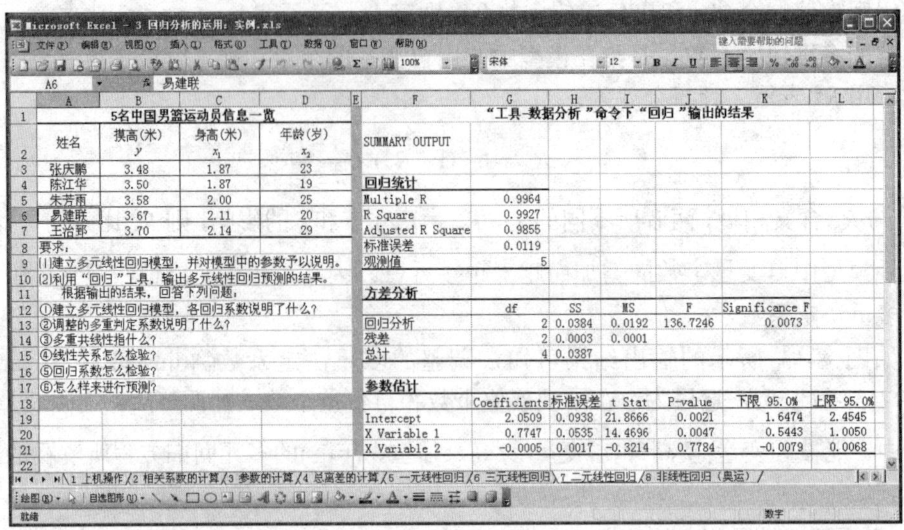

图 8-14　二元线性"回归"输出的结果

⑤ 回归系数怎么检验？

在如图 8-14 所示的参数估计中，回归系数 b_1 的 P-value=0.0047<显著性水平 α=0.05，回归系数 b_2 的 P-value=0.7784>显著性水平 α=0.05，这表明，b_1 通过了检验，而 b_2 没有通过检验。

以上结果说明，在影响摸高的自变量中，只有身高的影响是显著的，其他的自变量均不显著。这表明体重和年龄这两个自变量对预测摸高的作用已不大。

⑥ 怎样来进行预测？

在多元线性回归中，如果所选的几个自变量之间既不存在高度相关，又通过了线性关系和回归系数的检验，那么，就可以给定自变量相应的值，以预测因变量的值。

本题经过计算与比较，最后依旧落到一元线性回归模型的圈子里。预测结果可参见例 8-2。

【例 8-4】非线性回归预测(数据参见表 8-8)。

表 8-8　历届奥运会参赛运动员的人数

届　次	年　份	举办地	人数(人)	届　次	年　份	举办地	人数(人)
1	1896	希腊	331	10	1932	美国	1408
2	1900	法国	1225	11	1936	德国	4066
3	1904	美国	689	14	1948	英国	4099
4	1908	英国	2035	15	1952	芬兰	4925
5	1912	瑞典	2547	16	1956	澳大利亚	3184
7	1920	比利时	2669	17	1960	意大利	5348
8	1924	法国	3092	18	1964	日本	5140
9	1928	荷兰	3014	19	1968	墨西哥	5530

续表

届　次	年　份	举办地	人数(人)	届　次	年　份	举办地	人数(人)
20	1972	德国	7123	25	1992	西班牙	9367
21	1976	加拿大	6028	26	1996	美国	10318
22	1980	苏联	5217	27	2000	澳大利亚	10651
23	1984	美国	6797	28	2004	希腊	11099
24	1988	韩国	8465	29	2008	中国	11468

说明：第 6 届奥运会因第一次世界大战而未举办。第 12 届、第 13 届奥运会因第二次世界大战而未举办。1948 年第 14 届奥运会时，首次实现电视转播。

资料来源：中国奥委会官方网站。

选题背景：2008 年的北京奥运会，一举成功。早前，一个对北京奥运会各国参赛运动员的人数的预测曾轰动一时。预测者是格兰杰，2003 年诺贝尔经济学奖的得主。其人风貌如图 8-15 所示。

图 8-15　格兰杰的演讲：用回归方法预测奥运人数的演讲

2005 年 5 月，格兰杰在接受《北京日报》记者采访时称“运动员人数关系成本投入”。他认为，参加奥运会的运动员人数可以看作随时间变化的一个二次函数。

格兰杰用历次奥运会的运动员人数作散点图和拟合曲线，测算出了参加北京奥运会的运动员人数 11 468 人，比 2004 年雅典奥运会的 10 864 人多出 604 人，这个数字将会在 10 500～12 500 之间的区域波动。对于每 1000 名运动员来说，将会有 500 名随行的官员、教练、厨师和保安等。所以，来这里的人员总共会有 2 万人，这些人都需要食宿和交通方面的设施。根据海外游客平均每人在北京花费 1000 美元的消费标准来计算，这些运动员将在 2008 年为北京带来 2000 多万美元的直接收入。

实际上，后来据北京奥组委消息，共有 11 438 名运动员报名参赛。显然，奥运参赛运动员的实际结果落在预测结果的区间范围内。

设题如下：

(1) 作散点图前，格兰杰为什么要删除一些数据？如 1896 年、1904 年、1932 年、1956 年、1980 年、1984 年的数据。

(2) 审核数据后，格兰杰为什么选择了用二次函数来进行预测？

(3) 格兰杰预测参赛运动员的数据是怎么算来的？

(4) 对以上种种所获得的启发略作点滴笔墨说明。

解：

(1) 作散点图前，格兰杰为什么要删除一些数据？如 1904 年、1932 年、1956 年、1980 年、1984 年的数据。

格兰杰认为：在 1980 年苏联莫斯科奥运会上，由于政治上的一些原因，美国拒绝参加这次奥运会，所以那次参加的总人数比较少。在 1984 年美国洛杉矶奥运会上，苏联方面也不参加，所以总的参加人数也比较少。1956 年奥运会在澳大利亚墨尔本举办，由于此地离欧洲其他国家很远，去那里成本很高，所以很多运动员没有参加。在洛杉矶很早的时候举办奥运会，距离欧洲也很远，去的人不多，这些都是经济原因或者政治原因导致的。

可见，作预测时，要删除这些年份的数据。另外，格兰杰是从 1900 年开始预测的，则 1896 年的数据也在删除之列。将表 8-8 中标有下划线的数据删除，则得到新的数列，如图 8-16 所示。

(2) 审核数据后，格兰杰为什么选择了用二次函数来进行预测？

有什么样的数据类型，就选择什么样的模型。数据类型的确定，一要看散点的分布，二要看决定系数的大小。格兰杰之所以选择了二次函数，是因为这组数据的散点分布近似于二项式曲线，并且其决定系数在所选模型类型中为最大。

作散点图的步骤：第 1 步，选择数据区域 B3:C21；第 2 步，选择“图表向导”，在“图表类型”列表框中选择“XY 散点图”选项；第 3 步，根据提示作图，单击“完成”按钮后，稍作润色即可，如图 8-16 所示。

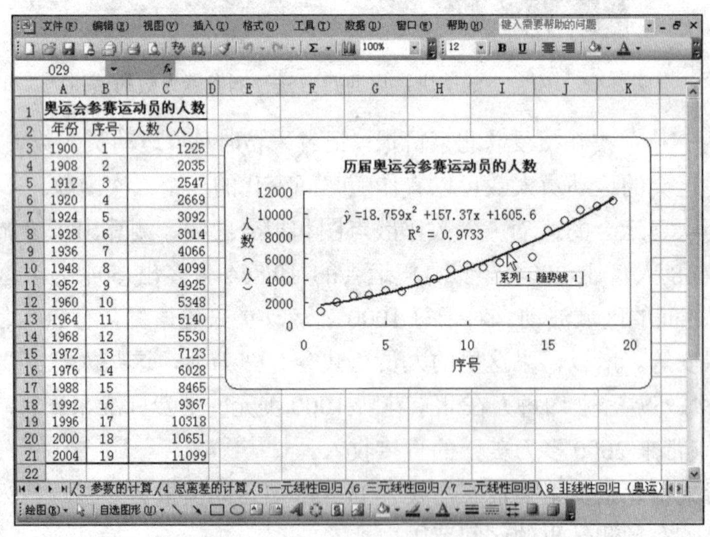

奥运会参赛运动员的人数

年份	序号	人数（人）
1900	1	1225
1908	2	2035
1912	3	2547
1920	4	2669
1924	5	3092
1928	6	3014
1936	7	4066
1948	8	4099
1952	9	4925
1960	10	5348
1964	11	5140
1968	12	5530
1972	13	7123
1976	14	6028
1988	15	8465
1992	16	9367
1996	17	10318
2000	18	10651
2004	19	11099

图 8-16　非线性回归趋势图

奥运会参赛运动员人数的多少与奥运会举办时间的远近有关。从相关表来看，随着时间的推移，参赛的人数基本上是越来越多。从散点图来看，是一条有很多波峰和波谷的曲线，初步判断为适宜配合多项式趋势线。

在散点图 8-16 中，右击任意一个数据点，在弹出的快捷菜单中选择“添加趋势线”命令；打开“添加趋势线”对话框，先选择“类型”选项卡，在“趋势预测/回归分析类型”组合框中选择“多项”趋势线类型；再选择“选项”选项卡，同时选中其中的“显示公式”和“显示 R 平方值”复选框；单击“确定”按钮，结果显示了新添加的趋势线，以及这条趋势线的公式和 R 的平方值，如图 8-16 所示。

在散点图 8-16 中，右击趋势线，在弹出的快捷菜单中选择“趋势线格式”命令；打开“趋势线格式”对话框，选择“类型”选项卡。在这个对话框下的 6 种趋势线类型中，除了“移动平均”外，都可以用于回归预测。选择其中的一种趋势线类型，单击“确定”按钮后，就会在图上显示对应趋势线的公式和 R 的平方值。

本例中，通过选择不同的趋势线类型，得到相应的趋势线 R 的平方值如下：线性的为 0.9454，对数的为 0.7458，多项式的为 0.9733，乘幂的为 0.9370，指数的为 0.9529。显然，多项式趋势线对应的 R 的平方值是其中的最大值。这表明选用“多项式”类型的趋势线可以得到最接近实际数据的拟合。

(3) 格兰杰预测参赛运动员的数据是怎么算来的？

曲线模型都可以转化线性模型，并利用最小平方法求出参数。

以本题为例，可以看出，二项式类型的预测模型为：$\hat{y}=a+bx+cx^2$。

要使 $Q=\sum(y-y_c)^2=\sum(y-a-bx-cx^2)^2$ 为最小，则求 Q 对 a、b、c 的偏导数，并令其为零，得到以下方程式：

$$\begin{cases}\sum y=na+b\sum x+c\sum x^2\\ \sum xy=a\sum x+b\sum x^2+c\sum x^3\\ \sum x^2y=a\sum x^2+b\sum x^3+c\sum x^4\end{cases}$$

解方程组，可得 a、b、c 的值，二次曲线方程式也就相应确定。

本题中，由图 8-16 可知，$\hat{y}=a+bx+cx^2$，即 $\hat{y}=1605.6+157.37x+18.759x^2$，将序号 $x=20$ 代入式中，则有：$\hat{y}=1605.6+157.37\times20+18.759\times20^2=12257$ (人)。这样，就预测出了 2008 年参加北京奥运会的运动员人数。将 $x=21$ 代入式中，则 $\hat{y}=13183$，这就是 2012 年参加伦敦奥运会运动员的预测人数。

(4) 对以上种种所获得的启发略作点滴笔墨说明。

根据相关图中散点分布的情况，确定相关形式，并配合相应的回归方程。在实际中，现象是丰富多彩的，相关的形式，除了线性形式，还有非线性形式。非线性回归，又称曲线回归，是指变量间的关系是用曲线近似地表示出来的回归分析。非线性回归分析是指为观察数据配合曲线回归方程所进行的分析。在进行回归预测时，要注意以下几点：

① 相关分析前，要对相关变量的数据进行审核。

② 要根据数据类型选择预测模型。本题预测的结果为 12 257 人，而格兰杰预测的为 11 468 人，这是因为据以预测的数据来源有不同所致。比如，2004 年的希腊雅典奥运会，在参赛的运动员人数上，格兰杰选用的是 10864 人，而中国奥委会官方网站提供的数据是 11 099 人。本题统一选用中国奥委会官方网站提供的数据进行预测，故在结果上不一样。

但掌握了预测的基本原理和操作步骤就好了。

③ 在进行推算和预测时，要注意条件的变化，注意现象的复杂性。

实际上，2008 年奥运会参赛运动员为 11 438 人，2012 年奥运会的参赛运动员为 10 500 人。进行预测时，要特别注意选样的时间跨度不要太大。

统 计 实 录

这道相关分析题有点“怪”

题目：强相关性然而并无线性相关。汽车每加仑汽油跑的英里数在速度增加时先会上升再下降。假设这种相关关系相当规则，如表 8-9 所示的速度(每小时英里数)和汽油里程(每加仑英里数)资料所示。

表 8-9 速度和汽油里程的关系

速度(英里/小时)	20	30	40	50	60
汽油里程(英里/加仑)	24	28	30	28	24

画一个汽油里程对应速度的散布图。用计算机算一算，速度和汽油里程之间的相关系数其实是 0。解释一下为什么虽然速度和汽油里程之间有很强的相关性，但相关系数却是 0。

解答：因为相关关系不是线性的。

(资料来源：[美]穆尔著. 统计学的世界. 324 页)

汽车速度和汽油里程，这两个变量当然有关系，而且相关程度应该还很高，这是起码的常识。但面对开篇这道题，难道常识失灵了吗？因为衡量这两个变量相关程度的指标，也就是相关系数，结果居然为 0，岂不怪哉。

相关系数在 0.3 以下，就叫弱相关，表示变量之间互动的程度很差。相关系数为 0，竟至于此，何至于此？

问题出在哪里？穆尔先生急不可耐一语道破：“因为相关关系不是线性的。”噢，当相关系数出现了令人大跌眼镜的 0 时，就不是线性的相关关系。那么，请问：非线性的相关关系就没有为 0 的吗？还有，当相关系数不为 0，而为其他的值，就通通归于线性的吗？当相关系数为 0，不是线性的相关关系，那又是非线性相关关系中的哪一种？

带着可爱的小问题，还是返回记忆的殿堂，翻开相关分析的宝典看一看，答案就在其中。解题做题，总有步骤，相关分析也没能免俗。

相关分析的步骤，简称为“十六字令”，这就是：是否相关；相关程度；建立模型；进行预测。

变量之间“是否相关”，开头这一步，完全是凭生活常识和专业知识来认证的，有想法和说法就够了，没必要在网上练“弹指神功”。就本题来讲，两个变量——汽车速度和汽油里程，铁定相关，常识而已。看来，万事开头难，这第一步走得很顺溜。

接下来，“相关程度”。这一步，有一正一误两种走法：一种是画图；另一种是算数，算相关系数。怎么走才算走对了路？本题就给了一个反面示范，把两个变量成对的数，不管三七二十一就一算，结果算出了一个大鸭蛋，相关系数为 0，这不，傻眼了。要不是穆尔先生在书上若干页以后给了那么一条答案，傻眼的人还不知要愣多久才回过神来呢。

本题中，第二步没走通，是不是第一步也走错了？答案是：不是。第一步是对的，判断铁定正确，汽车速度和汽油里程，这两个变量有关系。两个变量有关的关系是不变的，但相同变量下的取值是可变的，这样，算出来的相关系数也就发生了变化。

一组一组的数据，算出来的相关系数有高有低，像这样把一组数据的相关系数算出来为 0 的，虽说很特别，但至少也提了个醒：亲爱的前往相关分析地带的朋友，对于两个变量，在进行相关分析的时候，一定一定，千万千万，不要急着算数，第二步要直奔画图，也就是画散点图，然后再算相关系数，这才是正道。

在第二步，先画图，再算数，有什么好处？还是拿开篇的资料来画一画，再算一算，自然就能看出其中的巧和妙。原表、散点图、相关系数，干脆将三者和盘托出，忙乎的结果如图 8-17 所示。

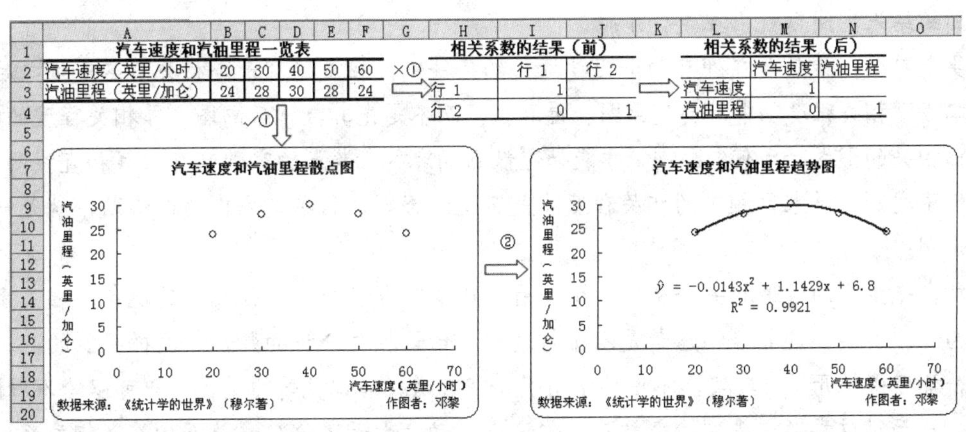

图 8-17　汽车速度和汽油里程的散点图和相关系数

从图 8-17 可以看到，由汽车速度和汽油里程的相关表，画出来一张散点图。这张散点图显示，散点呈现出曲线，也就是非线性的形式。这根弯弯的像眉毛一样的曲线，很熟悉吧？没错，老朋友了，好久不见，就是抛物线。画散点图，可以清清楚楚地看到数据图形的长相。

没有画散点图这一步，哪能看出这组数据的本相是抛物线呢？计算相关系数的前提是线性形式，而相关系数不适合用于计算非线性的形式。显然，画好了散点图，知道了人家是抛物线，就不该算哪门子相关系数。

但应穆尔先生题目所邀“用计算机算一算，速度和汽油里程之间的相关系数其实是 0”。经验证，果然是 0。相关系数的算法如下：选择“工具”菜单下的“数据分析”命令；在“数据分析”对话框中，选择“相关系数”选项，单击“确定”按钮；在“相关系数”对话框中，“输入区域”栏中输入 B2:F3，“输出区域”栏中输入 H2，“分组方式”栏中选择“逐行”，单击“确定”按钮。

好了，再回到图 8-17 中，看散点图。画散点图的好处，由此可见一斑，总结起来讲，就是可以看到“方、程、式”，即看到散点分布的方向、程度、形式。从本例的散点图中，可以看到 5 个散点的走向为正，散点之间比较亲密，形式为抛物线。

散点之间比较亲密，到底有多亲密？这就需要用数字来挑明了，这个数字就是相关指数。相关指数反映曲线中两个变量的相关程度，相关系数反映直线即线性中两个变量的相关程度。计算相关指数的方法是：右击散点图中的散点，在弹出的快捷菜单中选择“添加趋势线”命令；在弹出的对话框的“类型”选项卡中，选择“多项式”，默认的阶数正好是 2 阶；在“选项”选项卡中，选中最后两项，即“显示公式”和“显示 R 平方值”；单击“确定”按钮，结果如图 8-17 中的②所示。R 的平方值为 0.9921，将其开平方，就得到相关指数 R 为 0.996。

不算不知道，一算吓一跳。速度和汽油里程之间的相关程度，在线性形式中为 0，在曲线形式中为 0.996。0.3 以下为低度相关，0.8 以上为高度相关，同样的一份资料，算出天壤之别的结果，问题就出在走错了路。

要走对路，就是要在拥有两个变量资料的条件下，在走稳“是否相关”这一步之后，在第二步“相关程度”中，要先画图，再算数，而不是先算数，后画图。算相关程度的数，看不出相关的形式，只有先画图，才能知道散点的容貌。散点的容貌只有曲线和直线两类，划分好了类别，再来算相应的相关程度才是正道；否则，穆尔先生出的这道题，就是一个反面示例。

穆尔先生出的这道相关分析题，乍一看，确实有点“怪”，强相关的现象，相关系数居然为 0。其实，这等怪物，都是人手打造的。估计相关分析的知识点没抓牢靠的，一见这怪，就吓得躲开了。其实，不用怕不用慌，常言道，知识就是力量，知识可以给人壮胆。以后，凡面对这类题，手到擒来就是，但记得念动“十六字诀”：是否相关→相关程度→建立模型→进行预测。在第二步“相关程度”中，应念念不忘：先画散点图，再算相关程度的指标。

本章小结

回归分析的研究对象是一个因变量，影响因变量的因素叫自变量。自变量有一个或多个，自变量有几个，就叫几元回归。

一元回归分析，涉及一个因变量，一个自变量。进行一元回归分析时，先要考虑选取什么样的回归模型，方法是作散点图，比较 R^2 也就是决定系数的大小，选择决定系数最大的类型作为回归模型，以求用因变量的样本值来对实际值进行估计时拟合程度会比较好。

多元回归分析，涉及一个因变量，多个自变量。进行多元回归分析时，先要考虑选取什么样的自变量，方法是列出自变量的相关系数矩阵表，自变量之间存在高度相关的，就

要剔除相应的自变量，以求在利用自变量来分析因变量的变动时，自变量不会提供重复和多余的信息。

回归分析有 4 步：是否相关，相关程度，建立模型，进行预测。

第 1 步，是否相关。凭生活常识和专业知识来确认所研究的变量之间是否有关系。

第 2 步，相关程度。自变量与因变量之间，测量相关程度指标的绝对值越接近于 1 越好，表明变量之间相关程度越高。

第 3 步，建立模型。回归模型有线性(直线)和非线性(曲线)两大类。

对于一元回归分析，可以通过作散点图、比较决定系数的大小来选择模型的种类。

对于多元回归分析，不能通过作散点图来选择模型的种类，但可以根据条件来选择。常见的是线性回归模型。在非线性回归模型中，比如，研究投入(自变量)、产出(因变量)时，变量之间的关系，就要用柯柏-道格拉斯的回归模型：$\hat{y}=ax_1^{b_1}x_2^{b_2}$，式中，$\hat{y}$ 表示产出、a 表示常数、x_1 表示劳动投入、x_2 表示资本投入、参数 b_1 和 b_2 分别表示产出对劳动投入和资本投入的弹性。例如，国内生产总值(单位：亿元)用 $\hat{y}$ 表示、资金(单位：亿元)用 x_1 表示、从业人员(单位：万人)用 x_2 表示。

第 4 步，进行预测。预测的方法有两种：点估计和区间估计。

检验：如果进行相关与回归分析的数据是样本数据，为了保证建立模型进行预测的有效性，就要对相关项进行检验。在一元线性回归中，用相关系数检验法对相关系数进行检验。在线性回归分析中，用 F 检验法对回归方程进行检验，用 t 检验法对回归系数进行检验。

快捷计算：在 Excel 中，选择“工具”菜单中的“数据分析”命令，弹出“数据分析”对话框，选择“回归”选项，单击“确定”按钮，可以得到回归输出的结果。

真 题 上 市

一、单项选择题

1. 相关关系是指变量间的(　　)。

   A. 不确定性的数量关系　　B. 函数关系

   C. 确定性的数量关系　　D. 不确定性的数量依存关系

2. 相关关系按变量之间相互关系的表现形式分为(　　)。

   A. 单相关、复相关和偏相关　　B. 完全相关、不完全相关和不相关

   C. 线性相关和非线性相关　　D. 正相关和负相关

3. 下列 4 个相关系数中反映变量之间关系最密切的数值是(　　)。

   A. 0.6　　B. 0.91

   C. −0.8　　D. −0.95

4. 已知变量 x 和 y 之间的关系如图 8-18 所示。

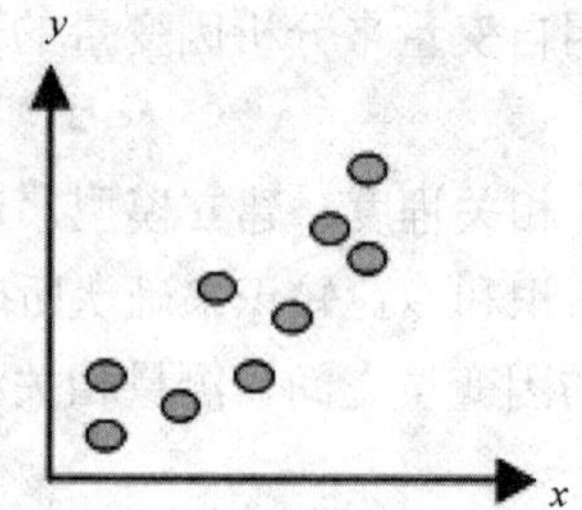

图 8-18　变量 x 和 y 间的关系

则变量 x 和 y 的相关系数为(　　)。

A. 0.91　　B. −0.96　　C. 1.04　　D. 0.32

5. 调查 30 个房地产公司，房屋销售面积与广告费用之间的相关系数为 0.81，这说明(　　)。

A. 两者之间有很强的正相关关系

B. 平均看来，销售面积的 81%归因于其广告费用

C. 如要多销售 1 万平方米的房屋，则要增加广告费用 8100 元

D. 如果广告费用增加 1 万元，可以多销售 8100 平方米的房屋

二、多项选择题

1. 相关关系与函数关系各有不同的特点，主要体现在(　　)。

A. 函数关系是一种不严格的相互依存关系

B. 函数关系可以用一个数学表达式精确表达

C. 函数关系中各变量均为确定性的

D. 现象为相关关系时，是有随机因素影响的依存关系

E. 相关关系中现象之间仍然可以通过大量观察法来寻求其变化规律

2. 相关关系按其变动方向的不同可分为(　　)。

A. 完全相关　　B. 负相关

C. 非线性相关　　D. 不完全相关

E. 正相关

3. 相关系数表明两个变量之间的(　　)。

A. 线性关系　　B. 因果关系

C. 变异程度　　D. 相关方向

E. 相关的密切程度

4. 对相关的马虎表述，下面有(　　)中招。

A. 成年男性的身高和体重呈正相关

B. 成年男性的身高和情商之间的相关程度很高

C. 二手车的车龄与车价之间的相关系数为−1.05

D. 二手车的车龄与车价之间的相关系数为−0.88%

E. 大学毕业生的性别与薪酬之间有很高的相关系数

5. 对于回归系数 b，下列说法正确的有(　　)。

A. b 是回归直线的斜率

B. b 的绝对值介于 0～1 之间

C. b 越接近于零表明自变量对因变量影响越小

D. b 与相关系数具有 $b=\dfrac{r\sigma_y}{\sigma_x}$ 的关系

E. b 满足 $\sum y = na + b\sum x$ 和 $\sum xy = a\sum x + b\sum x^2$

三、判断题

1. 相关关系即为函数关系。　(　　)

2. 相关关系不是因果关系。　(　　)

3. 相关系数的大小与数据的计量尺度无关。　(　　)

4. 需求量与价格之间的负相关关系被称为需求法则或需求定律。　(　　)

5. 估计线性回归方程 $\hat{y} = a + bx$ 中的回归参数 a、b 时，普遍采用的估计准则是最小二乘准则。　(　　)

四、综合题

说明: 本题源于 2010 年度全国统计专业技术中级资格考试“统计基础理论及相关知识”试题。

要求：以下 5 道小题，每道小题有一项或一项以上的正确答案。每小题 2 分。

为预测我国居民家庭对电力的需求量，建立了我国居民家庭电力消耗量(单位：千瓦时)与可支配收入(x_1，单位：百元)、居住面积(x_2，单位：平方米)的多元线性回归方程为:

$$\hat{y} = 124.3068 + 0.5464x_1 + 0.2562x_2$$

请根据上述结果，从下列备选答案中选出正确答案。

1. 对于多元线性回归模型，以下假设中正确的有(　　)。

A. 因变量与自变量之间的关系为线性关系

B. 随机误差项的均值为 1

C. 随机误差项之间是不独立的

D. 随机误差项的方差是常数

2. 回归系数 b_2=0.2562 的经济意义为(　　)。

A. 我国居民家庭居住面积每增加 1 平方米，居民家庭电力消耗量平均增加 0.2562 千瓦时

B. 在可支配收入不变的情况下，我国居民家庭居住面积每增加 1 平方米，居民家庭电力消耗量平均增加 0.2562 千瓦时

C. 在可支配收入不变的情况下，我国居民家庭居住面积每减少 1 平方米，居民家庭电力消耗量平均增加 0.2562 千瓦时

D. 我国居民家庭居住面积每增加 1 平方米，居民家庭电力消耗量平均减少 0.2562 千瓦时

3. 根据计算上述回归方程式的多重判定系数为 0.9235，其正确的含义是(　　)。

A. 在 Y 的总变差中，有 92.35%可以由解释变量 x_1 和 x_2 解释

B. 在 Y 的总变差中，有 92.35%可以由解释变量 x_1 解释

C. 在 Y 的总变差中，有 92.35%可以由解释变量 x_2 解释

D. 在 Y 的变化中，有 92.35%是由解释变量 x_1 和 x_2 决定的

4. 根据样本观测值和估计值计算回归系数 b_2 的 t 统计量，其值为 t=8.925，根据显著性水平($\alpha = 0.05$)与自由度，由 t 分布表查得 t 分布的右侧临界值为 2.431，因此，可以得出的结论有(　　)。

A. 接受原假设，拒绝备择假设

B. 拒绝原假设，接受备择假设

C. 在 95%的置信水平下，$\hat{b}_2$ 是由 b_2=0 这样的总体产生的

D. 在 95%的置信水平下，居住面积对居民家庭电力消耗量的影响是显著的

5. 检验回归方程是否显著，正确的假设是(　　)。

A. $H_0: b_1 = b_2 = 0$；$H_1: b_1 \neq b_2 \neq 0$

B. $H_0: b_1 = b_2 \neq 0$；$H_1: b_1 \neq b_2 = 0$

C. $H_0: b_1 \neq b_2 \neq 0$；$H_1: b_1 = b_2 \neq 0$

D. $H_0: b_1 = b_2 = 0$；$H_1: b_i$ 至少有一个不为零

五、分析题

对以下歌词进行分析。

在那灌木林下坐，有微微清风吹过来哟。跟那好人交朋友，一切好处随着来！

在那歪脖树下坐，有毒蛇蛤蟆跑出来哟。跟那坏人交朋友，一切坏处随着来！

(资料来源：内蒙古克什克腾民歌《中国原生态民歌集》)

第 9 章　数据文章的写法

【学习目标】

- 了解数据文章的写作要领。
- 了解数据文章的写作误区。
- 了解数据成果的提交途径。

能写会算，能说会道，这叫有才。有才的人，不愁怀才不遇。前面各章，从搜集整合数据的方法，到静态和动态分析数据的算法，已孜孜不倦逐一道来，但还不够！因为，比如，有了鸡蛋、盐，还不能自成煎鸡蛋卷儿。同理，搜集到的数据是“原料”，对此整合并加以计算的数据是“半成品”，要做成“成品”，还需要在“写”和“说”上练。本章关注的是：数据文章的写法，数据文章的展播。

9.1　数据文章的写作要领

数据是有根有据的数字，数据文章是有理有据的文章。

数据文章，又叫统计分析报告，是指根据统计学的原理，运用相应的数据，遵循提出问题、分析问题和解决问题的思路，以认识世界的一种统计应用文体。统计分析报告是统计分析结果的最终形式，是对研究过程进行表述的文章。

统计分析报告从广义上看，包括统计调查报告。统计调查报告离不开调查问卷等一手数据的支撑，而统计分析报告除了统计调查报告这一类，还包括利用二手数据来成文的形式。一般来讲，凡是结合实际情况，运用统计数据进行分析的文章，都可以归入数据文章，归入统计分析报告。

统计分析报告与一般文体相比，主要的特点有两个：一是数量性，也就是用数据说话；二是研究性，也就是要有分析。那种只有数字堆砌，或者只有文字堆砌的文章，都不是统计分析报告，因为它们都缺乏统计分析的灵魂。由于统计分析报告是一种应用型的文体，所以在写作统计分析报告时，既要留意一般文体的基本要求，又要留神数据运用的基本规范。

优秀统计分析报告的基本标准是选题好、结构好、文面好。这“三好”就是写作数据文章的基本要领，下面分别作一简单说明。

9.1.1　选题好

选题就是选择分析对象和研究角度，选题好就是主题要突出。俗话说，题好文一半。意思是讲标题好看，全文就成了一半，即琢磨标题很重要。好的标题，体现了作者的智慧，能统领全文，能吸引读者。好的标题也有标准，即内容要鲜活实在，形式要简洁动人。有内容但不哗众取宠，有形式也不华而不实。

标题的内容好，表现在创新性、时效性、针对性要强。统计分析报告的选题，要淘出新意和价值，要写出热点、难点和纠结于心的焦点，首先自己得感兴趣，选题只有这样，才能做到与众不同又言之有物。选题可以从“定”和“不定”两方面来搜寻。固定的选题，是指固定的统计分析报告，比如工作上周期性的统计分析报告，季度和年度这些方面的，有相对固定的格式；不固定的选题，是指通过翻阅专业和非专业的期刊，然后灵感一现，找到写作的点。

标题的形式好，表现在用语简练富有生气。标题的形式，只要文题相符，遣词造句方面，怎么来劲怎么来。

标题的形式，按文章内容来设计，主要有 3 种：①以分析目的为标题；②以主要论点为标题；③以主要结论为标题。例如，《中国互联网络发展状态统计报告》就是以分析目的为标题，《新闻调查：关注孤独症》就是以主要论点为标题，《心境愉悦是长寿的根本原因》就是以主要结论为标题。

标题的形式，按句式来设计，主要有两种：直陈式标题(调查对象+内容+文种名称)和提问式标题。例如，《“百度知道”两周年统计分析报告》就是直陈式标题，《长寿的根本原因是什么》就是以提问方式为标题。

标题的形式，还有双标题，也就正、副标题的形式，例如，《几家欢乐几家愁——江西景德镇外销瓷市场调查》就是结论式和直陈式标题相结合。

9.1.2 结构好

结构就是全文的构架，结构好就是结构要清楚。结构包括开头、中间、结尾 3 个部分。结构好的标准是开好头、中间要充实、收好尾。用音乐打个比方，开头如定调，中间如主唱，结尾要余音绕梁。

第一，开头要好。要开门见山，文锋或露或藏。文锋毕露，就是直抒胸臆，径直点题；文锋若隐，就是带着疑问入题。当然，不管是直白的还是含蓄的开头，目的都是铺陈下文和打动读者。当然，此读者也包括自己，如果一开头就连自己也提不起神来，那么，可想而知，这报告不管是跑向市场，还是交给谁谁，恐怕都很难吸引眼球。所以，值得写的，就去写好，这样于人于己都有益。开头的方式可以不拘一格，千姿百态，基本标准是概括准确、文字流畅、简洁明了、生动新颖。

例如，《组合家具已进入衰退期》一文中，导语部分写道：“曾经风靡一时的组合家具，今年的销售状况如何？市场调查表明：组合家具的销售日趋疲软，已进入衰退期。”这段导语虽简短，却一语中的，以自问自答的写作设计，一开篇便点明全文的主旨——组合家具已进入衰退期，与标题相呼应。这种导语写作模式要求写作者对所调查的纷繁的市场资料作出科学、准确的评判，并以简省的笔墨，不加铺陈地明确全文的立脚点，引起读者的阅读兴趣，带动主体写作的逐层展开。

第二，中间要充实。要言之有理有据，要言之有节。要言之有理，言之有据，就要留意文字与数字的默契搭配。用数据佐证理由，用说理强化所述。文字和数字各有其特点和注意点，用文字来说明、形容和解释数据，要实在也要生动。文字忌拖沓、不通顺、错别字；数字忌误用、错用、滥用和堆砌。文章要有节，就是要层次清晰，要把表述的意思，一层一层说清楚，段落之间要相互照应，各部分内容要用相应序号来表示。

中间是主体，要写实写生动，可用的方法很多。

下面列出两招。

招法一：把数据“激”活。即通过转换、简化、比喻等方法，提高和深化数据在分析过程中的说理效果与分析含量，给读者直观、生动的“数据印象”。

例如，13 亿(人口)，是一个很大的数字。如果你用乘法来算，一个很小的问题，乘以 13 亿，都会变成一个大问题。如果你用除法的话，一个很大的总量，除以 13 亿，都会变成一个小的数目。(转换)

又如，英国汤姆森基金会编著的《新闻写作基础知识》一书写道：“他(或她)最容易理解他个人经验范围内的事。当他读到他的国家收支赤字是 1 亿美元或国内生产总值是 50 亿美元时，他并不太清楚这是怎么回事。但当他听到国家的债务摊到每个男人、妇女和小孩头上是 2 美元时，就明白是怎么回事了。”(简化)

招法二，把语言“写”活。即适当运用排比、比喻、拟人和设问等修辞手段，使文句更为生动、精彩。

例如，《人的价值》一文源自《读者》在线阅读：人体中含有几十种不同的化学元素。但如果把人体中所有的元素提取出来制成日用品的话，所值不过十来块钱而已。人体的脂肪可用来制造 7 块肥皂，石灰可足够粉刷一个小房间，碳的含量可造 20 磅焦炭，磷的含量可制成 2200 根火柴。另外，还有约 1 匙的硫黄和 1 英两的金属，人体的铁质可铸 1 枚 1 英寸长的铁钉。人的价值在于智慧，而不在于躯壳。(比方)

第三，结尾要好。好的结尾，相对于分析效果，可以深化主题、强调观点；相对于阅读效果，可以印象深刻、自然流畅甚至“余音绕梁”。结尾要留有余味，总括、归纳和强调必须到位，要该止即止，首尾呼应，以点睛之笔收尾。

9.1.3　文面好

文面就是全文的形象，文面好就是细节要优化。一篇统计分析报告，最招眼的就是报告中的统计图表。图表在文面中，就好比形象大使。如果图表规范靓丽，就会让人产生好感，给人留下好印象。同时，也会让人产生好的联想：此图表做得好又有技巧，估计此文也做得不赖。如果图表做得马虎，就会让人平添推测，可能此文也不怎么样。有时候，哪怕标题再生动，文字再精彩，也许就因为一图一表的疏忽，就让人阅读的兴趣大打折扣，甚至由此转移了注意力。

正所谓细节决定成败。一般而言，读者往往是抽查着读，如果一看一个好，就会畅快地一览无余。相反，如果一看一个别字，一看一个标点又错了，人家可能就会兴趣索然，全文的意思再有独到之处，也难有好人缘了。这就是说，每一个字，每一句话，每一个数字，每一个标点，点点滴滴，每一个细节都很重要，时时处处，每一个细节都要顾到。要顾到全文的细节，其实也简单，只要多检查几遍，多推敲几下，是否通畅，是否有遗漏，是否不规范，就可以了然于眼，豁然于胸。当然，要做到一个错漏都不放过，也还需要一定的修炼才可达到。

统计分析报告中，要活学活用所掌握的统计方法，正确严谨并通俗易懂地表达所学过的基本知识。著有《统计分析“心录”集》的于桂谦先生，在《怎样撰写调查分析报告》的演讲中提道：“如果不知增长和发展速度为何意(平均速度不会算)，翻番的概念不清楚，‘指数’与指数分析法不知所云……很难有加工深度。”

现在，不管是大学生写毕业论文，还是专业技术人员报五花八门的课题，在申报书里头，都列有“研究方法”一栏。在统计学原理中，就介绍了相应的研究方法，在搜集数据时，有搜集二手数据的文献查询法等，有搜集一手数据的问卷调查法等；在整理数据时，有反映现象内部结构、关系和特征的统计分组法，有显示数据情况的统计图表法；在分析数据时，有反映现象现状的静态三数分析法，即反映总量水平的总量数、反映对比关系的相对数、反映平均水平的平均数；有反映现象变动的动态三数分析法，即动态总量数、动态相对数和动态平均数；有反映现象未来趋势的预测分析法，即抽样估计法、因素分析法、相关分析法。这些方法在运用时，各有其运用的条件和注意点，学习时可悉心思量，融会贯通。

9.2 数据文章的写作误区

【例9-1】数据文章的标题。

材料1：2007年4月29日，《北京日报》发表了题为《统计局：股市存在五大“亚健康”问题》的文章。

以下是国家统计局网站的声明。

> **声　明**
>
> 2007年4月29日，《北京日报》发表的题为《统计局：股市存在五大“亚健康”问题》的文章严重失实。国家统计局新闻中心特此声明如下：
>
> 一、该文标题和文中所称“统计局”、“国家统计局发表述评文章”，没有任何根据，是严重违背事实的。
>
> 二、对国家统计局以正式官方名义发布的信息，报刊、网络、广播、电视等各类媒体在刊发消息时，方可冠以国家统计局名义。否则，国家统计局保留对滥用国家统计局名义刊发各类信息的机构追究法律责任的权利。
>
> 国家统计局新闻中心
>
> 二○○七年四月三十日

点评 1：数据文章的特点是数据，数据是有根据的数。对于作者而言，不管是拟标题，还是写成文，首要的是实在和真诚，既不能拿道听途说的当事实，也不能闭门造车自以为是，更不能捏造事实以招人耳目。求实是数据文章的灵魂，也是为人为文的根本。对于读者而言，在确信之前，先要问自己为什么相信，值不值得相信，要舍得思考，要舍得验证。生活中，每天都有受骗上当的事情在发生，盲目轻信是致命的弱点。如果多一点主见，少一点盲从；多一点知识，少一点无知：小日子会过得更滋润。数据文章要有可信、可读、可感这三性。

材料 2：第一次亲密接触；一个裸男和一群禽兽；天天亲吻 *N* 次。看到以上数字标题，你会想到什么？

却原来，这 3 个标题，分别对应着如图 9-1 所示的 3 张照片。

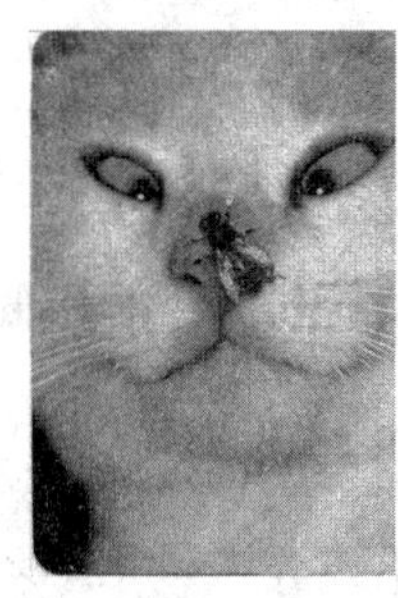

图 9-1　3 张照片

点评 2：以上标题和照片摘自人民网精彩贴图，标题是"BBS 标题党大全，看看你有没有被骗过！"。标题党在中外都有，所谓标题党，就是在互联网上利用严重夸张的标题来吸引网友眼球，以达到各种目的。

【例 9-2】数据文章的开头。

材料 1：从四大行业的完成情况来看，××业、××业、××业、××业 1—8 月份分别完成……

点评 1："无头"。这是指梦话，没头没脑，让人找不着北。没有交代是哪一年、在哪里。

材料 2：土地是农业的基础，是国家的第一重要自然资源，其重要性根本在于，它是具有特定范围的固定物。土地作为农业的基本农业生产资料之一，同其他生产资料相比，最明显的特点是：土地面积是有限的，也是不可替代的。我国是世界上人均占有耕地最少的国家之一。因此，13 亿多人口的东方大国能够解决了人民的温饱问题，便成为举世盛赞的一件了不起的大事。但是多年来，特别是近几年，由于经济建设的迅速发展，耕地连年减少，而且幅度越来越大，已是人所共知的事实。我们县近几年的耕地变化也是如此。

点评 2："大头"。这是指说话啰唆，叙述过长、文字量过多；用词"偏大"，概括过宽。

材料 2 改为：土地是农业的基础，是不可再生的自然资源，中国作为世界上人口最多，而人均占有耕地又最少的国家之一，保护耕地已是刻不容缓的事情。国家如此，北京市昌平区也不能例外。

材料 3：时代的航船，乘风破浪，我们满怀胜利的豪情，送走了硕果累累的××××年。在刚刚过去的一年里，我县各条战线都取得了良好的成绩。××战线也同其他战线一样，捷报频传，特别是××事业迅速发展，令人欣喜。

点评 3：“空头”。这是指套话，套用空泛、笼统的格式化和公式化的措辞，即“正确的废话”。

材料 4：××××年是实行“××调查制度”的第二年，与往年口径相比有了一次变化，就劳动情况而言，指标范围也有了一定的扩大，在原有劳动情况及指标范围、职工人数与工资总额基础上加大了范围，并将聘用留用的离退休人员及港澳台方人员列入了从业人员范围，并且职工人数与其他从业人员的指标相并列，都包括在从业人员范围。就××××年年报与××年年报相比有以下特点。

点评 4：“晕头”。这是指胡话，文章的开头游离于分析主题。

【例 9-3】数据文章的结尾。

材料 1：《××××年婚姻状况分析》一文中，结尾是：结婚人数在不同月份的分布变化。

点评 1：“无尾”。这是指没有收尾之笔。

材料 2：《××××年农民家庭收支测算分析》一文中，结尾是：支出部分，××××年农民家庭预计总支出××元，人均××元，比去年的人均××元，增长××%。以上情况与农民的实际生活水平大体是相同的。

点评 2：“鼠尾”。这是指收笔匆忙。

【例 9-4】数据语言的表达。

材料 1：从十大产业看，农业、林业、牧业、渔业、工业、建筑业、运输业、商饮业、服务业和其他业收入分别占总收入的 36.1%，0.7%，21%，0.4%，21.5%，6.7%，6.2%，3.7%，1.9%，1.7%，比上年分别增 9.5%，10.1%，14.6%，32.1%，33%，减 3.6%，增 18.7%，减 1.2%，1.6%，增 15.1% 。

点评 1：数字罗列过多，指标名称与指标数字相距太远，让人产生阅读疲劳。

建议：让指标名称与指标数字挨近一点，或列表让人看得清楚一点。

材料 2：从反映居民生活质量的重要指标恩格尔系数来看……

点评 2：抽象概念的表达使人费解，应化专业术语为通俗易懂。

材料 2 改为：从反映居民生活质量的重要指标恩格尔系数(食品支出占生活消费支出比重)来看……

材料 3：在“百度知道”上，有这样的一问一答，请给评评理。

匿名问：打 1 折，价格减少 1 倍？

胖小妖答：打 1 折就是用原来的价格乘以 0.1 啊，应该是减少 9 倍吧。

点评 3：

其一，倍数不能跟“减少”、“缩小”之类的词连用，所以，“减少 1 倍”和“减少 9 倍”的说法都不科学。为什么倍数不能跟“减少”连用呢？举个例子来看就清楚了。比

如，100 元一条的裙子，说 100 元减少 1 倍，就是 100 元减去 100 元，结果为零，真的吗，商家不要钱，免费，白送，有这等好事？100 元减少 2 倍，就是 100 元减去两个 100 元，结果是负 100 元，负 100 元，岂不怪哉？而价格减少了百分之几、减少了几成，这样的表述是正常的，更常见的是降价百分之几、降价几成。

其二，打 1 折，价格减少了多少？还是以 100 元一条的裙子为例，100 元的打 1 折，打折后的价格是 10 元。胖小妖回答的，“打 1 折就是用原来的价格乘以 0.1 啊”，这话说得肯定，自然就对了，而接下来一句“应该是减少 9 倍吧”，这话说得有点没自信，自然就成问题了，将问题句加以修改，要这么讲才好：价格减少了 90%，降价了 9 成哦。

那么，“善意增加 1 倍，悲哀减少 1 倍”，这话怎么看？个人以为，这话是讲得通的，让悲哀减少为 0，减少到负值，越少越好。在这里，“悲哀”是文字，是一种程度描写，“减少”可以与倍数连用。而价格的多少是数字，不能有文学的色彩，必须讲究实打实。

9.3　数据成果的提交途径

历尽千辛万苦，遍尝种种乐趣，得到数据成果后，还要以合适的形式呈现出来。提交数据成果的途径很多，比如，电子文档、幻灯片、电子杂志、网络等。

在电子文档和幻灯片中，怎么将目录中的标题链接到正文中的标题上？怎么将 Excel 中的图表链接到其中？怎么制作电子杂志？本节内容，只是简单介绍。感兴趣的朋友，可以自行选择，深入钻研，以求用生动、丰富的形式，完美地展示自己的数据成果。

9.3.1　电子文档

1. 文档结构图的制作

在 Word 中先选择“视图”菜单中的“大纲”命令，再选择“视图”菜单中的“文档结构图”命令，这样一来，在文档左侧就会出现相应的标题结构。

2. 链接目录的制作

文档结构图作好以后，先选择“插入”菜单下的“引用”命令，再选择“索引和目录”子命令，这样一来，在文档正文的上方就会出现相应的标题结构。在目录中，选择任意一个标题，按住 Ctrl 键，单击就能到达正文中相应的标题。

3. 图表的链接

通过执行“复制→编辑→选择性粘贴”的操作，在弹出的对话框中选择“粘贴链接”并单击“确定”按钮。这样一来，就将 Excel 中的图表与复制到文档中的图表链接上了，当 Excel 中的图表有动静时，文档中的图表也会同步变化。

9.3.2 幻灯片 PPT

1. 链接目录的制作

在新建幻灯片中，列出相应目录，选中一个标题并右击，在弹出的快捷菜单中选择“超级链接”命令，在弹出的“插入超级链接”对话框中，选择“书签”，“在文档中选择位置”对话框中，选择所要链接的对象，单击“确定”按钮，返回“插入超级链接”对话框，单击“确定”按钮。当幻灯片放映时，单击所选标题，就会回到所链接的对象上。

2. 返回目录页的制作

如果目录页在幻灯片中的第 1 页，选择“幻灯片放映”→“动作按钮”，并单击第 2 排第 3 个动作按钮，即返回第 1 页的按钮，当出现十字叉后，在幻灯片上的适当位置画出这个按钮，弹出“动作设置”对话框，单击“确定”按钮。这个返回按钮，可以复制到任意一张幻灯片中。

如果目录页在幻灯片中的第 2 页或其他页面上，选择“幻灯片放映”→“动作按钮”，并单击第 1 排第 1 个动作按钮，即自定义按钮，当出现十字叉后，在幻灯片上的适当位置画出这个按钮，弹出“动作设置”对话框，选择“超级链接到”，在下拉列表框中选择“幻灯片”选项，弹出“超级链接到幻灯片”对话框，在幻灯片标题中，选择目录页所处的页次，单击“确定”按钮，回到“动作设置”对话框，单击“确定”按钮。链接好后，给自定义按钮添上文字，做法是：右击“自定义”按钮，在弹出的快捷菜单中选择“添加文本”命令，输入“返回目录”就可以了。“返回目录”按钮是一个智能按钮，不管复制到哪张幻灯片中，都能找到所指定的目录页。

3. 图表的链接

通过“复制→编辑→选择性粘贴”操作，在弹出的对话框中选择“粘贴链接”，单击“确定”按钮。这样一来，就将 Excel 中的图表与复制到幻灯片中的图表链接上了，当 Excel 中的图表有动静时，幻灯片中的图表也会同步变化。

9.3.3 电子杂志

要制作电子杂志，就得有制作电子杂志的软件。这里以 iebook 软件为例来说明。

第 1 步，安装下载 iebook 软件。具体做法是：在搜索引擎中，输入关键词“iebook 软件免费下载”，然后按照提示，完成全程。最后，在桌面上，会显示 iebook 的图标。

第 2 步，进入 iebook 界面。具体做法是：双击桌面上 iebook 的图标就可以了。在 iebook 的界面上，选择“创建新项目”下的选项，以激活 iebook 操作。根据界面上的导航栏和最右侧的“页面元素”等，可以进行相关操作。

具体操作和相关内容，可访问 iebook 官方网站：www.iebook.cn。

统 计 实 录

实证分析中的统计分析

在指导学生毕业论文时，有学生提供了一篇参考论文。这篇参考论文的作者是一位研究生，所学专业是区域经济学，论文的标题是《房地产税收与房地产价格关系的实证分析》。以下是这篇参考论文的摘录，接着是对这篇参考论文中统计方法的评点。

一、摘录

1. 房地产流转税的作用

房地产流转税是房地产价值的实现环节，国家可利用税收手段参与价值的分配，通过征税，一方面可以影响房地产市场的供给和需求，另一方面也可以抑制某些房地产投机行为。如果在此环节上采取税收优惠政策，可以促进房地产市场的发展。比如，国家规定 1999 年 8 月 1 日～2002 年 12 月 31 日期间，对房地产开发商销售积压空置商品房免征营业税，对购房者购买积压空置商品房免征契税。以海南省为例，税收优惠政策出台后截至到 2002 年 5 月，积压空置商品房面积由 456 万平方米降到了 208 万平方米，约 54.4%的积压空置商品房得到了消化。

从我国税制结构来看，房地产流转税占整个房地产税收比例太大，虽然其流转税征收简便、收入及时，但这是计划经济的产物，我国应对流转税进行一些改革。

2. 房地产流转税增长率与房地产价格增长率的关系

目前我国房地产流转环节征收的税种有契税、营业税、印花税、耕地占用税和城市维护建设税。就征收的量而言，流转环节税收的税负偏重，从成本的角度对我国房地产价格有一定的影响，可简要地从城市维护建设税、印花税和营业税进行分析，具体数据见表 9-1。

表 9-1　我国房地产部分流转税与房屋销售平均价格情况表

年份	城市维护建设税		印花税		营业税		房屋销售平均价格	
	收入/亿元	增长率/%	收入/亿元	增长率/%	收入/亿元	增长率[①]/%	平均价格/(元/m²)	增长率[①]/%
1995	212.1	—	46.8	—	869.4	—	1591	—
1996	245.1	15.6	146.7	213.5	1065.4	22.5	1806	13.5
1997	272.3	11.1	266.3	81.6	1353.4	27.0	1997	10.6
1998	295.0	8.3	238.5	−10.4	1608.0	18.8	2063	3.3
1999	315.3	6.9	282.3	18.4	1696.5	5.5	2053	0.5
2000	352.1	11.7	521.9	84.9	1885.7	11.2	2112	2.9
2001	384.4	9.2	337.0	−35.4	2084.7	10.6	2170	2.7
2002	470.9	22.5	179.4	−46.8	2467.6	18.4	2250	3.7
2003	550.0	16.8	215.0	19.8	2868.9	16.3	2359	4.8
2004	674.0	22.5	290.2	35.0	3583.5	24.9	2714	15.0

表 9-1 数据来源：房屋销售平均价格数据来源于《2005 年统计年鉴》1995—2004 年，各项税收数据来源于国家税务总局网《税收收入统计》1995—2004 年

① 为环比增长率，用符号 I_n 表示，a_n 表示第几年的税收收入，则 $I_n = \frac{a_n - a_{n-1}}{a_n}$，其中 $n \geq 2$。

将表 9-1 中通过计算得出的房屋销售平均价格、城市维护建设税、印花税和营业税四者的环比增长率通过坐标图来表示可得到图 9-2。

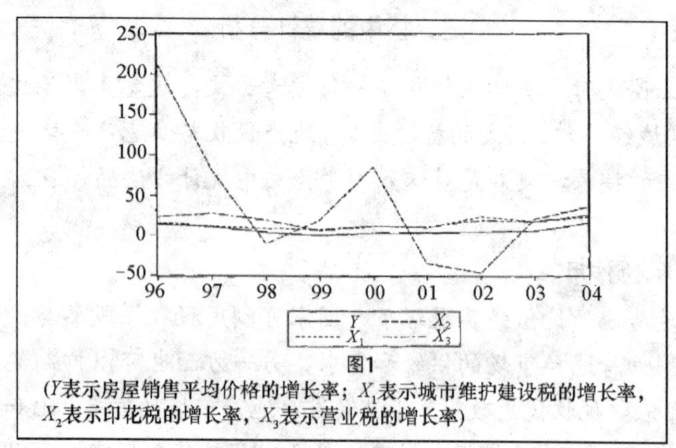

图 9-2　几种税费的环比增长率

通过图 9-2 可以看出：变化趋势最大的是印花税，而房屋销售平均价格、城市建设维护税和营业税的变化趋势比较缓和。三种税收的增长率对房地产价格的增长率有一定的影响。

3. 房地产流转税收入与房地产价格之间的关系

假设：①不考虑课税的转嫁；②从成本的角度进行分析。用 Y 表示房屋销售平均价格，用 X_1 表示城市维护建设税收入，用 X_2 表示印花税收入，用 X_3 表示营业税收入，将表 9-1 中的数据通过计量经济学软件 Eviews3.1 进行计算，可得出四者之间的关系：

$$Y=1462.223-1.753022X_1+0.161655X_2+0.651628X_3$$

t 统计量　13.01013　　−1.001504　　0.648148　　2.074287

R^2 为 0.969516　　　　调整后的 R^2 为 0.954274

Duibin-Watson 检验为 1.318248　F 检验 63.60820

从样本回归模型中可看出：

① 决定系数 R^2=0.954274，表明拟合优度较好。

② X_1、X_2、X_3 的系数分别为−1.753022，0.161655，0.651628，表明印花税和营业税与房地产价格成正比，且城市维护建设税对房地产销售的平均价格的影响最大。

③ X_1、X_2、X_3 的系数所对应的 t 值为−1.001504，0.648148，2.074287，表明城市维护建设税，营业税这两种税收从成本的角度而言对房屋销售平均价格的影响是显著的，印花税对房屋销售平均价格的影响并不显著。

④ F=63.60820，表明回归方程是显著的。

通过上述分析，从成本的角度而言，说明我国在房地产流转环节的三项税收对价格有比较显著的影响，而我国的流转环节的税收除了城市维护建设税、印花税外，还有契税、营业税、耕地占用税，流转环节的重税对房地产价格的影响将更加显著，过重的税赋带动房地产市场价格的上扬。

但是从供求的角度而言，提高了房地产价格就抑制了市场需求，市场需求水平低，对税赋转嫁的承担能力较弱，缩减了房地产利润空间，反过来又阻碍了市场供给，又影响房地产价格。

另外，房地产流转税虽然富有效率但缺乏公平性，而且属于间接税。税赋具有转嫁性，真正的税赋承担者，就房地产领域看，往往是房地产的购买者或承租者，契税更是直接向土地、房屋权属发生转移的承受人征收。同时，又由于房地产流转税中的各项税收征收对象不同，且大部分税收均属于价内税，从流转税对房地产价格的影响的不同角度进行综合分析，流转环节的税收对房地产价格的影响并不大。

二、点评

从上面这篇《房地产税收与房地产价格关系的实证分析》论文的摘录中可以看出，实证分析中，既有统计表格的分析，也有动态指标增长率的分析，还有相关与回归分析。

实证分析的方法，很流行很吃香，因为这是对实际资料进行分析的方法。通过实证分析，可以看到现象的变化趋势，比如增长率的统计表和统计图就能清楚地显示这种变化；可以看到有联系的变量之间相关的情况，比如相关与回归分析法就能从中窥见一斑。统计分析方法，就是对统计资料进行分析的方法，统计资料都是实际资料，所以，进行实证分析时，运用相应的统计方法很常见，上面的参考论文就是一例。

“运用之妙，存乎一心。”在实证分析中，能用、会用统计方法来解读所研究的对象，这自然是能力的体现。但统计方法除了用得上，还要用得好。实证分析的作品，要用心精微，不断打磨，才能更多、更好地品味出“专业体现在细节”的理念。

面对以上参考论文，不妨一边欣赏和学习，一边从统计知识点这个角度来推敲一番。这里，理出了 3 个统计知识点：统计表、增长率、回归分析，下面一点一点边读边看。

第一个统计知识点：统计表

对统计表的修改情况如图 9-3 所示。

修改后的统计表与修改前的统计表相比较，可以看出，修改的地方有 7 个。

① 标题。新标题为：“**表 9-1　1995—2004 年中国房地产部分流转税与房屋销售平均价格一览**”，旧标题为：“表 9-1　我国房地产部分流转税与房屋销售平均价格情况表”。

统计表的标题，要简明扼要，让人一目了然。标题要简明，原标题列明了是“表 9-1”，后面又紧跟着来一个“某某情况表”，两个“表”字出现在同一行，显得多余。标题要准确，一般要包括“三要素”：时间、空间和指标，原标题缺少了时间，空间上将“我国”改为“中国”比较好，因为网络传播是全球共享。

② 框架。统计表的框架为：上下封闭并且为粗格线，左右开放，中间为细格线。原表是全封闭的表格，上、下的格线没有加粗。

③ 指标。表中有 4 项指标：3 项税收的收入，1 项房屋销售的平均价格。3 项税收的收入来源于一个地方，房屋销售的平均价格来源于另一个地方。在作表格设计时，要把这来自两个不同地方的指标平行摆放，就要特别注意它们之间的对等关系。

表 9-1 我国房地产部分流转税与房屋销售平均价格情况表

年份	城市维护建设税		印花税		营业税		房屋销售平均价格	
	收入/亿元	增长率/%	收入/亿元	增长率/%	收入/亿元	增长率/%	平均价格/(元/m²)	增长率/%
1995	212.1	—	46.8	—	869.4	—	1591	—
1996	245.1	15.6	146.7	213.5	1065.4	22.5	1806	13.5
1997	272.3	11.1	266.3	81.6	1353.4	27.0	1997	10.6
1998	295.0	8.3	238.5	−10.4	1608.0	18.8	2063	3.3
1999	315.3	6.9	282.3	18.4	1696.5	5.5	2053	−0.5
2000	352.1	11.7	521.9	84.9	1885.7	11.2	2112	2.9
2001	384.4	9.2	337.0	−35.4	2084.7	10.6	2170	2.7
2002	470.9	22.5	179.4	−46.8	2467.6	18.4	2250	3.7
2003	550.0	16.8	215.0	19.8	2868.9	16.3	2359	4.8
2004	674.0	22.5	290.2	35.0	3583.5	24.9	2714	15.0

数据来源：房屋销售平均价格数据来源于《2005 年统计年鉴》1995—2004 年，各项税收数据来源于国家税务总局网《税收收入统计》1995—2004 年

↓修改后

表 9-1 1995—2004 年中国房地产部分流转税与房屋销售平均价格一宽

序号	年份	城市维护建设税的收入		印花税的收入		营业税的收入		房屋销售的价格	
		总量数/亿元	增长率/%	总量数/亿元	增长率/%	总量数/亿元	增长率/%	平均数/(元/m²)	增长率/%
1	1995	212.1	—	46.8	—	869.4	—	1591.0	—
2	1996	245.1	15.6	146.7	213.5	1065.4	22.5	1806.0	13.5
3	1997	272.3	11.1	266.3	81.6	1353.4	27.0	1997.0	10.6
4	1998	295.0	8.3	238.5	−10.4	1608.0	18.8	2063	3.3
5	1999	315.3	6.9	282.3	18.4	1696.5	5.5	2053	−0.5
6	2000	352.1	11.7	521.9	84.9	1885.7	11.2	2112	2.9
7	2001	384.4	9.2	337.0	−35.4	2084.7	10.6	2170	2.7
8	2002	470.9	22.5	179.4	−46.8	2467.6	18.4	2250	3.7
9	2003	550.0	16.8	215.0	19.8	2868.9	16.3	2359	4.8
10	2004	674.0	22.5	290.2	35.0	3583.5	24.9	2714	15.0

数据来源：房屋销售平均价格数据来源于《2005 年统计年鉴》1995—2004 年，各项税收数据来源于国家税务总局网《税收收入统计》1995—2004 年

图 9-3 统计表修改前后的情况

原表中，将“城市维护建设税”、“印花税”、“营业税”与“房屋销售平均价格”平行排列，将“收入”与“增长率”平行排列，将“平均价格”与“增长率”平行排列，显然都不对等。

修改时，要注意统计指标的两层对等关系：第一层是统计指标名称的对等，如“税收的收入”与“房屋的销售价格”的对等；第二层是统计指标表现形式的对等，即总量数、相对数、平均数之间的对等。本例中，总量数为税收收入总额，相对数为税收收入增长率、平均数为房屋销售的平均价格。

④ 脚注。原表有一个大大的亮点，就是添加了脚注，这体现了作者的聪明之处。表中

有 4 列要算增长率，这增长率是环比增长率。在表中，如果把增长率都写成环比增长率，一来难以突出显示表格中的主要内容，二来一张表格撑得太大实在也没必要。所以，利用脚注，点到为止，不仅节省了表格的空间，还介绍了这个指标的具体计算方法，一举多得，妙哉！

所谓脚注，是指针对某个内容作注释，注释用①、②这样的格式来标注。在文档中添加脚注时，方法很简单：在“插入”菜单下的“引入”中，选择“脚注和尾注”，在“选择格式”中选择①，再单击“插入”按钮就可以了。

细打量起来，原表中的这个脚注：“①为环比增长率，用符号 I_n 表示，a_n 表示第 n 年的税收收入，则 $I_n=\dfrac{a_n-a_{n-1}}{a_n}$，其中 $n\geqslant 2$”，其公式的表述还可以做得更好。

建议将原脚注进行修改，改法一：“①为环比增长率。环比增长率=(本期的某个指标的值-上一期这个指标的值)/上一期这个指标的值。”改法二：“①为环比增长率。环比增长率的公式，用文字表示为：环比增长率=(本期的某个指标的值-上一期这个指标的值)/上一期这个指标的值；用符号表示为：$I_i=\dfrac{a_i-a_{i-1}}{a_{i-1}}$，$i$ 的取值为 1～m。式中，a_i 表示第 i 年的税收收入。”

改法一，简单明白；改法二，将环比增长率的公式，用文字和符号两种形式来对照显示，通俗易懂。两种改法，最好选第一种。

关于第二种改法，需要有所考虑，说明如下：将原脚注中的“n”改为“i”，是为了与全篇论文的符号表示相统一。但有一个问题必须看到，在统计教科书中，在环比增长率的计算公式里，i 的初始取值为 1，a 的初始值为 a_0，如果有 10 年的资料，那么 n=9。还是在统计教科书中，在相关与回归分析的公式里，n 表示观测值的项数，如果有 10 年的资料，那么 n=10。显然，当环比增长率和相关与回归分析各说各话时，n 分别等于 9 和 10，这并不见有什么不妥。但两种方法同时出现在一篇文章里，面对同一份资料，如果同一个符号表示的结果前后不同，那就很容易把阅读者的大脑给搅糊涂。所以，为简单明白起见，在脚注中，选取第一种改法；为避免同一个符号带来的不同结果，第二种改法就将 i 的取值设为 1～m，而不是设为司空见惯的 1～n。

⑤ 计量单位。原表中，计量单位排列有序，前后对应，令人赏心悦目，看得出作者的精微用心。唯一要修改的地方，就是价格的计量单位，建议将原有的表述“元/m^2”改为“元/平方米”。虽然普通大众都知道 m^2 就是平方米，但还是写成文字为好，容易让人的脑袋不带转弯地读过去。

⑥ 数据。数据的表达要整齐、美观。统计表自然离不开统计数据。统计数据有两大类：文本型数据和数值型数据。这两大类数据一般都靠边站，也就是文本型数据靠左，数值型数据靠右，这也是电子表格的默认状态，打破了不管三七二十一都居中的手法，想一想，如此这般也自有妙处。在正式操作时，可以这么来：文本型数据如果上下的文字等长度相同，就居中，否则就靠左边站；数值型数据如果上下的数字长度相等，就居中，否则就靠右边站。

原表中，增长率都保留了一位小数，但数据的长度前后并不相等，有用整数和负数表示的，整数位有一位数和两位数的。显然，把这样的一群数据来一个居中，结果是既不漂亮，也不宜于阅读和比较。修改时，就让它们通通靠右边站吧，往右边一站，整张表就显得神气多了。

⑦ 数据来源。数据来源的字号应比表格中的字号要小。如果标题是五号加粗、表格中的资料是五号字，那么数据来源的字号可设为小五号。原表中，可将数据来源的字号改小一点，字句可以再推敲一下，排列可以更讲究一点。

第二个统计知识点：增长率

对增长率的修改情况如图 9-4 所示。

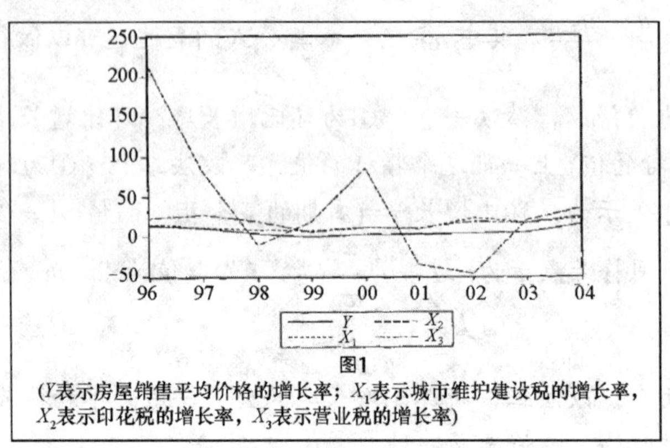

↓修改后

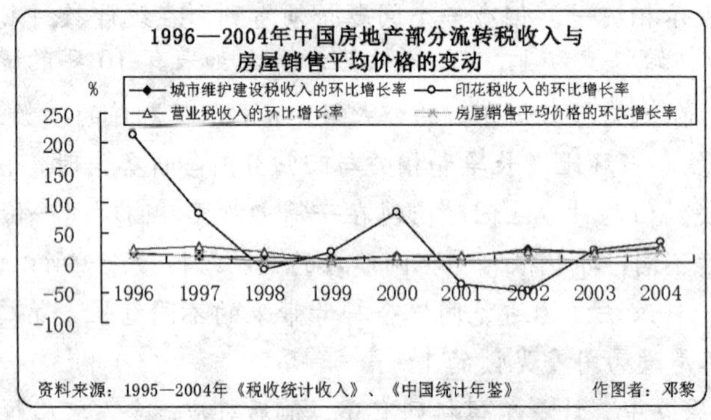

图 9-4 对增长率修改的情况

根据一段时间资料来求环比增长率，并由环比增长率来画折线图，这是进行实证分析时常见的方法。

比较上面两张折线图可以看到，修改后的折线图：①添加了标题；②格局变化了，图例的内容用文字表示，并且放在图中的空白处；③添加了资料来源，以提升图的可信度；④添加了作图者的姓名，以提升制图者的责任感；⑤在横轴上，规范了年份的表达；⑥在纵轴上，添加了计量单位“%”。

上面的折线图是根据环比增长率画出来的，那么，环比增长率算得对不对，只有核实了环比增长率的结果，才能放心大胆地画图。

环比增长率的计算结果如图 9-5 所示(其中的“表 1”即前面的表 9-1)。

H4　=(C4/C3)*100-100

表1　1995—2004年中国房地产部分流转税与房屋销售平均价格一览 ／ 环比增长率的计算一览

序号	年份	城市维护建设税收入（亿元）	印花税收入（亿元）	营业税收入（亿元）	房屋销售平均价格（元/平方米）	城市维护建设税收入的增长率（%）	印花税收入的增长率（%）	营业税收入的增长率（%）	房屋销售平均价格的增长率（%）
1	1995	212.1	46.8	869.4	1591.0	—	—	—	—
2	1996	245.1	146.7	1065.4	1806.0	15.56	213.46	22.54	13.51
3	1997	272.3	266.3	1353.4	1997.0	11.10	81.53	27.03	10.58
4	1998	295.0	238.5	1608.0	2063.0	8.34	-10.44	18.81	3.30
5	1999	315.3	282.3	1696.5	2053.0	6.88	18.36	5.50	-0.48
6	2000	352.1	521.9	1885.7	2112.0	11.67	84.87	11.15	2.87
7	2001	384.4	337.0	2084.7	2170.0	9.17	-35.43	10.55	2.75
8	2002	470.9	179.4	2467.6	2250.0	22.50	-46.77	18.37	3.69
9	2003	550.0	215.0	2868.9	2359.0	16.80	19.84	16.26	4.84
10	2004	674.0	290.2	3583.5	2714.0	22.55	34.98	24.91	15.05

数据来源：房屋销售平均价格数据来源于《中国统计年鉴》（1995-2004年）；
各项税收数据来源于国家税务总局网《税收收入统计》（1995-2004年）。

图 9-5　环比增长率的计算结果

环比增长率的计算步骤如下：

第 1 步，准备。先审核数据，检查一个数据的数字之间有没有空格等，然后在计算栏存放计算结果的地方，设置保留两位小数的方法：右击所选中的存放计算结果的区域，在弹出的快捷菜单中选择“设置单元格格式”命令，在打开的对话框的“数字”选项卡的“分类”列表框中选择“数值”选项，设置两位小数，再单击“确定”按钮。

第 2 步，计算。在 H4 单元格中输入“=(C4/C3)*100-100”，再拖动 H4 的填充柄到 K4；选中 H4:K4 单元格，再拖动 K4 的填充柄到 K12，所有的数据就闪现在眼前，这真是激动人心的一刻。

由环比增长率制作折线图，要注意以下几点：

其一，在选择数据区域时，初始年(1995 年)不选。

其二，在图的左下方写好资料的来源，作图者的姓名。

其三，一般想修改哪里，就右击哪里，再从弹出的快捷菜单中选择相应的命令进行修改。

其四，在“源数据”中，可修改图例显示的“系列”文字，可修改横轴名称显示的阿拉伯数字。修改的方法是：在“源数据”对话框中，选择“系列”选项卡，选择左边“系列”方框下的“系列 1”，在右边的“名称”框里输入“城市维护建设税收入的环比增长率”，系列 2、系列 3、系列 4 的修改同此方法；在分类(X)轴标志旁的长方框中，输入横轴上分类名称的区域 B4:B12；最后单击“确定”按钮。

第三个统计知识点：回归分析

要进行回归分析的数据如图 9-6 所示。

表1　1995—2004年中国房地产部分流转税与房屋销售平均价格一览

序号	年份	城市维护建设税收入（亿元）x_1	印花税收入（亿元）x_2	营业税收入（亿元）x_3	房屋销售平均价格（元/平方米）y
1	1995	212.1	46.8	869.4	1591.0
2	1996	245.1	146.7	1065.4	1806.0
3	1997	272.3	266.3	1353.4	1997.0
4	1998	295.0	238.5	1608.0	2063.0
5	1999	315.3	282.3	1696.5	2053.0
6	2000	352.1	521.9	1885.7	2112.0
7	2001	384.4	337.0	2084.7	2170.0
8	2002	470.9	179.4	2467.6	2250.0
9	2003	550.0	215.0	2868.9	2359.0
10	2004	674.0	290.2	3583.5	2714.0

数据来源：房屋销售平均价格数据来源于《中国统计年鉴》（1995—2004年）；
各项税收数据来源于国家税务总局网《税收收入统计》（1995—2004年）。

图 9-6　要进行回归分析的数据

在表 1 中，自变量和因变量的符号要用小写字母，因为样本指标都用小写字母表示，而总体指标用大写字母表示。显然，表中的资料属于三元回归的内容。在进行多元回归分析时，切忌一开始就进行回归输出，切记要先检测自变量之间是否存在多重共线性。

三元回归分析的步骤如下。

第 1 步，用相关系数的矩阵表，检测自变量之间是否存在多重共线性。

方法：选择“工具”菜单下的“数据分析”命令，进入“数据分析”对话框后，选择“相关系数”，单击“确定”按钮；进入“相关系数”对话框后，在“输入区域”组合框中输入 C3:E12，在“输出区域”组合框中输入 H2，单击“确定”按钮。得到相关系数的矩阵表，其结果如图 9-7 右侧所示。

	A	B	C	D	E	F	G	H	I	J	K
1	表1 1995—2004年中国房地产部分流转税与房屋销售平均价格一览							相关系数的矩阵表			
2	序号	年份	城市维护建设税收入（亿元）x_1	印花税收入（亿元）x_2	营业税收入（亿元）x_3	房屋销售平均价格(元/平方米) y			列 1	列 2	列 3
3	1	1995	212.1	46.8	869.4	1591.0		列 1	1		
4	2	1996	245.1	146.7	1065.4	1806.0		列 2	0.2256	1	
5	3	1997	272.3	266.3	1353.4	1997.0		列 3	0.9932	0.3042	1
6	4	1998	295.0	238.5	1608.0	2063.0					
7	5	1999	315.3	282.3	1696.5	2053.0					
8	6	2000	352.1	521.9	1885.7	2112.0					
9	7	2001	384.4	337.0	2084.7	2170.0					
10	8	2002	470.9	179.4	2467.6	2250.0					
11	9	2003	550.0	215.0	2868.9	2359.0					
12	10	2004	674.0	290.2	3583.5	2714.0					
13	数据来源：房屋销售平均价格数据来源于《中国统计年鉴》（1995—2004年）；各项税收数据来源于国家税务总局网《税收收入统计》（1995—2004年）。										

图 9-7 得到相关系数的矩阵表

在相关系数的矩阵表中，列 1、列 2、列 3 分别表示城市维护建设税收入、印花税收入、营业税收入。将列 1、列 2、列 3 分别用城市维护建设税收入、印花税收入、营业税收入替换一下，即可得到如表 9-2 所示的这张表。

表 9-2 相关系数的矩阵表

项 目	城市维护建设税收入	印花税收入	营业税收入
城市维护建设税收入	1		
印花税收入	0.2256	1	
营业税收入	0.9932	0.3042	1

从相关系数的矩阵表可以看出，城市维护建设税收入与营业税收入之间的相关系数高达 0.9932，紧随其后的是，印花税收入与营业税收入之间的相关系数为 0.3042，显然，营业税收入这个自变量可以舍掉。这样，对房屋销售平均价格影响的自变量，就由 3 个变成 2 个，对房屋销售平均价格进行的三元回归分析就变成二元回归分析了。

第 2 步，用“回归”输出法，检验并获取相关的信息。

“回归”输出的结果如图 9-8 所示。

对此“回归”输出结果的具体操作是：选择“工具”菜单下的“数据分析”命令，进入“数据分析”对话框后，选择“回归”选项，单击“确定”按钮；进入“回归”对话框后，在“*Y* 值输入区域”组合框里输入 E3:E12，在“*X* 值输出区域”组合框里输入 C3:D12，

在“输出区域”组合框里输入 G2；单击“确定”按钮。

1995—2004年中国房地产部分流转税与房屋销售平均价格一览			
年份	城市维护建设税收入（亿元）x_1	印花税收入（亿元）x_2	房屋销售平均价格(元/平方米) y
1995	212.1	46.8	1591.0
1996	245.1	146.7	1806.0
1997	272.3	266.3	1997.0
1998	295.0	238.5	2063.0
1999	315.3	282.3	2053.0
2000	352.1	521.9	2112.0
2001	384.4	337.0	2170.0
2002	470.9	179.4	2250.0
2003	550.0	215.0	2359.0
2004	674.0	290.2	2714.0

据来源：房屋销售平均价格数据来源于《中国统计年鉴》（1995—2004年）；
各项税收数据来源于国家税务总局网《税收收入统计》（1995—2004年）。

“回归”输出的结果

SUMMARY OUTPUT

回归统计	
Multiple R	0.9735
R Square	0.9477
Adjusted R Square	**0.9327**
标准误差	78.7818
观测值	10

方差分析

	df	SS	MS	F	Significance F
回归分析	2	786556.5118	393278.2559	63.3648	**0.00003**
残差	7	43445.9882	6206.5697		
总计	9	830002.5000			

	Coefficients	标准误差	t Stat	P-value	下限 95.0%	上限 95.0%
Intercept	**1275.40**	81.5635	15.6369	0.00000	1082.5352	1468.2693
X Variable 1	**1.86**	0.1837	10.1461	**0.00002**	1.4297	2.2986
X Variable 2	**0.53**	0.2141	2.4627	**0.04330**	0.0210	1.0335

图 9-8　回归分析的输出结果

从“回归”输出的结果可以看出：

① 拟合优度的检验。Adjusted R Square 为 0.9327，表明回归直线调整后的决定系数 $R^2_{调}$ 较高，两个自变量与因变量之间存在很高的相关性，即城市维护建设税收入、印花税收入与房屋销售平均价格之间存在很高的相关性。

$R^2_{调}$ 为 93.27%，表明在房屋销售平均价格的变动中，有 93.27%可由城市维护建设税收入、印花税收入的多少这两个因素的变动来解释，只有 6.73%的因素属于随机误差。也就是说，样本观察值有 93.27%可以通过回归直线来解释，拟合较好。

② 线性关系的检验。由于 Significance F=0.00003<显著性水平 α =0.05，因此，回归模型通过检验。F 检验表明：总体而言，城市维护建设税收入、印花税收入与房屋销售平均价格这三者之间的线性关系显著。

③ 回归系数的检验。由于两个回归系数的 P-value 分别为 0.00002、0.04330，均小于显著性水平 α =0.05，因此，两个回归系数均通过检验。

④ 样本回归模型的建立。城市维护建设税收入、印花税收入与房屋销售平均价格这三者之间的关系，写成回归模型如下：$\hat{y}=1275.4+1.86x_1+0.53x_2$。

在样本回归模型中，x_1、x_2 的系数分别为 1.86、0.53，这表明城市维护建设税、印花税与房地产销售的平均价格呈正相关，并且城市维护建设税对房地产销售的平均价格的影响很大。具体来讲，有以下两种情形：

其一，当城市维护建设税收入(x_1)固定时，印花税收入(x_2)每增加 1 亿元，房屋销售每平方米的价格将平均提高 0.53 元。

其二，当印花税收入(x_2)固定时，城市维护建设税收入(x_1)每增加 1 亿元，房屋销售每平方米的价格将平均提高 1.86 元。

结语：一篇论文，都有论点、论证和论据。一个论点，可以从多方面寻找论据进行论证。论证的方法有很多，常见的就是运用实证分析中的统计分析方法。统计的方法和结果，可以为论文增色，可以为论文增强说服力。

一篇论文，如果要追求图文并茂，统计图是一个可选项。统计图很抢眼，一定要做得精美，从标题的设计，到图形的摆放，到颜色的挑选，到整体的美感和规范等，都要用心周到。

一篇论文，如果要追求有理有据，数据的分析是一个可选项。对静态的数据，可以进行描述统计，可以在分组以后计算结构相对数，画出饼图等；对动态的数据，也就是有一系列时间上的数据，可以计算增长率、平均速度，还可以画出折线图等。对于有关联的数据，可以进行回归分析，在做回归分析时，两个变量之间的回归必须先画散点图，3个或3个以上变量之间的回归必须先列出相关系数矩阵表。

本小节开头部分，摘录了一位研究生写的毕业论文，此文围绕所写的论点，在实证分析中，灵活运用了多种统计方法，如统计整理中的统计图表法、动态分析中的增长率计算法、相关与回归分析法。能结合时间数据的计算结果，从多角度进行分析，学有所用，这样的努力，值得赞赏。作者如果在统计方法的运用中，还能更多地注意统计知识点的特色，用得更到位，那就更好了。

本章小结

数据文章，是指运用数据进行分析解读的文章。数据文章的特点，是侧重于用数据来说话。要写好数据文章，除了要达到一般文章所要求的立意好、标题好、结构好、语言通顺、文气十足等之外，还要灵活运用所学的统计方法，从数据语言这个角度，有条不紊地论述文章的观点，表达写作者的见解。

数据文章的选题，来路很多。比如，可以从数据中来，先在已发布的宏观和微观数据中，找到不寻常的数据，找出数据之间的关系，再从数据结果中去再现背景和寻找原因。比如，通过问卷等鲜活的调查方式，发现令人耳目一新的问题，触发新的灵感，找到独特的写作视角。

写作数据文章时，可以灵活运用统计方法，比如，在静态分析法中，用总量指标、相对指标、平均指标分别反映现象的总体规模、相对程度和一般水平，用抽样推断来估计总体的总量、结构和一般水平。比如，在动态分析法中，用指数来分析现象的因素变动，用回归方法建立模型以预测现象的变化，用平均增减量、平均增长速度等指标反映现象的变化。除了用相应统计指标来反映现象在某一时间和某段时间的变化之外，还可以用丰富的统计图表对数据进行直观显示。摆出数据，可以给论点以必不可少的论证；理性地分析数据背后的成因，中肯地提出解决问题的办法：凡此种种，足以展示写作者的特色和才华。

文无定法。数据文章要写得好，也没有一成不变的定式，但基本的规律还是有的。数据的来源要准，要用一定的方法算准，要符合数据的规范，不要陷入误用、滥用、错用数据的泥潭，这就需要在平时多努力。统计学原理介绍的是统计的基础知识，是用好用活数据的基本篇，打好基础，练好基本功，自然有助于提升写作的底气。一篇数据文章，虽然侧重于数据语言，自然也离不开非数据语言，两者要彼此融合，浑然一体。在语言的表达

方面，除了要追求准确和规范，还要力求生动，讲求可读性。

一篇数据文章的写作，不是解一道有现成资料的统计练习题，也不是堆砌公式列出算式和答案的例行公事，更不是干巴巴密密麻麻数字的连番轰炸。写文章需要灵感，需要真情实感，这感觉怎么来，还是老方法最灵验：多思考、多学习、多练笔，因为这是经过无数人证实的最有效的方法。平常日子里，留意多观察，看有写得不错的数据文章就潜心琢磨一下，久而久之，慢慢地不知不觉就会摸出一点门道来；有意多动脑，看有感兴趣的话题就尽量搜罗相关数据来解读一番，习以为常了，渐渐地自然而然就会滋生出数据甘泉任由品尝；有意多搜集、整合与分析资料，找到自己的兴趣点，不断积累，不断玩味，乐在其中，长此以往，何愁没有东西可写，何愁灵感不随时迸溅，何愁生活不丰富起来！潜心于学，潜心修炼，取长补短，文如其人，突现个性特色，体现思想价值。

文章写得好的，名著名家多的是。数据文章写得好的，下一个成就经典的，也许就是你。

真 题 上 市

一、单项选择题

1. (　　)是对研究过程进行表述的文章，是统计分析结果的最终形式。

A. 统计数据分析　　B. 统计分析报告

C. 动态分析方法　　D. 定性分析方法

2. (　　)是对文章基本思想的浓缩，在文章中占有重要的地位。

A. 标题　　B. 导语

C. 结束语　　D. 论点

3. 按照“现状—原因”、“现状—原因—结果”、“历史—现状—未来”、“简单—复杂”等整体结构的统计分析报告的结构是(　　)。

A. 递进结构　　B. 并列结构

C. 序时结构　　D. 时空结构

4. 张三撰写了一篇题为《强化征收管理，确保税收收入稳步增长》的统计分析报告。首先，报告阐述了税收收入的完成情况及其特点；其次，分析了影响税收收入的主要因素及税收征管中面临的突出问题；最后，提出了强化征收管理，确保税收收入稳步增长几点政策建议。该报告的结构属于(　　)。

A. 递进结构　　B. 并列结构

C. 序时结构　　D. 时空结构

5. 一篇统计分析报告是这样开头的：“去年 5 月 10 日放开猪肉等副食品价格，迈出了价格体系改革的第一步。至今出台整一年，人们很想知道这一年城市居民生活水平，特别是食品消费水平是提高了，还是降低了？”这种开头形式可称为(　　)。

A. 开门见山　　B. 造成悬念

C. 交代动机　　D. 总括全文

二、多项选择题

1. 统计分析报告的特点有(　　)。
   A. 以统计数据为语言　　B. 以定性分析为主
   C. 具有简明的表达方式和结构　　D. 是对研究过程的高度概括
2. 撰写统计分析报告的基本知识包括(　　)。
   A. 标题的拟定　　B. 导语的撰写
   C. 报告的整体层次结构　　D. 结束语的撰写
3. 常见的标题拟定方式有(　　)。
   A. 以分析目的为标题　　B. 以主要论点为标题
   C. 以主要结论为标题　　D. 以提问的方式为标题
4. 统计分析报告中，结束语的常见种类有(　　)。
   A. 总括全文　　B. 提出建议
   C. 首尾呼应　　D. 篇末点题
5. 统计分析报告中，无论用什么形式的结束语，要注意的几点有(　　)。
   A. 当止则止　　B. 合情合理
   C. 首尾照应　　D. 准确简洁

三、分析题

要求：请自行拟定一题，运用所学写一篇感兴趣的统计分析文章。

文章中，要有统计图，要有基本统计方法的结果与说明，要有参考资料的链接，并附写作随笔。如果有问卷，请附上问卷；如果有汇总、计算、作图等的操作，请附上 Excel 电子表格。

附录　各章真题参考答案

第 1 章

一、单项选择题

1. D　　2. C　　3. B　　4. B　　5. C

二、多项选择题

1. AB　　2. AB　　3. ACDE　　4. BDE　　5. AC

三、判断题

正确。

四、综合题

1. A　　2. ABCD　　3. A　　4. D　　5. BCD

五、分析题

提示：《国际先驱导报》记者专访了原作者徐安琪女士。

记者：您的报告出台后，为什么被一下子推到了火山口？网上骂您的人不少。

徐安琪：这个报告在刚开始被报道出来的时候，没有交代清楚报告的研究方法和对象，许多人误以为我的报告是全国性的。事实上它只是一个针对上海市徐汇区的报告。统计口径是根据前年的物价水平。调查对象真实可靠。原来的题目是《孩子成本和效用——上海市徐汇区的经验研究》。

说明：洋洋洒洒 4000 多字的专访文章，让读者对此事的来龙去脉有了一个了解。点击这篇专访文章的人数，仅千龙网就有近 3 万人次。

启示：将调查报告浓缩成新闻报道，统计语言的八要素也必须完备。在留言之前，最好找到完整版的调查报告看一看，或者先用统计常识来想一想。这篇新闻报道之所以掀起轩然大波，从统计角度看，主要是缺少了这么 3 个要素：

一是调查**空间**没交代，使得不少网友误以为是讲全国的。实际上，报告调查的只是上海一个富裕小区。调查空间和总体范围是息息相关的。

二是调查**时间**没注明，使得不少网友在 21 世纪前和 21 世纪后进行大猜测。实际上，报告是在发文的前年调查的。

三是**计算方法**没有说，实际上，统计结果的统计口径是根据前年的物价水平计算的。

第 2 章

一、单项选择题

1. D　　2. B　　3. C　　4. B　　5. A

二、多项选择题

1. AC　　2. AB　　3. CE　　4. ABCE　　5. ABCE

三、判断题

1. ×。错在用词过于笼统。“经常”，多高的频率算“经常”，不同的人有不同的理解。

应改为具体次数。

2. ×。错在提问使用了双重否定句，不易理解。

改为：您是否赞成政府允许便利店出售酒的规定？

3. ×。错在提问带有歧视性，应去掉“低档”。

改为：您到小商品城这样的场所购物吗？

4. ×。错在用语含糊。父亲和母亲的意见可能不一样，应该分开提问。

改为：您父亲是否同意您在毕业以后去东北工作？您母亲是否同意您在毕业以后去东北工作？

5. ×。错在提问使用了诱导方式。

改为：您对小米手机的印象如何？

四、综合题(略)

五、分析题(略)

第 3 章

一、单项选择题

1. B　　2. C　　3. D　　4. B　　5. D

二、多项选择题

1. ABCE　　2. ADE　　3. BCD　　4. ABCE　　5. ABDE

三、判断题

1. √　　2. ×　　3. ×　　4. ×　　5. ×

四、综合题

1. B。

解析：1—8 月空气质量合格天数超过 20 天的月份为 1 月、2 月、6 月、7 月、8 月，即 5 个月。

2. A。

解析：1—8 月空气质量合格天数有(15+7)+(23+3)+(17+2)+(16+3)+13+24+(23+3)+(16+14)=179 天，月平均 179÷8≈ 22 天。

3. C。

解析：1—8 月空气质量合格天数共有 179 天，按全年达标计划 1—8 月应该有(256÷12)×8≈171 天，则计划完成进度提前。

4. D。

解析：第一季度空气质量达标天数为(15+7)+(23+3)+(17+2)=67 天，第二季度达标天数为(16+3)+13+24=56 天，两个季度天数都是 91 天，则第二季度的空气质量达标天数与第一季度相比下降了，下降幅度为(67−56)÷91×100%=12.1%。

5. B。

解析：A 项，3—5 月份空气质量达标天数不到 20 天，正确。C 项，8 月份只有 1 天不达标，正确。D 项，只有 5 月份的空气质量达标天数是 13 天，小于 15 天，正确。只有 B 项，错误比较明显。

五、分析题

1. 提示：图表向导→自定义类型→两轴线-柱图。

2. (略)

第 4 章

一、单项选择题

1. D　　2. B　　3. C　　4. C　　5. C

二、多项选择题

1. ABC　　2. BC　　3. ABD　　4. CE　　5. ADE

三、判断题

1. √　　2. √　　3. ×　　4. ×　　5. √

四、综合题

1. C　　2. A　　3. D

五、分析题

计算方法：工具→数据分析→描述统计→确定。

结果说明：

2006 年和 2011 年，公司平均利润水平有所上升，即占营业额的比重从 7.94%上升到 9.14%。这显然是个好消息。但是仅依据均值，我们无法获知是大多数商店的利润上升了，还是少数商店的利润上升了。因此，还需要借助其他指标来进一步分析。

通过分析中位数指标可以了解到，2006 年有一半商店的利润水平至少占营业额的 7.17%，而在 2011 年一半商店其利润水平只能维持在 6.86%。从这个角度看，这家公司的业绩实际上是恶化了，因为只有一部分商店增加了利润，而大部分商店的利润并没有改善，甚至恶化。

全距和四分位差也说明了这一点。这两年里的最低利润水平没有发生大的变化，分别是-8.67%和-8.8%(负号表明亏损，而不是盈利)。而最高利润水平却显著提高了，从 2006 年的 14.18%上升到 2011 年的 19.56%。

而且这期间，第 1 个四分位数保持在 4%的水平上，没有显著变化，第 3 个四分位数却显著提高了，说明在过去这段时间业绩最差的 25%家商店利润水平没有显著的改善，高利润水平的 25%家商店的利润却是显著提高了。

因此，我们可以得出结论，在过去的这段时间里，小部分高利润水平的商店业绩明显提高，而低利润水平的商店业绩并未改善。这就隐含了平均利润水平的上升可能来自一小部分高利润水平商店利润的大幅度提高，而不是大多数商店的利润水平提高的结果。但我们依然无法从上述指标分析中判断出具体某一家商店的利润水平在这期间内的变化情况，比如：2006 年时的低利润水平商店的利润在 2011 年时是提高了？减少了？还是没变？2006 年的高利润水平商店在 2011 年是否还维持高利润水平？

由偏度系数可知，2006 年和 2011 年这两年的商店利润水平次数分布呈右偏分布。这说明，这两年里低于平均利润水平的商店数都要比高于平均利润水平的多。但 2011 年的偏斜程度较大，即 2011 年时的利润水平分布与 2006 年的利润水平分布相比，有更多的商店数利润水平是低于平均水平的。

从峰度系数来看，与标准正态分布曲线相比，2006 年时的利润水平的次数分布曲线更为尖峭，2011 年的较为平坦。这说明：2006 年时，在众数利润水平 5.63%附近商店数较为集中；而 2011 年时，在众数利润水平 2.3%附近商店数比较分散。

通过以上分析可以了解到，这 216 家商店业绩水平有一个整体的提升，但并不代表某一家商店的具体情况。因而作为该集团公司的管理者接下来很想知道的是：究竟是哪些商店提高了利润？哪些没有？这需要借助一些新的指标来做进一步的分析。

第5章

一、单项选择题

1. D 2. C 3. C 4. B 5. B

二、多项选择题

1. CE 2. ABCD 3. ABCD 4. ACD 5. BCE

三、判断题

1. √ 2. × 3. √ 4. × 5. ×

四、综合题

1. B 2. C 3. D 4. A 5. B

五、分析题

抽样调查是一种科学的统计方法。由以上记者专访可知，这种方法被人做了手脚后，中饱了私囊，损害了国家。

在赖昌星的自述中可以看到，他是打了一个简单的时间差，做足了备用的封条，然后调包屡屡得手。如果当场抽查，当即开柜检验的话，或者，特别留意在快要下班时前来报关的货物，或者，特别查看抽检货物的封条与没被抽检货物的封条有没有不同，那么，巨额税款还会因此一次又一次流失吗？赖昌星自揭闯关赚钱的骗术，手法实在是稀松平常，毫无高科技含量，却从未露出过马脚。

因此，抽样调查方法要用得好，还要有针对性地想方设法进一步完善。比如，研制出新式仪器，比如成箱的产品在通过海关检验时，如果有这样的仪器，能够通过扫描以全盘检查，再辅以即时抽查，这样可从技术层面来截住漏网之鱼。

第6章

一、单项选择题

1. D 2. B 3. D 4. C 5. D
6. B 7. B 8. B 9. C 10. A

二、多项选择题

1. AD 2. ACD 3. BCE 4. ADE 5. BC
6. ABCD 7. AE 8. ABCD 9. CDE 10. ADE

三、判断题

1. ×　　2. ×　　3. ×　　4. ×　　5. √
6. ×　　7. √　　8. ×　　9. ×　　10. √

四、综合题

(一)

1. A　　2. A　　3. C　　4. B　　5. D

解析：

1. A。

根据“十一五”规划，2010 年年底全国高速公路里程应达到：7.41−0.9108≈ 6.5(万公里)。

2. A。

超过全国总里程的 5%，即：总里程大于 7.41×10 000×5%=3705 公里，根据图 2 可判断高速公路里程超过 3705 公里的省份分别是河南、广东、河北、山东、江苏，共 5 省。

3. C。

2005 年年底，全国高速公路里程为 7.41−(0.9108+0.48+0.64+0.86+0.43)=4.09(万公里)，尾数为 9。

4. B。

图 2 中 11 省拥有高速公路里程占同期全国总里程的比重为：

(5016+4839+4307+4285+4059+3674+3403+3383+3056+3051+3003)÷74 100≈ 57%

5. D。

A 项，计算量太大，先看其他选项；B 项，材料中给出的只是部分省份的高速公路总里程情况，故无法判断出沿海省份高速公路里程显著高于内陆省份，错误；C 项，2010 年年底，国家高速公路占全国高速公路里程的比重为 90%，错误；D 项，2010 年年底全国高速公路新增里程为 0.9108 万公里，国家高速公路新增里程为 0.54 万公里，后者占前者的大于 50%，正确。

(二)

1. B　　2. D　　3. C　　4. BC　　5. AD

五、分析题

车市盛宴下的美中不足

来源：《中国信息报》　作者：李敏　时间：2010-01-20

过去的 2009 年无疑是我国汽车市场的一场盛宴。得益于购置税减免、汽车下乡等一系列汽车振兴规划政策的实施，全年汽车业产销分别达到 1379.10 万辆和 1364.48 万辆，同比增长 48.30%和 46.15%，这两项数据均已超过美国，使我国一举成为世界第一汽车大国。但是在此盛宴的背后，依然有着美中不足，期待我们去面对与克服。

第一，自主品牌市场占有率不高。2009 年，乘用车占据整个汽车市场 75%以上的销量，占据绝对优势地位，但是其销量的前 6 位均被合资品牌所占据。其中仅大众一家就以 139.74 万辆的销量，占据了 13.5%的比重。同这些合资品牌相比，我国自主品牌显然仍有着不小的差距，在乘用车前十强企业的排名中，奇瑞和比亚迪是仅有的两家我国自主品牌的上榜企业，但分别只占 4%左右的市场份额。汽车业作为一个国家工业化程度的象征，如果市场上充斥着太多的外国品牌，这样的"世界第一"显然会大打折扣。由此可见，我国汽车业自主品牌缺失、市场成熟度不够、政策引导等诸多要素仍然需要进一步完善，中国从汽车大国迈向强国的道路依旧曲折而漫长。

第二，核心技术有待进一步增强。改革开放以来，我国汽车工业通过引入国外资本、技术和车型的方式促进了汽车产业的发展，而进行技术自主研发的步伐却相对较缓。经过 20 多年的发展，外资品牌在新技术领域的优势愈加明显，而国内企业由于缺乏自主研发能力和自主知识产权，在多方面受制于外资巨头，这严重制约了中国汽车工业的发展。近年来，从行业主管部门到汽车企业都已认识到增强技术开发能力的重要性。2009 年年初制定的汽车产业振兴规划就对汽车技术的自主研发能力提出了明确而具体的要求。多年的实践也证明，只有进一步增强我国汽车产业核心技术的创新能力，才是我国汽车业长远可持续发展的正确路径。

第三，市场秩序亟待进一步完善。2009 年车市的火爆局面出乎众多厂商的意料，面对迅速攀升的市场需求，诸多企业都遭遇了生产上的瓶颈，供不应求的局面下，出现了一些市场竞争中的不良现象。比如，为了扩大销量，生产商及供应商千方百计地降低成本打价格战，并随时根据市场变化频繁地加价和降价售车，全然不顾消费者的主观感受。一些车企为了满足市场需求扩大生产，对产品质量的要求有所下降，造成国内汽车产品召回事件的频发。另外，汽车售后服务同样亟须完善。对于一些厂商而言，售车只有微薄的利润，售后服务才是真正赚钱的金矿，但这种变相抬高车价、损害消费者利益的手段显然无助于我国汽车市场的长期繁荣与稳定。

近年来，我国的汽车消费市场持续快速发展，消费结构不断升级。面对这个潜力巨大的市场，我国汽车厂商不应被当前的车市盛宴所迷惑，更不能沾沾自喜、自我陶醉，而应理智地看到自身的不足以及肩负的社会责任，只有通过各种努力，弥补自身的不足，提高自己的综合竞争能力及市场占有率，才会使我国成为真正的汽车强国。

第 7 章

一、单项选择题

1. A　　2. C　　3. B　　4. B　　5. B

二、多项选择题

1. ABCD　　2. ABC　　3. ABD　　4. AD　　5. ABD

三、判断题

1. × 2. √ 3. √ 4. √ 5. ×

四、综合题

1. A 2. D 3. B 4. D 5. A

五、分析题(略)

第 8 章

一、单项选择题

1. D 2. C 3. D 4. A 5. A

二、多项选择题

1. ACDE 2. BE 3. DE 4. BCDE 5. ACDE

解析：

4. BCDE。B 项相关程度很小；C 项相关系数的值不超过 1；D 项相关系数没有计量单位；E 项性别是文本型的变量，而不是数值型的变量。

三、判断题

1. × 2. √ 3. √ 4. √ 5. √

四、综合题

1. AD 2. B 3. A 4. BD 5. D

五、分析题(略)

第 9 章

一、单项选择题

1. B 2. A 3. A 4. A 5. B

二、多项选择题

1. ACD 2. ABCD 3. ABCD 4. ABCD 5. ABCD

三、分析题(略)

参 考 文 献

[1] 袁卫. 统计学[M]. 第 3 版. 北京：高等教育出版社，2009.

[2] 戴维・S. 穆尔. 统计学的世界[M] 第 5 版. 郑惟厚译. 北京：中信出版社，2003.

[3] 达莱尔・哈夫. 统计数字会撒谎[M]. 廖颖林，译. 北京：中国城市出版社，2009.

[4] 瓦尔特・克莱默. 统计数据的真相[M]. 第 7 版. 隋学礼，译. 北京：机械工业出版社，2008.

[5] 马里奥・F. 特里奥拉. 初级统计学[M]. 第 10 版. 刘新立，译. 北京：清华大学出版社，2008.

[6] 周庆麟等. Excel 图表实战技巧精粹[M]. 北京：人民邮电出版社，2008.

[7] 张文霖等. 谁说菜鸟不会数据分析[M]. 北京：电子工业出版社，2011.

[8] 周庆麟等. Excel 数据处理与分析实战技巧精粹[M]. 北京：人民邮电出版社，2008.

[9] 李委明等. 公务员录用考试华图名家讲义系列教材 资料分析模块宝典[M]. 第 6 版. 北京：教育科学出版社，2011.

后　记

恬静的梦乡里，我做过无数美梦，但做梦也没有想到，我的书稿能够出版，而且这一本居然与清华大学出版社有缘。

回想这份书缘，既感慨又温馨。我亲爱的朋友们，我打心眼里感激你们，你们是我生命中的贵人。我们在一起，一同感受生命之爱，一同欣赏统计天地的美，真好！

多谢我的父母。他们赐我生命，也予我言传身教做人的道理。我的爸妈相濡以沫，于2012年欢度了他们的钻石婚。我的妈妈到现在还坚持写日记，我的爸爸最近出版了一本79万字的书。他们爱生活爱学习，更爱自己的孩子。在我身患伤寒生命垂危之际，我的妈妈在病房隔离室昼夜将我守护。在人生旅途上，他们如善美的天神眷顾我，给我鼓励和温暖。

多谢我的朋友。

——张玉妹老师，《中国统计》杂志的编辑，正是她引导我走上统计随笔之路。中文系毕业的她，文笔了得。多年以来，她对我偏爱有加。

——韩际平老师，国家统计局统计教育中心的电视编导，是他一再推荐我到《中国信息报》写统计专栏“快乐写吧”，并一路鼓励相伴相行。

——潘璠老师，中国统计学会的副会长、国家统计局科研所所长。他在审读完本教材后，写了《统计学原理是可以这样述说的》一文刊发在2012年5月8日的《中国信息报》上，当我请求以此文作为本教材的序言时，他欣然应允。

——张来成老师，原《数据》杂志的编辑，他和他的朋友们热情大方地为我提供了《品茶坊》统计园地供我笔耕。

——邹安全老师，我的同事，现任的系主任，是他不辞劳苦将我引荐到这家出版社。

——陆卫民老师，本书的策划编辑，现任清华大学出版社第三事业部常务副总经理，他对稿件的修改浸润到书中的每一页。他的包容、严谨、专业，这种令人肃然起敬的态度，就是人们神往和敬仰的清华精神吧。

多谢我的学生。这些年轻的学子，充满理想、求知若渴、灵性十足、激情飞扬，他们在统计课业上的努力给统计世界带来了盎然春意。

我还要特别感谢我的先生。“邓老师，稿件处理完了吗？请速寄回。”这是陆卫民老师的QQ留言。得知此信息，先生自告奋勇专程去送书稿，并于当晚火速搭乘红眼航班到北京，将书稿亲手交到陆老师手中，圆满完成了任务。由此我顿悟，比快递更快的是速递。

写统计学教材，对我来讲，是一件难事。写惯了统计随笔的我，要写正儿八经的教材，风格上就遇到了挑战。其实，通俗易懂、概念准确、方法实用、生动活泼，这才是市场对原理这类教材的基本要求。这些年，我也有意朝这个方向走：2004年，我的第一本书《统计学：实例与拾趣》，就有漫画做插图；本书中，每一章都有统计随笔，这些随笔均源于《统计随笔100篇》。《统计随笔100篇》，每篇均为原创，其目录与本教材的目录相当。

本书《统计学原理》的出版，缘在天意，事在人为。来日方长，我当珍惜缘分，虚心求教，有错必改，但愿我们的《统计学原理》越变越好看。

编　者